INDONESIA
apa kabar?

Fotoredactie Peter Homan
Wetenschappelijke redactie dr. Reimar Schefold
Journalistieke redactie Vincent Dekker
Algehele eindredactie drs. Nico de Jonge

OUDE TRADITIES - NIEUWE TIJDEN

COLOFON

Vormgeving:
CINEMASTER, Bergen
Lithografie:
DAIICHI PROCESS
PTE LTD, Singapore
Zet- en drukwerk:
Ten Brink Meppel bv,
Meppel
Papiersoort:
135 gr. gesatineerd MC

© 1990
Uitgeverij Edu'Actief
Postbus 1056,
7940 KB Meppel

ISBN 90 5117 02 70
NUGI 672

Niets uit deze uitgave mag worden verveelvoudigd en/of openbaar gemaakt door middel van druk, fotokopie of op welke andere wijze ook, zonder voorafgaande schriftelijke toestemming van de uitgever. Voor alle kwesties inzake het kopiëren van één of meer pagina's uit deze uitgave: Stichting Reprorecht, Amsterdam.

Foto op omslag: Bali

INDONESIA
apa kabar?

INHOUD

Inleiding
Dr. Reimar Schefold – *Indonesische rijkdom* 2

Hoofdstuk 1 Sumatra
Dr. Reimar Schefold – *Mentawai: kosmos als netwerk van de zielen* 12
Drs. Gerard Persoon – *De Kubu: overleven in beschermd oerwoud* 22
Drs. Lea Bolle – *De tugu van de Toba Batak: een graf als monument en baken* ... 30

Hoofdstuk 2 Java
Drs. Jet Bakels – *De Baduy van Banten: het verscholen volk* 38
Drs. Madelon Djajadiningrat-Nieuwenhuis – *De vorstenlanden* 46
Rens Heringa – *Textiel en wereldbeeld in Tuban* 55
Drs. Elly Touwen-Bouwsma – *De stierenrennen van Madura* 62

Hoofdstuk 3 Bali
Dr. Henk Schulte Nordholt – *Status en stamvaders* 70
Drs. Annemarie Verkruisen – *De balian taksu: schakel tussen het zichtbare en onzichtbare* 80

Hoofdstuk 4 Kalimantan
Drs. Jenne de Beer – *Het regenwoud als voorraadschuur* 88

Hoofdstuk 5 Sulawesi
Prof. dr. Hetty Nooy-Palm – *Een rotsgraf als laatste rustplaats voor de Sa'dan Toraja* 98
Drs. Dinah Bergink – *Het vluchthuwelijk bij de Tolaki* 110
Drs. Mieke Schouten – *De Minahasa: eeuwigdurende rivaliteit* 116

Hoofdstuk 6 Molukken
Drs. Anneke Wessels – *Adat en kerk in de Ambonese pasisir* 122
Dr. Dik Teljeur – *De Islam van de Giman* 132
Drs. Nico de Jonge – *Aan boord in Babar* 136

Hoofdstuk 7 Irian Jaya
Drs. Ineke de Vries – *Oogsten in het oosten* 146

Topografische overzichtskaart Indonesië 154
Fotoverantwoording 155
Glossarium 156
Register 159

Inleiding

Indonesische rijkdom

In het Indonesische wapen staat een spreuk uit een veertiende-eeuwse hindoe-Javaanse tekst: Bhinneka Tunggal Ika, 'eenheid in verscheidenheid'. De grote culturele diversiteit, die met dit devies wordt aangeduid, is echter op het eerste gezicht veel opvallender dan de eenheid.

Binnen dat rijke scala schenkt Bali met zijn tempelfeesten de meeste reizigers misschien wel het indringendste beeld. De gratie van zijn bevolking heeft sinds de jaren twintig telkens voedsel gegeven aan de dromen van jachtige Europeanen over een Zuidzeeparadijs. Vóór die tijd was het Java met de pracht van zijn vorstenhoven, dat diepe indruk maakte op de Hollandse veroveraars; de 'stille kracht' van de verfijnde etiquette, die de Javanen onaantastbaar leek te maken voor alle koloniale bemoeienissen, was voor de westerlingen een raadsel.

De toerist van nu komt in Indonesië overal de eethuisjes van de Minangkabau uit West-Sumatra tegen. De mannen van dat volk staan in het hele eilandenrijk bekend als gewiekste handelaren, terwijl de vrouwen als hoedsters van het moederrecht de kunstig versierde huizen van de afstammingsgroepen beheren. In geen enkele reisbrochure ontbreekt het trotse Torajavolk uit het hoogland van Sulawesi. Achter hun spectaculaire dodenrituelen, waarbij talrijke buffels worden geofferd, schuilt een diepe religiositeit, die voor de meeste toeristen verborgen blijft. En ook een bezoek aan de Batak in de machtige bergen rond het Tobameer wordt tegenwoordig in veel reisprogramma's opgenomen. Ooit waren zij kannibalen, nu zijn vrijwel allen protestant. De traditionele voorouderverering hebben zij echter niet losgelaten. Waar men ook gaat of staat, steeds ziet men daarvan de getuigen in de vorm van monumentale gedenktekens. Sommige oude zijn van steen; de nieuwe, die van jaar tot jaar groter worden, zijn van beschilderd beton.

Alles lijkt overal anders te zijn. In Jakarta staan moskeeën en kerken, boeddhistische en hindoeïstische tempels en altaren voor voorouders naast elkaar. Het halfdonker van de tropische regenwouden van Kalimantan, waarin de rondtrekkende jagers en verzamelaars, de Punan, schijnbaar moeiteloos een overvloed aan voedsel vinden, contrasteert met de zonovergoten hellingen van de vruchtbare vulkanen waarop ontelbare rijstterrassen zijn aangelegd: groene trappen die al sinds duizenden jaren worden bewerkt en geïrrigeerd. De bonte tooi van bloemen, kralen en schelpen van tribale groepen wedijvert met het fijn geciseleerde gouden of zilveren sieraad in de Arabisch-Indische traditie van stad en platteland. En overweldigend is de rijkdom aan stoffen: weefsels van katoen en zijde, van boombast en plantenvezels, met patronen in batik, *ikat*, *plangi* en ... Er is nauwelijks een aspect van het leven dat van gebied tot gebied niet anders en telkens verrassend is vormgegeven. De traditionele Indonesische culturen zijn een lofiied op de rijkdom van de menselijke fantasie.

De prehistorie

De culturele rijkdom heeft historische wortels. Ieder Indonesisch volk heeft zijn eigen verleden; het heeft zich aan de lokale omstandigheden aangepast en wisselende contacten met naburige culturen onderhouden. Niettemin zijn er in de geschiedenis en prehistorie ook enkele grote algemene ontwikkelingen aan te wijzen. Verklaren kunnen ze het huidige beeld niet, maar wel geven ze inzicht in de achtergronden waaruit dat beeld is voortgekomen.

Geografisch gezien ontsluit Indonesië zich vanuit het Zuidoostaziatische vasteland. Een blik op de kaart maakt dat duidelijk. In het noorden zijn de kustlijnen glooiend en de ondiepe Chinese Zee lijkt hier eerder op een verbindend meer, dan op een alles isolerende watervlakte. De kusten van de eilanden in het zuidwesten en zuiden daarentegen lopen stijl af in de Indische Oceaan; natuurlijke havens zijn er bijna niet.

De Chinese zee lag tijdens de ijstijden grotendeels droog, en waarschijnlijk zijn de eerste bewoners van Indonesië te voet van het Aziatisch vasteland gekomen. Ze behoorden tot de 'Homo erectus', maakten klingen van steen en leefden vooral van de jacht en het verzamelen van de vruchten uit de zee en het oerwoud. Tot deze groep behoort de beroemde 'Java-mens'. Diens ontdekking, eind vorige eeuw, was een sensatie voor hen die toen streden over de theorieën van Darwin.

De huidige menstypen, waarop de vroegste vondsten betrekking hebben, dateren echter van enkele honderdduizenden jaren later. Ze stammen uit de midden-steentijd, het mesolithicum, dat in Indonesië ongeveer tienduizend jaar geleden begon. Toen, aan het eind van de ijstijd, steeg de zeespiegel door het smeltwater meer dan honderd meter en viel de landbrug uiteen tot de huidige Sunda-eilanden. Op Sumatra heeft men dicht bij de kust schelpenheuvels opgegraven van enkele meters hoog. Ze zijn gevormd door afval van een volk dat zich vooral met mosselen en slakken voedde. Men vond op dezelfde plek ook skeletten die bepaalde kenmerken dragen van de tegenwoordige, donkere bewoners van Nieuw-Guinea, de zogeheten papoea's. Dit 'melanide' ras komt nu in West-Indonesië niet meer voor, maar sporen ervan vindt men nog op de Molukken.

Bij de Minangkabau in West-Sumatra wordt het adat *huis bewoond door meerdere gezinnen, die in de vrouwelijke lijn aan elkaar zijn verwant. Ondanks de 'moderne tijd' restaureren de Minangkabau geregeld deze huizen met geld dat ze elders in Indonesië hebben verdiend.*

Inleiding mesolithicum neolithicum

Indonesische rijkdom

▲ Hoe lang kan een trotse Kubu nog leven in een bedreigd oerwoud?

Wel leven op het Maleisische schiereiland en de Filippijnen nog steeds groepen jagers en verzamelaars met een donkere huidskleur, zoals de Semang en de Aeta; zij worden evenals de op hen lijkende bevolking van de Indiase Andamanen-eilanden ook wel aangeduid met de verzamelnaam 'negrito'.

De inwoners van Nieuw-Guinea zelf zijn later overgegaan tot landbouw en deels zelfs tot zeer intensieve vormen van tuinbouw. Welke externe invloeden daarbij een rol hebben gespeeld, heeft men nog niet kunnen bepalen. Veel bevolkingsgroepen in de bergachtige, met oerwoud overgroeide streken van Nieuw-Guinea, na Groenland het grootste eiland ter wereld, leefden zeer geïsoleerd, en er is vermoedelijk geen ander gebied waar op zo'n beperkte oppervlakte zo veel verschillende talen gesproken worden als juist daar.

In de Indonesische regenwouden leven tot op heden nog andere groepen jagers en verzamelaars, maar die onderscheiden zich wat ras en taal betreft nauwelijks van de stammen die om hen heen wonen. De Kubu op Sumatra en de Punan in Kalimantan zijn het meest bekend. Beide volken drijven ruilhandel met de hen omringende boerengemeenschappen. Het is een open vraag of zij nog leven volgens de oude tradities uit het mesolithicum of dat zij zich pas in tweede instantie in het oerwoud hebben teruggetrokken en jagers en verzamelaars zijn geworden. Veldonderzoek bij dergelijke groepen is uiterst moeilijk wegens hun mobiliteit, een mobiliteit die nog wordt vergroot door de gewoonte na elk sterfgeval de kampplaats met de dode achter te laten om er nooit meer terug te keren. De nauwe en harmonieuze relatie van de jagers met hun natuurlijke omgeving maakt iedere nadere bestudering van hen tot een interessante en inmiddels ook dringende taak.

Met het neolithicum, de late steentijd, dringt veldwisselbouw in de Indonesische eilandenwereld door. Het begin van deze culturele traditie dateert men tegenwoordig in het derde millennium voor Christus. Deze nieuwe ontwikkeling werd in gang gezet door de komst van de sprekers van austronesische talen. Nu spreken bijna alle bewoners van de archipel die talen, met uitzondering van sommige donkere volken in het oosten. Het Maleis, de voorvorm van het huidige Indonesisch (Bahasa Indonesia), behoort ook tot deze taalgroep. De austronesische immigranten waren wat uiterlijk betreft verwant aan de huidige Indonesiërs. Hun gebied van oorsprong moet in China hebben gelegen; zowel het Maleise schiereiland als Taiwan kunnen doorgangsstreken zijn geweest. De nieuwe bewoners bezaten zeewaardige boten met uitleggers, zoals die ook vandaag nog in heel Zuidoost-Azië en Oceanië te zien zijn. Door hen werden in Indonesië ook bepaalde vormen van keramiek en een bijzonder soort bijl geïntroduceerd (de zogenaamde vierkantbijl die zo geslepen werd dat er een rechthoekige dwarssnede ontstond). De rijstbouw en de waterbuffel brachten zij vermoedelijk niet mee, maar wel het telen van knollen en bananen, en het fokken van varkens en kippen.

Huidige vertegenwoordigers van deze neolithische traditie, zoals de Mentawaiërs op de eilanden ten westen van Sumatra, doen vermoeden, dat deze immigranten georganiseerd waren in groepen van enkele aan elkaar

Indonesische rijkdom

verwante families, die als een zichtbaar symbool van hun gemeenschap een groot, vaak ook samen bewoond paalhuis bezaten. Arbeidsspecialisatie was onbekend en ook bestond er nauwelijks enige politieke samenwerking boven het niveau van de lokale groep. Er werden geregeld koppensneltochten ondernomen tegen groepen die in de omgeving woonden. Relaties werden aangegaan door vriendschaps- en huwelijksbanden. Bij huwelijken genoten de bruidgevers altijd een hogere status dan de bruidnemers; de eersten zorgden immers voor de continuïteit van de tweede groep. In veel gebieden leidde dit tot een asymmetrisch huwelijkssysteem. De ene groep kreeg bruiden van een andere en om die reden superieure groep. Deze kreeg op haar beurt echter weer bruiden van een derde groep en was in die relatie dus ondergeschikt. Omdat men zo'n verhouding ten opzichte van een partnergroep niet zo maar kon omkeren – men zou dan tegelijkertijd zowel boven- als ondergeschikt zijn geweest – ontstond tussen alle gemeenschappen in een bepaald gebied een patroon van huwelijksbetrekkingen, dat de voortdurende dreiging van conflicten kon bezweren. Bij de tegenwoordige Indonesische tribale groepen vindt men talrijke varianten van zo'n 'circulerend connubium' terug.

In het religieuze leven speelde de voorouderverering een centrale rol. De zichtbare wereld werd beschouwd als bezield. Aan bepaalde objecten, vooral planten, werden meestal op grond van formele associaties religieuze krachten toegeschreven. Dat verklaart hun gebruik in rituelen. In het neolithicum vinden we ook al de voor Indonesië zo typerende voorstelling van een dualistische kosmische orde, waarin tegengestelde polen als hemel en aarde, man en vrouw, eigen groep en buitenwereld, goed en kwaad elkaar aanvullen in wederzijdse afhankelijkheid.

De neolithische immigranten hebben de vroegere jagers- en verzamelaarsculturen in de meeste gebieden van Indonesië verdrongen of in de nieuwe cultuur doen opgaan. Een enigszins vergelijkbaar lot viel de nieuwkomers zelf ten deel, toen ongeveer in het midden van het eerste millennium voor Christus de brons- en ijzertijd in Indonesië doordrong. Wederom is het oorsprongsgebied waarschijnlijk China geweest. Wellicht moet men daarom niet spreken van een nieuwe immigratiegolf, maar eerder van een duurzame contactsituatie. Daarbij werden de nieuwe verworvenheden van het Zuidoostaziatische vasteland geleidelijk in Indonesië overgenomen. De belangrijkste daarvan waren ongetwijfeld de kennis van metaalbewerking en de aanplant van rijst op geïrrigeerde velden (*sawah*). In het tegenwoordige Vietnam heeft men een nederzetting opgegraven waarin metalen voorwerpen zijn gevonden met karakteristieke ornamenten, vooral spiraalmotieven, die tot in detail overeenkomen met Indonesische voorwerpen uit dezelfde tijd. De traditie waarop de invloeden uit die periode in de archipel zijn gebaseerd, noemt men naar deze vindplaats: de Dongsoncultuur.

Rijstbouw op *sawah* is alleen mogelijk als verscheidene groepen in een gebied samenwerken en zowel de waterhuishouding als het onderhoud van de terrassen op elkaar afstemmen. Dan pas kan de grond voortdurend

Inleiding neolithicum Dongson

Het 'circulerend connubium' schematisch weergegeven:

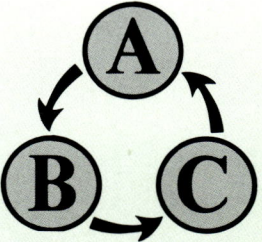

weg die de bruiden gaan

A, B en C: lokale groepen
Minimaal drie groepen zijn in dit asymmetrisch huwelijkssysteem noodzakelijk; in werkelijkheid ligt het aantal vrijwel altijd hoger.

▼ *Sawah op Midden-Java.*

en intensief gebruikt worden en overschotten opleveren. In de Dongsontraditie ontwikkelde zich een complexere graad van sociale organisatie. Er ontstond een hiërarchisch opgebouwde samenleving met leiders, vrijen en slaven. De basis van deze organisatie was nog altijd de verwantschap. Ze werd gevormd door groepen die van dezelfde mythische stichter afstamden en gezamenlijk rituelen uitvoerden. Bij deze feesten kreeg één element, dat al in de neolithische culturen in de kiem aanwezig was, een grote nadruk: de strijd om een hogere status. Wie zich door bepaalde rituele handelingen onderscheidde en zijn gasten buitensporig rijk onthaalde, verwierf aanzien. Als blijvend teken daarvoor werden megalithen, grote, soms bewerkte stenen, opgericht. Vaak bestond er een hele hiërarchie van dergelijke feesten en steenoprichtingen; deze verwees eveneens naar een vergelijkbare rangorde in het hiernamaals. Veel van de grote tribale groepen in Indonesië, zoals op Nias, Sumatra (Batak), Sulawesi (Toraja, Minahasa), Kalimantan (Kelabit Dayak), en Sumba en enkele andere Oost-Indonesische eilanden, staan ook nu nog bekend om deze megalithische feesten.

Lang voor de komst van de Europeanen werden de wateren in Zuidoost-Azië al druk bevaren; hiervan getuigt onder andere deze afbeelding op de Borobudur, het monumentale heiligdom ▼ dat ± 800 na Christus werd gebouwd.

Historische ontwikkelingen

Hoewel binnen de tribale groepen de tradities van de Dongsoncultuur bijzonder goed bewaard zijn gebleven, zijn de verschillen in regionale ontwikkeling juist bij deze volken zeer groot. Vergelijkbare culturen moeten vroeger ook op eilanden als Java, Bali en Lombok hebben bestaan. Daar zijn de oude tradities echter verborgen onder de invloeden van het volgende grote cultuurcomplex dat Indonesië bereikte: het Indiase. Op basis van inscripties zijn Indiase invloeden aantoonbaar sinds de eerste eeuwen na Christus. Waarschijnlijk werd dit cultuurcomplex door middel van handelscontacten geïntroduceerd. Spoedig moet deze ontwikkeling een grote vlucht hebben genomen door de groeiende theologische belangstelling voor India. Veel filosofische termen van Indiase oorsprong in het huidige Indonesisch getuigen hier nog van. De Indonesiërs van de Dongsonperiode waren goede schippers. Zelfs Madagascar werd in die tijd vanuit Indonesië bevolkt. In de rituele symboliek van deze traditie, nu nog te vinden op bij voorbeeld de Molukken, komt die eigenschap eveneens tot uiting: de bewoners van een dorp worden vaak voorgesteld als de bemanning van een boot. Gedurende deze periode hebben reizigers uit Java en Sumatra ook Sri Lanka en India bezocht. Uit bronnen blijkt dat sommigen daar als monniken intraden of brahmaanse priesters naar Indonesië meebrachten. Op Sumatra en Java, en vanuit Java ook op Bali, ontstonden in de loop der eeuwen uit de oude stamverbanden hindoeïstisch en boeddhistisch georiënteerde koninkrijken. Aan de kust waren die vooral op de handel gericht. In de binnenlandse rijken, waar de landbouw domineerde, ontwikkelde zich een feodaal systeem, waarin de boeren schatplichtig waren aan de hoven. Zij leverden de arbeidskracht voor de monumentale religieuze bouwwerken uit de achtste en negende eeuw op Midden-Java, zoals Prambanan en de Borobudur, waarvan de bezichtiging nu een hoogtepunt is van elke Indonesiëreis. Later kwam het politieke centrum in Oost-Java te liggen, waar de Indiase tradities steeds sterker verweven raakten met het autochtone erfgoed en op een eigen manier ontwikkeld werden. Hier ontstond de Oudjavaanse literatuur; de Indiase epen van Ramayana en Mahabharata werden omgevormd tot vertellingen, die ook nu nog de basis vormen van *wayang*-voorstellingen.

De oude kosmologische orde van de Indonesiërs werd

Gedenksteen in Pagaruyung bij Batusangkar in West-Sumatra, voorzien van Sanskrit-inscripties uit 1347 na Christus; de tekst brengt het hindoe-boeddhistische koninkrijk Malayu in herinnering. ▼

Een deel van het iconografisch programma van de Borobudur ▼ ontleent zijn oorsprong aan Indiase volksverhalen.

Indonesische rijkdom

ten gevolge van de Indiase invloeden uitgebreid tot een alomvattend classificatiesysteem, waarbinnen alle verschijnselen in een vastomlijnde ruimtestructuur werden ingepast. In plaats van de verwantschap legitimeerde deze nieuwe ruimtelijke ordening nu de organisatie van de samenleving. Zoals in het centrum van de goddelijke orde de heilige berg Meru als woning der goden oprijst, zo staat de *kraton*, het paleis waar de koninklijke macht van uitgaat, in het middelpunt van het aardse rijk. De windrichtingen vormen de basis voor de classificatie van de zichtbare verschijnselen; dagen, kleuren, metalen, maar ook abstracte principes worden ermee geassocieerd. De mens moet in zijn dagelijks leven rekening houden met deze indeling om te zorgen dat de goddelijke krachten zich niet tegen hem zullen keren en hem ongeluk zullen brengen. Hiermee hangt ook de verfijnde etiquette samen waar Java zo beroemd om is, en die ook nu nog voor elke stand en elke gelegenheid het juiste gedrag voorschrijft.

Marco Polo bericht in het jaar 1292 nog over dergelijke Hindoe rijken in Noord-Sumatra, maar hij tekent daarbij aan dat 'de pest van het Mohammedaanse geloof' zich ook daar al begint uit te breiden. Destijds werd de Islam door Arabische, maar vooral ook weer door Indiase handelaren in Indonesië uitgedragen. Met name de richting van het Soefisme, die een sterk mystieke inslag heeft, vond, met uitzondering van Bali, gemakkelijk ingang in de hindoeïstische gebieden. In de archipel werd de bevolking in de streken waar de handel domineerde het eerst bekeerd. Het nieuwe geloof verbreedde de horizon en gaf toegang tot een universele gemeenschap.

In dezelfde periode kwamen door handelaren, missionarissen en soldaten ook de eerste contacten met de Europese machten tot stand. De eerste Europeanen kwamen uit Portugal; vanaf het einde van de zestiende eeuw drongen ook de Hollanders de archipel binnen. De Vereenigde Oost-Indische Compagnie (VOC) kreeg, na haar eerste bases op Java en de Molukken, de macht in steeds grotere delen van Indonesië in handen. Vanaf het begin van de negentiende eeuw tot aan de hardbevochten onafhankelijkheid in 1949 maakte het land als de kolonie Nederlands Oost-Indië deel uit van het Nederlands koninkrijk.

Het overzicht van het bewogen verleden van de archipel kan ons helpen de grote rijkdom aan Indonesische culturen beter te begrijpen. Iedere bevolkingsgroep heeft uit het historische aanbod haar eigen culturele vormen ontwikkeld. Maar een vergelijking van de afzonderlijke tradities maakt ook de gemeenschappelijke wortels zichtbaar: de eenheid achter de verscheidenheid.

Het traditionele platteland van Java laat zien hoe uit de vele opeenvolgende prehistorische en historische invloeden en contacten een eigen samenhangend geheel is ontstaan. In de samenleving kan men verschillende ideologische richtingen onderscheiden. De meeste Javanen — met enkele uitzonderingen, zoals de Baduy in Banten — zijn moslims, maar bij velen van hen, vooral de eenvoudige boeren, leeft het oude animistische erfgoed in de dagelijkse religieuze praktijk nog sterk voort. In de literatuur worden zij *wong cilik*, de kleine lieden, soms aangeduid als *abangan*, de rode groep. Anderen, vooral de regeringsfunctionarissen, richten zich in hun gedrag op de levensregels van de oude bovenklasse, de *priyayi*. De waarde die zij hechten aan discipline, ascetische meditatie en strenge etiquette hangt nauw samen met de hindoe-Javaanse traditie, zoals die aan de hoven vorm gekregen had. Vooral onder de handelaren en de rijkere grondbezitters treft men tenslotte de *santri* aan, die zich strenger dan de anderen houden aan de islamitische wetten en zich als de werkelijke vertegenwoordigers van het ware geloof beschouwen.

De landelijke gemeenschappen van Java zijn geen zelfstandige en onafhankelijke eenheden meer, maar vallen onder het bestuur van een administratief centrum. Wel hebben zij nog hun eigen rituelen; in het algemeen nemen daar alleen de naaste buren aan deel. De kern van zo'n ceremonie is de *selamatan* (van *selamat*: heil), een gemeenschappelijke maaltijd, die wordt gehouden naar aanleiding van een belangrijke gebeurtenis in het leven van een enkeling of de hele groep. Tot deze rituelen behoort een jaarlijkse gemeenschappelijke reinigingsceremonie tegen kwade invloeden; ook de huwelijksinzegening of de bede om een voorspoedige reis kan de reden voor een *selamatan* zijn. Belangrijk is het offerkarakter van de maaltijd: hij wordt aangeboden aan de bovennatuurlijke machten en krijgt daardoor een religieuze betekenis. Bij het aanroepen van de machten lijkt het gehele Indonesische verleden een rol te spelen. Voorouders en geesten worden genoemd, maar ook de namen van goden die uit het hindoeïstische pantheon stammen. En tot slot vinden alle aanwezigen zich in de formule: "er is geen andere God dan Allah, en Mohammed is zijn profeet".

Hoewel de vele verschillende culturen van Indonesië alle een eigen, niet verwisselbaar karakter bezitten, zijn er altijd onderlinge contacten geweest. De lokale, door de traditie geheiligde overleveringen, worden in geheel Indonesië met het oorspronkelijk Arabische woord *adat* aangeduid. De leden van een gemeenschap zien in hun *adat* een vast oriëntatiepunt, dat het dagelijks leven bepaalt en hen bij problemen naar de juiste beslissing leidt. Iets dat echter op een bepaald moment als een onveranderlijke wet wordt beschouwd, blijkt in de loop van verschillende generaties onderhevig aan voortdurende veranderingen. Telkens moet de *adat* reageren op invloeden die van buitenaf op de gemeenschap inwerken. Het gevolg is een constante dialoog, die steeds tot nieuwe *adat*-vormen leidt.

Bij de historische invloeden die Indonesië bereikten, werd het voortbestaan van de lokale *adat* telkens sterk op de proef gesteld. Men kan het als een karakteristieke trek van de Indonesische culturen zien, dat zij zich niet afsloten voor dergelijke invloeden, maar zich er juist voor open stelden. Daarbij toonden ze tevens de veerkracht om het nieuwe ongemerkt aan te passen aan het oude en zodanig in te lijven dat het ogenschijnlijk om een lokaal en oorspronkelijk fenomeen ging. Dit proces is terug te vinden in het Javaanse dorp en ook op de Molukken zijn — na bijna vijfhonderd jaar christelijke invloed — vergelijkbare voorbeelden te vinden.

Pas de laatste decennia zijn er reële alternatieven ontstaan voor dit voortdurend evolueren van lokale tradities. De mogelijkheden tot een grotere persoonlijke mobiliteit en vooral de aantrekkingskracht van de moderne steden, kunnen enkelingen er nu toe verleiden om zich aan de druk van de traditionele *adat* te onttrekken en ergens anders een nieuw bestaan op te bouwen. Het meest voorkomende motief om weg te trekken uit het van oudsher bewoonde gebied is echter een slechte economische situatie. Zowel bij de spontane migratie, als bij de door de regering gestimuleerde migratie naar nieuwe, minder door overbevolking belaste gebieden (de transmigratie), sluiten migranten zich nog steeds graag aan bij mensen uit de eigen streek die hen zijn voorgegaan.

Tijdbalk aan de hand van de christelijke jaartelling

Europese invloeden
1400 n.Chr.
1200 n.Chr. islamisering

Indiase invloeden
100 n.Chr.
0
Dongsontraditie
500 v.Chr.

austronesische cultuurcomplex

3000 v.Chr. (neolithicum)

pre-austronesische traditie

8000 v.Chr. (mesolithicum)

('Java-mens')

Inleiding Sumatra Java

Indonesische rijkdom

Inhoud van de hoofdstukken

In dit boek zullen verscheidene van de hiervoor aangeduide aspecten worden geïllustreerd. De voorbeelden komen uit de hele Indonesische archipel; ze zijn geografisch geordend, van het westen naar het oosten.

Het eerste hoofdstuk opent met de cultuur van een 'vergeten' eilandengroep in het uiterste westen, de Mentawai-eilanden voor de kust van Sumatra. Hier worden we geconfronteerd met een wereldbeeld, waarin tot vandaag oude tradities uit de steentijd bewaard zijn gebleven. Dit voorbeeld maakt duidelijk dat beperkte technische mogelijkheden niets zeggen over de geestelijke rijkdom van een gemeenschap.

Een nog oudere levenswijze treffen we aan bij de Kubu in de oerwouden van Sumatra. Hun op jagen en verzamelen gebaseerde economie is sinds ontelbare generaties nauw verweven met de ecologie van het tropisch regenwoud. Hopelijk komen de moderne inzichten en eisen van de natuurbescherming ook de culturele overlevingskansen van de Kubu ten goede.

Het laatste deel van dit hoofdstuk handelt over de Toba Batak in Noord-Sumatra en laat een andere zijde zien van de huidige problemen van een tribale groep. Vele Toba Batak zijn de laatste jaren naar de stad getrokken om daar een zelfstandig bestaan op te bouwen. Gelijktijdig ontstonden in hun geboortestreek reusachtige betonnen monumenten voor de mythische voorouders van de groep waarvan men afstamde; men kan ze beschouwen als een uitdrukking van de behoefte aan geborgenheid en van de etnische trots op de eigen wortels.

▲ *Apen vormen naast varkens en herten het belangrijkste jachtwild voor de Kubu.*

▲ *Buiten-Baduy op weg naar huis. Vooral deze Baduy gaan steeds vaker over tot de aanschaf van goederen, die volgens de* **adat** *eigenlijk niet mogen worden gebruikt.*

Hoofdstuk twee begint met de Baduy in de binnenlanden van West-Java. Dit volk, dat zeer teruggetrokken leeft, toont een nieuw facet van de etnische gebondenheid in Indonesië. De Baduy leiden een streng, door oude religieuze regels beheerst leven en worden om hun ascetische houding ook door de islamitische omgeving hoog gewaardeerd. Hun collectieve aanspraak op een eigen grondgebied werd in een uniek besluit door de regering officieel erkend.

Het vroegere vorstenhuis van Banten in West-Java onderhield met de Baduy een nauwe relatie. Ook de ideologie van de Middenjavaanse vorstenhuizen is, ondanks hun islamitisch geloof, nog sterk verbonden met de oude voorhindoeïstische en hindoeïstische tradities. De religieuze kracht, die daaruit voortvloeit, draagt bij tot het grote charisma dat zij bij het Javaanse volk ook nu nog hebben.

Oude religieuze symboliek beheerst eveneens het denken van de mensen op het platteland. Zo worden de vormen en kleuren op de batikstoffen in Noordoost-Java niet alleen gebruikt om details in de sociale orde te illustreren; ze verbeelden en legitimeren ook, op een voor iedereen begrijpelijke wijze, de opbouw van de kosmos.

Ondanks de vaste plaats binnen een sociale klasse kunnen in deze traditie ook individuen aanzien verwerven. Een voorbeeld daarvan zijn de stierenrennen op Madura, die in het laatste deel van dit hoofdstuk aan de orde komen. Het nastreven van status verklaart waarom de Madurezen, ondanks de talrijke demonstraties voor toeristen, alleen op bepaalde momenten werkelijk waarde hechten aan deze wedstrijden. Belangrijk zijn alleen de officieel erkende rennen, waarbij winst of verlies de roem van de deelnemers en hun familie bepaalt.

◄ *Grafmonumenten op een heuvel in Balige bij het Tobameer in Noord-Sumatra.*

Indonesische rijkdom

In Noordoost-Java is aan de kledij van een vrouw te zien tot welke generatie zij behoort; weerspiegeld wordt of de draagster een huwbare dochter (boven), een moeder (midden) of een ▼ *grootmoeder (onder) is.*

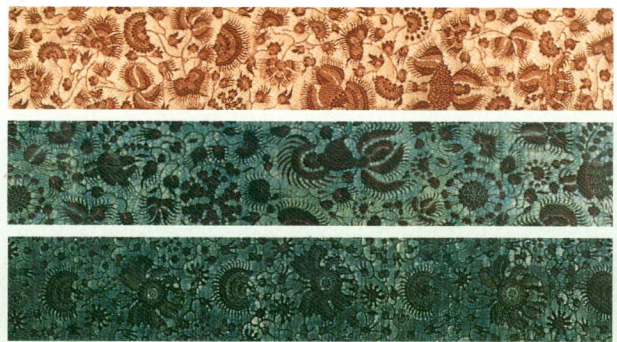

Op Bali heeft de Islam, in tegenstelling tot op Java, geen invloed gehad op de oude tradities. In hoofdstuk drie wordt duidelijk dat daar uit de prehistorische en Indiase overleveringen een nieuwe hiërarchische samenleving is voortgekomen. Elk individu neemt hierin een bij zijn afkomst passende, duidelijk omschreven plaats in. Desondanks vond men ook op Bali mogelijkheden om zijn status te verbeteren. Door de vele en snelle veranderingen na de onafhankelijkheid verloren veel traditionele aanspraken op hoge posities hun vanzelfsprekendheid en dat resulteerde op een zeker moment in grote conflicten.

Voor de gewone mensen zijn de dagelijkse zorgen belangrijker dan dergelijke statuskwesties. Bij talrijke onoverkomelijk geachte problemen roepen zij de hulp in van goden en voorouders, die in een onzichtbare, hogere wereld leven en waken over het kosmisch evenwicht. Toegang tot de kennis van wat deze bovennatuurlijke machten wensen, bezitten mediamiek begaafde mensen, meestal eenvoudige vrouwen. In trance worden zij de spreekbuis van de goddelijke stemmen en zij roepen dan op tot het geven van offers en andere rituele handelingen, die een weg uit de problemen mogelijk maken.

Er is nauwelijks een groter contrast denkbaar dan tussen het relatief kleine en buitengewoon dichtbevolkte, overal van een bloeiend cultureel leven doordrenkte Bali en het reusachtige, met oerwoud bedekte Kalimantan dat in hoofdstuk vier centraal staat. Alleen aan de kusten en langs de traagstromende rivieren zijn hier grotere nederzettingen te vinden. Toch zijn ook de enorme tropische regenwouden niet helemaal onbewoond. In enkele afgelegen gebieden leven hier de Punan, die evenals de Kubu op Sumatra, jagers en verzamelaars zijn. De Punan hebben zich op een unieke manier aangepast aan het moeilijke bestaan in de wildernis. Momenteel wordt niet alleen hun cultuur, maar ook de hele ecologie van hun omgeving ernstig bedreigd door de onstilbare vraag van de moderne industrielanden naar hout, en de komst van 'transmigranten' uit overbevolkte gebieden.

▲ *Grootschalige houtkap vernietigt in een hoog tempo de leefwereld van de bewoners van Kalimantan.*

◀ *Voor de Baliërs is een goede verstandhouding met de goden en voorouders van essentieel belang voor een veilig bestaan. Trance-mediums,* **balian taksu***, spelen daarbij een belangrijke rol. Als spreekbuis van de goddelijke wezens brengen zij de zichtbare en onzichtbare wereld met elkaar in contact.*

Inleiding Sulawesi

Indonesische rijkdom

De veerkracht van Indonesische culturele tradities komt in het vijfde hoofdstuk duidelijk tot uiting. In het bergachtige hoogland van Sulawesi wonen de Toraja, die veel overeenkomsten vertonen met de Batak in Noord-Sumatra. De trots op hun afstamming culmineert in de schitterende dodenrituelen, die de weg naar het hiernamaals voor de gestorvenen vrijmaken en de zegen voor hun nakomelingen moeten verzekeren. De glans die zo'n ritueel uitstraalt, verhoogt het aanzien van degene die het feest geeft. Dat verklaart waarom ook stamleden die in de steden wonen, door middel van bijdragen de band met hun geboortestreek levend houden. Het geven van dergelijke feesten vereist dat allen grote financiële offers brengen. Daarmee wordt de kracht van de gebondenheid aan de *adat* geïllustreerd: individuele uitingen blijven ondergeschikt aan de traditie.

Onder invloed van moderne denkbeelden zijn echter alternatieven binnen bereik gekomen die niet zelden leiden tot een reactie tegen de *adat*. Een treffend voorbeeld vinden we bij een andere groep op Sulawesi, de islamitische Tolaki die in het zuidoosten van het eiland wonen. Bij hen is het huwelijk een cruciaal moment. Paren die zich niet aan de traditionele regels van de groep willen onderwerpen, gaan steeds vaker over tot een modern 'vluchthuwelijk' en dwingen zo de gemeenschap rekening te houden met hun wensen.

Het moderne streven naar persoonlijke speelruimte sluit vaak aan bij oude vormen van machtstrijd. Bij de Minahasa in het noorden van Sulawesi, waarmee dit hoofdstuk wordt besloten, was die strijd bijzonder sterk ontwikkeld. Bij hen was, in tegenstelling tot bij vele andere samenlevingen, de afstamming van een individu niet van wezenlijk belang voor zijn status. De Minahasa waren al vroeg tot het Christendom overgegaan en hebben een belangrijke rol in het koloniale leger gespeeld. Reeds in die periode verwierven velen van hen een zekere rijkdom; een strijd om de hoge posities in de lokale gemeenschap was het gevolg. Zowel de rivaliteit in de hedendaagse politiek als de harde onderlinge economische concurrentie kan gezien worden als een voortzetting van deze oude machtstrijd.

De zielen van de buffels die tijdens een dodenfeest in Tana Toraja worden geslacht, vergezellen de ziel van de overledene tijdens diens tocht naar het dodenrijk.

Indonesische rijkdom

In de centrale Molukken gaan de christelijke invloeden nog verder terug. Bijna vijfhonderd jaar lang hebben *adat* en kerk hier op elkaar ingespeeld. Daardoor is een complementaire relatie ontstaan, waarin de dominee en het dorpshoofd als een symbolisch echtpaar de taken onderling verdelen. Hun relatie vormt het hoofdthema in het eerste deel van het zesde hoofdstuk.

Op andere Molukse eilanden zijn de invloeden van de wereldreligies van recenter datum. Zo zijn de Giman op Halmahera, in de Noord-Molukken, pas sinds enkele decennia islamitisch. De oude *adat* en de nieuwe gedragsregels hebben zich hier echter al zodanig vermengd, dat ze nauwelijks nog van elkaar te onderscheiden zijn. Door de richtlijnen van de regering en de verbeterde verbindingen wint de Islam er als vertegenwoordiger van de 'grote wereld' steeds meer terrein.

Toch laten de nu overwegend christelijke Babar-eilanden bij voorbeeld zien, dat ook in de Molukken de kracht van de traditionele ordeningsprincipes onder de oppervlakte is blijven doorwerken. Nieuwe verworvenheden zijn in de samenleving ingebed door middel van oude vormen van symboliek. Eeuwenlang was het wereldbeeld van deze eilandbewoners geïnspireerd op het model van een boot met zijn bemanning. Nieuwe bouwwerken en feesten laten zien dat dit model zijn kracht nog steeds niet heeft verloren.

Het laatste hoofdstuk is gewijd aan Irian Jaya. Dit westelijk deel van Nieuw-Guinea is de Indonesische provincie met de grootste verschillen in landschap: zowel primair oerwoud als eeuwige sneeuw zijn er te vinden. In het door bergen omringde hoogland heeft de buitenwereld nog pas in de eerste helft van deze eeuw een cultuur leren kennen, die de oude mythe over technische achterlijkheid van tropische volkeren voorgoed heeft gelogenstraft; de daar levende Dani bewonen een van de eerste centra van intensieve landbouw van de hele wereld. Hun ingenieuze irrigatiekanalen moeten reeds vierduizend jaar voor Christus hebben bestaan. De regenwouden in de laaglanden van Irian Jaya zijn veel minder dicht bevolkt. Hier stuiten we weer op de vraag, die in dit hele overzicht van de Indonesische culturen van west naar oost telkens naar voren kwam: hoe lost men het probleem op van de ongelijkmatige spreiding van de bevolking en de natuurlijke hulpbronnen, zonder de regionale ecologische systemen en de lokale culturen onherstelbaar te schaden?

▲ *Een dorp op Dawera, een eiland dat behoort tot de Babar-archipel, doet onwillekeurig denken aan de modelnederzetting van een transmigratieproject. Keurig op een rijtje zijn de huizen opgetrokken en zelfs de nokken van de daken wijzen in één richting. In werkelijkheid ligt er een eeuwenoud patroon in verscholen, gebaseerd op de prauwsymboliek.*

Dani in Irian Jaya versieren zich graag, maar het dragen van een 'stropdas' van schelpen is méér: de das beschermt de keel, een kwetsbare lichaamsingang, tegen ziekte en ander kwaad. ▼

1 Sumatra

*Wat ooit zijn tijger was, is nu zijn Highway; Sumatra's aanzien is veranderd.
Diepe binnenlanden zijn opengelegd, delfstoffen worden geëxploiteerd.
De Transsumatra Highway is de slagader van een nieuwe economie en de ontwikkeling
van het eiland is in een stroomversnelling geraakt.
Meegaan in die stroom lukt niet iedereen even goed.
Culturele tradities verdwijnen of worden aangepast; de tijger zit in een reservaat.*

Enkele eilanden voor de Sumatraanse westkust zijn in vergelijking met het 'vasteland' tot op heden minder ontgonnen. Op Siberut, een eiland dat behoort tot de Mentawai-archipel, leven zelfs nog Mentawaiërs in vergaand isolement. Reimar Schefold beschrijft hun wereld.
Voor de Kubu in Zuid-Sumatra daarentegen, lijkt het leven volgens de oude tradities verleden tijd. Door de ontbossing zijn deze jagers en verzamelaars grotendeels ontheemd. Gerard Persoon vergelijkt de oude met de nieuwe situatie en schetst een perspectief.
Beter ingespeeld op het moderne leefpatroon zijn de Toba Batak in Noord-Sumatra. Allerlei cultuuruitingen zijn aangepast en soms van een nieuwe inhoud voorzien. De moderne onderkomens voor de voorouders, die Lea Bolle presenteert, zijn prachtige voorbeelden.

Mentawai: kosmos als netwerk van de zielen

De historische achtergronden van de culturele verscheidenheid van Indonesië maken duidelijk dat het woord 'eenheid' in de wapenspreuk, die aan het begin van de Inleiding geciteerd werd, niet alleen betrekking heeft op een modern nationaal ideaal. Achter die bonte verscheidenheid schuilt een gemeenschappelijke erfenis van het verleden. Een erfenis die tot uiting komt in de linguïstische familie waartoe bijna alle talen van de archipel behoren: de West-Austronesische. Ook in de verwantschaps- en huwelijkssystemen heeft men enkele algemene karakteristieken kunnen vaststellen. Overeenkomsten vindt men bovendien in de wereldbeschouwing. Hoewel de regionale verschillen juist hier in bijzonder rijke beelden aan de dag treden, stuit men toch telkens op gemeenschappelijke ideeën, die hun een typisch Indonesisch karakter geven.
De algemene grondgedachte is dat de wereld van de mens deel uitmaakt van een alomvattende kosmische orde en dat beide aan dezelfde wetten ondergeschikt zijn. Deze parallellie van micro- en macrokosmos is verbonden met het denkbeeld dat de hele wereld 'bezield' is en door religieuze machten bewoond wordt, en dat zij zich in een harmonieus evenwicht bevindt. De mens moet in zijn gedrag rekening houden met die harmonie. Hij moet, als hij handelt, een relatie aangaan met datgene waarop zijn handeling gericht is en alles vermijden wat het evenwicht kan verstoren. Anders keren de krachten van de kosmos zich tegen hem en

◀ *Op Mentawai vereist de jacht, met urenlange achtervolgingen, een volledige inzet. Vele pijlen worden verschoten voordat een jager met zijn buit terugkeert in het stamhuis.*

Het eiland Manteu

De Mentawai-archipel ligt ongeveer honderd kilometer ten westen van de Sumatraanse havenstad Padang in de Indische Oceaan. De archipel bestaat uit vier bewoonde eilanden: Siberut (4480 km^2), Sipora (845 km^2) en Noord- en Zuid-Pagai (1675 km^2), en telt in totaal 45.000 inwoners. Al in 1600 maakten Hollandse Oostindiëvaarders melding van Pagai; voor de kust hadden zij hun ankers uitgegooid en toen 'teycken van volck' opgemerkt. Noord- en Zuid-Pagai gaven ze de naam Nassau-eilanden. Sipora werd een paar jaar later Goe Fortuyn gedoopt, omdat een schip van de VOC er toevallig een andere Oostindiëvaarder had ontdekt. Die dreef daar stuurloos rond met aan boord honderdzestig slachtoffers van een epidemie. De rest van de bemanning, die voor de ziekte gespaard was gebleven, kon door het VOC-schip 'fortuinlijk' gered worden. Siberut werd al in die tijd met Mantana of Mintaon aangeduid. Namen die net als de tegenwoordige naam Mentawai – welke overigens door de inwoners zelf niet gebruikt wordt – zonder twijfel te herleiden zijn op het woord voor man: *manteu*.

Sumatra wereldbeeld stamhuis voedsel

Mentawai: kosmos als netwerk van de zielen

▲ *Op Siberut bewoont een familiegroep van ongeveer tien gezinnen een gemeenschappelijke paalwoning, de* uma.

brengen ze hem ongeluk.

Hieronder zullen enkele aspecten van zo'n wereldbeeld worden toegelicht aan de hand van een cultuur, waarin de communicatie met de bezielde kosmos een zeer direct karakter heeft. Het betreft een gebied in Indonesië, waar de oude, prehistorische tradities tot vandaag de dag duidelijk bewaard zijn gebleven: de Mentawai-archipel ten westen van Sumatra. De overgeleverde levenswijze van de Mentawaiërs is uit technisch perspectief beschouwd eenvoudiger dan die van de meeste andere sedentaire bevolkingsgroepen van Indonesië. Alleen rondtrekkende jagers en verzamelaars als de Kubu, over wie later in dit hoofdstuk meer wordt gemeld, leiden een nog primitiever leven. Het nu volgende maakt hopelijk echter duidelijk dat deze 'primitiviteit' niets van doen heeft met de geestelijke waarde van de denkbeelden, die samengaan met zulke eenvoudige leefomstandigheden.

De boog en zijn jager

De Mentawai-eilanden worden door dicht tropisch regenwoud bedekt en zijn dun bevolkt. Traditiegetrouw leven de bewoners van de landbouw (sago, knolgewassen en bananen), van de kippen- en varkensfokkerij en van de jacht en de visvangst. Dit werk wordt verdeeld onder mannen en vrouwen. Een verdergaande specialisatie bestaat niet. Ook politieke functies zijn niet aanwezig; de Mentawaiërs kennen hoofdmannen noch slaven. De samenleving is georganiseerd in familiegroepen van ongeveer tien gezinnen. Zij bewonen een groot, gemeenschappelijk stamhuis en dragen samen de verantwoording voor belangrijke activiteiten. De stamhuizen staan op onregelmatige afstand van elkaar langs de rivieren. In Mentawai zijn geen aangelegde paden; de kano is het belangrijkste vervoermiddel, dat gebruikt wordt om de oogsten van de plantages te halen of om buren in het dal te bezoeken.

◄ *Voor grote feesten wordt het gemeenschappelijke stamhuis prachtig versierd om de zielen te lokken en deze te laten zien hoe mooi de levenden het hebben.*

Het bewerken van de (natte) taro-velden behoort tot het domein van de vrouw. ▼

Het onderhoud van de knollen-aanplant wordt even onderbroken voor het koken van een maaltijd. ▼

Geraspte kokos hoort op Mentawai tot het dagelijks voedsel. ►

Mentawai: kosmos als netwerk van de zielen

Hun weinige gebruiksvoorwerpen maken de Mentawaiërs met een toewijding, die veel verder gaat dan technisch noodzakelijk zou zijn. Die zorgvuldigheid geldt vooral de traditionele artistieke vorm, die bij het voorwerp hoort. De Mentawaiërs zeggen dat het voorwerp anders niet 'passend bij zijn wezen' (*mateu*) is en in zo'n voorwerp kan men geen vertrouwen hebben. Wat met de uitdrukking *mateu* bedoeld wordt, maakt een voorval bij de Sakuddei duidelijk. Deze groep leeft in het binnenland van Siberut, het noordelijkste eiland van de archipel. Gotta, hun beste jager, gaf eens les in het schieten met pijl en boog. De bogen zijn uit zwaar, hard palmhout gemaakt en er is veel kracht voor nodig om ze te spannen. Het proefschieten ging zo onhandig dat al bij een van de eerste pogingen de prachtig bewerkte top beschadigd raakte. Op Gotta's gezicht was duidelijk zijn ontsteltenis te zien, maar op verontschuldigingen antwoordde hij slechts, dat hij wist dat het niet met opzet was gedaan. De volgende dagen bleek hoeveel moeite het kost om een boog te maken. Het geschikte hout moet worden gevonden en in de juiste vorm worden gebracht, de uiteinden worden met snijwerk versierd, urenlang wordt de boog eerst op een slijpsteen geschuurd, daarna met ruwe bladeren gepolijst en uiteindelijk met het sap van een rode vrucht gekleurd. Op de vraag waarom hij dat allemaal deed, trok Gotta zijn schouders op. Hij zei dat de boog anders niet *mateu*, niet 'passend bij zijn wezen' zou zijn. Eerst leek het dat hij daarmee wilde zeggen dat een jager zich met zo'n boog zou moeten schamen. Dat was inderdaad óók het geval, maar eigenlijk bedoelde hij wat anders.

Gotta verklaarde dat je met een slordig bewerkte boog niet veel kans had om een aap te raken. Die verklaring scheen erop te wijzen dat er magische voorstellingen in het spel waren en dat een voorwerp door de versieringen speciale bovennatuurlijke krachten kreeg. Maar deze interpretatie stuitte op volkomen onbegrip. Pas veel later werd duidelijk wat werkelijk met 'de boog is niet *mateu*' werd bedoeld: 'de boog vóelt zich niet passend bij zijn wezen'.

De Mentawaiërs zien in hun omgeving geen objecten, die ze kunnen gebruiken, maar subjecten, die zich eventueel door hen laten gebruiken. Want alles, mens, dier en plant, maar ook ieder voorwerp, leeft en heeft een ziel. En een levend wezen, bijvoorbeeld een boog, is alleen dan te gebruiken, als het zichzelf als boog voelt, dat wil zeggen als zijn uiterlijk het wezen van de boog tot uitdrukking brengt. Tot dat uiterlijk behoren de traditionele vorm, de versieringen en de kleuren, zoals die door de voorouders zijn overgeleverd.

Op deze wijze vormen het functionele en het artistieke een eenheid. Een ding wordt goed, omdat het mooi is; niet omdat men het door kunstzinnige extra's magische krachten moet geven, maar omdat het voorwerp vanuit zichzelf anders ondeugdelijk zou zijn.

Iets afdwingen kan de mens écht er niet. Een voorwerp, dat naar zijn wezen is vormgegeven, heeft ook zijn eigen, persoonlijk karakter. Iemand kan een goede jager zijn en een formeel vlekkeloze boog bezitten en toch zijn doel regelmatig missen. Die boog 'mag' hem dan niet, en de jager kan niet anders doen dan hem aan een vriend weggeven, met wie de boog het misschien beter kan vinden. De boog die bij het oefenen beschadigd raakte, 'mocht' Gotta en daarom was deze zo ontsteld geweest over het verlies. De boog had een wezen gehad, dat bij Gotta paste. Hun goede verstandhouding was de voorwaarde voor zijn succes als jager.

◄ *Vooral voor feestelijke ceremoniën als een bruiloft tooien Mentawaiërs zich rijkelijk.*

Mentawai: kosmos als netwerk van de zielen

Sumatra arbeid jacht

◄ *Jong geleerd, oud gedaan: een kleine jongen op vogeljacht.*

▲ *Pijlpunten voor de apenjacht worden ingesmeerd met gif. De Mentawaiërs kennen verschillende vergiften; het merendeel der ingrediënten kweekt de jager zelf.*

De minder perfecte kano

Door het ontbreken van enige vorm van arbeidsspecialisatie, kwam ik bij de Sakuddei aanvankelijk in een vreemd licht te staan. Ze hadden me vriendelijk in hun groep opgenomen en een huisje voor me gebouwd, dat ik met al mijn meegebrachte spullen inrichtte en waar ik uiteindelijk twee jaar zou blijven. Maar hoe beter ze de functie van al die vreemde dingen leerden begrijpen, hoe merkwaardiger ze me schenen te vinden. Na verloop van tijd ontdekte ik daarvoor de reden: ze waren ervan overtuigd dat alles wat ik bezat door mijzelf gemaakt was: mijn horloge, mijn camera, mijn bandrecorder, mijn pennen en mijn boeken vol raadselachtige schrifttekens. Hoeveel slimmer dan zij moesten wij blanken wel niet zijn! Ik probeerde hen uit te leggen, dat bij ons één mens ook niet meer weet dan één van hen, maar dat iedereen iets anders weet en dat daarom tien mensen tien keer meer weten dan één. Bij de Sakuddei weten tien mensen tien keer hetzelfde.

Zoiets konden ze zich wel voorstellen. Ook zij kenden natuurlijk mensen die voor bepaald werk beter geschikt waren dan anderen, mensen die bij voorbeeld bijzonder lichte en sierlijke kano's wisten te maken. Wie daar niet zo goed in was, kon naar zo iemand toegaan en hem vragen een kano voor hem te vervaardigen. Voor diens moeite gaf je hem dan een varken of iets dergelijks. Ik vroeg hen: "Waarom maakt dan niet een van jullie alleen nog maar kano's? Dan weet je zeker dat er geen slechte kano's meer gemaakt worden. En de varkens, die de kanobouwer dan krijgt, kan hij gemakkelijk ruilen voor alles wat hij verder nodig heeft." Uiteindelijk begrepen ze wat ik bedoelde en begonnen te lachen: "Ach, wat zou dat saai zijn!"

◄ *De pijlpunten worden met grote zorg gemaakt van palmhout (de pijlschacht is van riet). De vorm van de punt is afhankelijk van het doelwit.*

Sumatra   lokvogels   bezwering

Mentawai: kosmos als netwerk van de zielen

▲ Het snijden en beschilderen van 'speelgoed voor de zielen': een houten vogel. Indien de houtsnijder tijdens het werk constateert dat de vorm naar een ander type neigt dan hij eigenlijk voor ogen had, zal hij zijn oorspronkelijke idee laten varen en zich aanpassen aan de nieuwe ontwikkeling. ▶

Speelgoed voor de ziel

Gotta's succes bij de jacht werd uitgedragen door de honderden schedels, die op de voorgalerij van het gemeenschappelijke paalhuis van de Sakuddei aan de dwarsbalken waren vastgemaakt. Het waren schedels van apen, herten en wilde zwijnen. Vele ervan waren ingelegd met parelmoer en versierd met kwastjes van uitgerafelde, geel geverfde sagobladeren. In het schedeldak van de hertentrofeeën stak een beschilderde stok waarop een kleine, houten vogel met uitgeslagen vleugels was vastgemaakt. 'Anders zouden ze niet *mateu* zijn', werd ook hier meteen verklaard. En weer school de betekenis van dat woord in een heel bijzonder denkbeeld.

Ook de dieren waarop gejaagd wordt hebben een individuele ziel. Net als de zielen van alle andere dingen hebben deze zielen de mogelijkheid zich los te maken van hun bezitters. Als een soort onzichtbare dubbelgangers zwerven ze rond en hebben hun eigen belevenissen, goede en slechte. Tussen ziel en bezitter blijft echter altijd een band bestaan en als de ziel iets overkomt, dreigt er ook voor haar bezitter gevaar. Als iemand op een morgen zonder reden met een slecht humeur opstaat en de hele dag het gevoel heeft dat alles verkeerd gaat, dan zeggen de Mentawaiërs dat zijn ziel waarschijnlijk iets vervelends meemaakt.

Deze denkbeelden gebruiken de Mentawaiërs om succes bij de jacht te hebben. Als zij met een buitgemaakt dier uit het oerwoud terugkomen, maken ze de schedel zorgvuldig schoon en hangen hem aan het huis op, in de hoop dat de ziel van het wild bij die schedel blijft. Voor ze de volgende keer op jacht gaan, brengen ze offers aan hun trofeeën en bezweren de zielen om toch vooral hun broers en zusters, hun neven en vrienden te

▲ *De schedels van geschoten dieren worden prachtig versierd en op de voorgalerij van de* uma *opgehangen in de hoop ander jachtwild uit het omringende oerwoud te lokken.*

roepen, zodat ze hier niet zo alleen zullen blijven. De zielen bij de schedels doen wat ze gevraagd is. Als de Mentawaiërs in het woud komen, zien ze het wild, waarvan de ziel zich al in het huis heeft laten lokken. Dit wild heeft nu als het ware onderbewust nog maar één wens: het wil geschoten worden.

De bezwering kan echter alleen werken, indien de ziel van het buitgemaakte dier inderdaad bij de schedel blijft. Daarom doen de Sakuddei zoveel moeite om hen het verblijf zo prettig mogelijk te maken. Ze offeren vlees aan hen, ze versieren de schedels met bladeren en rode pitten, beschilderen die met kunstige spiralen, en op de plek van de ogen leggen ze parelmoer in. Heeft de jacht een hert opgeleverd, dan steken ze tenslotte een uit hout gesneden vogel tussen het gewei. Ook die vogel moet de ziel vrolijk stemmen; de Mentawaiërs noemen hem *umat simagere*: speelgoed voor de ziel. We vinden hier dus dezelfde grondgedachte als bij de gebruiksvoorwerpen. Bij die voorwerpen ziet men de mooie vormgeving als een voorwaarde voor hun deugdelijkheid, omdat ze anders niet 'passend bij hun wezen' zouden kunnen functioneren. Voor de jacht nu is het de ziel van het buitgemaakte dier, die men een mooie omgeving moet verschaffen. Alleen als die ziel gelukkig wordt gemaakt, zal zij blijven en andere zielen aanroepen.

Het versierde lichaam

Analoge ideeën gelden ook voor de mensen zelf. Een belangrijke gebeurtenis in het leven van de Mentawaiërs is de tatoeëring. Wanneer de lichaamsgroei stopt, rond het zestiende of zeventiende levensjaar, wordt de eerste van een reeks tatoeages aangebracht. Het kan jaren duren voor de versiering is voltooid, want het is te pijnlijk om het hele lichaam in één keer te tatoeëren.

Mentawai: kosmos als netwerk van de zielen

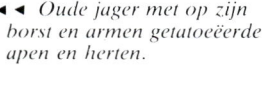

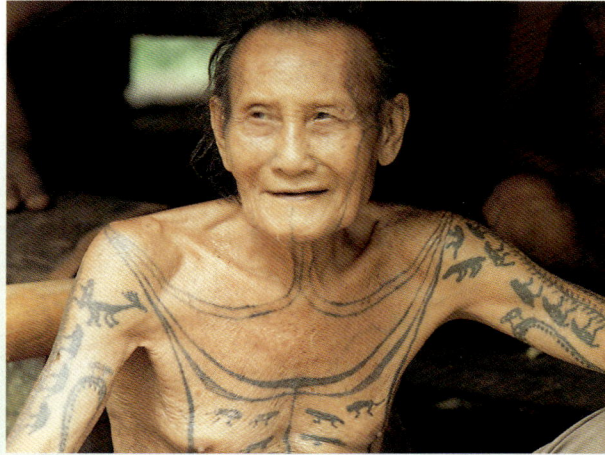

◄◄ *Oude jager met op zijn borst en armen getatoeëerde apen en herten.*

Veel jongens en meisjes geven openlijk toe dat ze er bang voor zijn. Toch wil niemand bij de Sakuddei zich eraan onttrekken. De Indonesische regering heeft het tatoeëren net als veel andere 'primitieve' elementen in de cultuur van de Mentawaiërs verboden. Wie zich in het kustgebied, waar de overheidsinvloed zich eind jaren zestig het duidelijkst deed gelden, toch liet tatoeëren, moest als straf een paar weken zonder vergoeding op de velden van de politiemannen werken. Het was een makkelijke manier om aan arbeidskrachten te komen: veel jongeren namen liever de straf op de koop toe, dan afstand te doen van de oude traditie. Ook hier waren magische denkbeelden ogenschijnlijk de reden voor dit hardnekkig verzet. De Mentawaiërs zagen het echter anders. Alleen wie getatoeëerd is, is *mateu* en alleen zo iemand heeft genoeg aantrekkingskracht om zijn ziel in de buurt te houden en haar niet te laten verdwijnen naar de voorouders. Duidelijk speelt hier de gedachte dat er bij een mens meer hoort dan alleen zijn natuurlijke groei. Zoals de opvoeding de geest vormt, zo moet ook het lichaam gevormd worden om het wezen van een volwassene tot uitdrukking te brengen.

◄ *Het tatoeëren is een pijnlijk proces, maar een voorwaarde voor een 'waardig' lichaam. Om de pijn dragelijk te maken, wordt een patroon in meerdere etappes aangebracht, verspreid over enkele jaren. Voordat het werkelijke tatoeëren begint, wordt een patroon getekend. Gaat het om een jongen, dan neemt de man die tatoeëert zijn eigen lichaam als voorbeeld; bij een meisje wordt een vrouw als model* ▼ *gevraagd.*

Sumatra ziekte

Mentawai: kosmos als netwerk van de zielen

Kunst voor het leven

Op een dag werden de Sakuddei uitgenodigd voor een feest bij een naburige groep. De aanleiding was treurig, zo treurig dat het moeite kostte om de feestvreugde op te brengen, die alle ceremoniën van de Mentawaiërs anders tot zulke vrolijke gebeurtenissen maakt. Toch was het juist die vreugde waar het op aan kwam.

Dans van de medicijnmannen, dé artsen van Mentawai. ▼

Al vele weken had een man een gezwel in zijn hals. Hij kon nauwelijks meer slikken en was vreselijk vermagerd. De medicijnmannen hadden àl het mogelijke geprobeerd. Ze hadden alle schadelijke krachten verdreven en offers gebracht om de geesten te verzoenen, die de zieke misschien had beledigd door verkeerd gedrag of door overtreding van taboes. Maar niets had geholpen. Klaarblijkelijk had zijn ziel, om slechts aan haar bekende redenen, de zin in het leven verloren. Ze had heimwee naar de voorouders gekregen en was naar hun dorpen toegegaan. Dat betekende dodelijk gevaar. Want indien de ziel het bij de voorouders prettig vindt, als zij bij hen eet en zich samen met hen optooit, dan moet de mens sterven.
De medicijnmannen konden de voorouders aanroepen en hen smeken de ziel vrij te laten. Minstens zo belangrijk was het echter de ziel zelf van iets beters te overtuigen. Men moest haar laten zien dat het bestaan mooi is en dat het leven de moeite waard is. Een feest rond de zieke moest de ziel het samenzijn bij hem en met hem zo aantrekkelijk doen toeschijnen, dat de ziel zou inzien dat zij het bij de voorouders niet beter kon hebben. De zieke werd als een bruidegom met sieraden en bloemen omhangen; daarom heet deze genezingsceremonie *pangurei*: bruiloft vieren. De Sakuddei hadden kippen en varkens meegenomen. Ook uit een ander dal waren vrienden gekomen, ieder van hen zuchtend onder de last van een levend varken. Twee dagen lang hadden ze deze dieren, op hun rug vastgebonden, over de bergen gedragen. Voor de varkens gaf de groep van de zieke ceremoniële

Medicijnmannen bezweren de zieke met heilige planten tijdens een genezingsceremonie. ▲

Mentawai: kosmos als netwerk van de zielen

tegengeschenken, die afgepast werden als bij een bruidsprijs. Nu ging het echter niet om het verstevigen van een band tussen een bruid en een bruidegom, maar om die tussen de zieke en zijn ziel. De hele nacht lang werd rond de zieke gedanst en gezongen, er werden pantomimes gespeeld, men liet het leven zien in zijn kleurigste rijkdom. Het was één grote opvoering van kunstzinnige vaardigheden en elke aanwezige droeg daaraan bij wat hij kon. Dit keer moest niet een voorwerp naar zijn eigen passende wezen vorm gegeven worden, maar het leven zelf.

Het grote feest

Belangrijker nog dan genezen, is voorkomen. De mens moet erop letten dat hij een aantrekkelijk leven leidt, omdat anders de ziel zich verwaarloosd voelt en de mens zelf ziek wordt. De schoonheid van het uiterlijk hoort daarbij, de tatoeages en de gespitste tanden, evenals het feit dat men zich beschildert en optooit. De schoonheid van het gemeenschappelijk huis van de groep hoort erbij; de bloemen, die rond het huis geplant worden, en de uit hout gesneden figuren die de wanden sieren. Ook deze figuren maken deel uit van het 'wezen' van een huis; het zijn geen afgoden, zoals de missionarissen ten onrechte veronderstelden toen zij die verbrandden. Bovenal horen bij een aantrekkelijk leven de vele, soms maandenlange feesten.

Gedurende die feesten wordt het leven gereinigd van schadelijke invloeden en worden alle goede krachten aangeroepen. Als het terrein op die manier gereed is gemaakt, gaan de medicijnmannen voor de ingang van het huis zitten en roepen in lange liederen de zielen van de aanwezigen. Die moeten dan komen en zien hoe mooi de levenden het hebben, opdat ze in de buurt blijven en beslist niet voor de verlokkingen van gene zijde bezwijken. Het huis wordt versierd, mooie bezittingen worden uitgestald, het vlees voor het feest ligt klaar in houten schalen. De mensen hebben hun mooiste sieraden omgedaan, bloemen in het haar gestoken, hun gezicht met zwarte stippen beschilderd en zich met heerlijk geurende planten ingewreven. Voor het huis heeft men een grote poort opgericht met bloemen en vlechtwerk, en opnieuw hangen daar dan de gebeeldhouwde vogels als lokvogels voor de zielen: kunst voor het leven.

Huisdieren van de geesten

De Mentawaiërs zien het wild als de huisdieren van hun voorouders en de geesten. In een mythe wordt over een man verteld, die bij de jacht met pijl en boog nooit succes heeft, tot hij uiteindelijk in de regionen van de geesten belandt. Daar is alles net zoals bij de mensen, maar natuurlijk mooier. Wel zijn vele dingen ten opzichte van die van de mensen omgekeerd. Zo staan bij de voederplaats voor de tamme varkens bij de geesten wilde herten. De jager mag één hert schieten en leert dan dat de mensen voortaan van al het wild het linkeroor aan de geesten moeten offeren. Links is voor de mens de slechte kant en ook lijkt een oor maar een kleine gift. Beide partijen zijn echter toch tevreden, omdat bij de geesten alles omgekeerd is. Als waarborg voor toekomstig succes bij de jacht, moeten de mensen in het vervolg in hun stamhuis schedels ophangen en versieren.

Hernieuwde aandacht voor tradities

De koloniale regering en de zending begonnen hun werk op Mentawai pas kort na 1900. Omdat er relatief weinig dwang werd uitgeoefend, bleven de gevolgen aanvankelijk gering. Pas na de Indonesische onafhankelijkheid werden moderniseringscampagnes gelanceerd die meer effect sorteerden. Een paar jaar later begonnen internationale houtfirma's bovendien met de commerciële exploitatie van het tropische regenwoud. Tegenwoordig zijn de meeste Mentawaiërs christenen; alleen een paar groepen in het binnenland leven nog volgens de oorspronkelijke tradities. Het Nederlandse ministerie voor ontwikkelingssamenwerking en het Wereldnatuurfonds ondersteunden gedurende enkele jaren (1978 – 1981) een project van het Indonesische ministerie voor sociale zaken, dat ertoe moest bijdragen het oude ecologische systeem in stand te houden. Ook hoopte men de maatschappelijke ontwikkeling meer dan tot nu toe te laten aansluiten op de culturele tradities van de Mentawaiërs.

Sumatra Highway nomaden

▲ Op busstations en langs de grote weg bedelen de ontheemde Kubu. Soms verkopen ze medicinale planten en wortelen.

De Kubu: overleven in beschermd oerwoud

De Transsumatra Highway vormt een onmisbare schakel om in het gebied van de Kubu te komen. Langs deze route, die zowel de kenmerken heeft van een snelweg als van een dorpsstraat met scharrelende kippen, geiten en spelende kinderen, houden zich hier en daar kleine groepen Kubu op.

Een vragend opgehouden hand, toegestoken door een autoraam, is vaak het eerste dat de reiziger van hen ziet. Onverwacht staan ze soms midden op de weg en dwingen zo auto's en bussen tot stilstand. Pas als de bedelende hand is gevuld, wordt er doorgang verleend. De oordelen die reizigers zich op dat moment over hen vormen, variëren van 'arme sloebers' tot 'lastige parasieten'. Wàt men echter ook van hen mag denken, de aanblik van zo'n groepje is onthutsend: magere, bevlekte lichamen, vrouwen zonder uitzondering met een kind aan de borst, mannen gekleed in grauw katoenen lendedoeken, bedelend aan de rand van de beschaving.

De Kubu: waren dat niet de troetelkinderen van de koloniale volkenkundigen? Waren zij niet de trotse jagers uit de oerwouden van Sumatra? Wezen zij niet als superieure gidsen de weg aan goudzoekers en expedities op zoek naar petroleum? En waren zij niet de onmisbare hulp voor de bestuurders die jacht maakten op groot wild? (Overheidsdienaren die zich overigens mét prooi maar zonder Kubu lieten fotograferen!)

De gezichten van de huidige Kubu vertonen grote overeenkomsten met de beelden uit het begin van deze eeuw: vlassige sikken, wilde bossen haar, vrouwen met een schuwe blik in de ogen. De altijd hongerige honden scharrelen ook nu nog rond hun bazen. Waardoor komen de Kubu ertoe zich te verlagen tot de bedelstaf? Zijn er geen mogelijkheden om het traditionele leven voort te zetten? Hoeveel Kubu zijn er eigenlijk nog? 'Ongerepte natuurkinderen' is de klassieke omschrijving voor Kubu in de traditionele situatie; een leefpatroon dat nu grotendeels tot het verleden behoort. De oorspronkelijke huisvesting bestond uit een eenvoudig afdak gemaakt van stokken en bladeren, met een vloertje vlak boven de grond. Dit voldeed als slaapplaats voor een of meer nachten en sloot nauw aan bij de nomadische levensstijl. Mobiliteit als dominant kenmerk van het bestaan maakte een meer permanente behuizing onnodig.

De Kubu bouwden zo'n hut binnen een uur. Zij woonden in kleine kampen van drie tot acht hutten. Man, vrouw en kleine kinderen deelden 's nachts één afdak. Jongens vanaf een jaar of acht sliepen in een eigen hut. Totdat zij zelf een vrouw hadden, bleven zij echter wel met het gezin meeëten en ook droegen zij het resultaat van hun jacht- en verzamelinspanning af aan hun ouders. Weduwen hadden altijd een eigen afdak op enige afstand van de groep.

De Kubu leefden van vrijwel alle in hun omgeving voorkomende dieren: verscheidene soorten herten, varanen, varkens, tapirs, honingberen, apen, vogels en vroeger zeker ook olifanten. De enige bekende uitzondering was de tijger. Hiermee zouden de Kubu een speciale band hebben onderhouden.

Over de herkomst van de Kubu verschillen de meningen nog sterk. Sommige auteurs menen dat ze vertegenwoordigers zijn van de oude tradities uit het mesolithicum; anderen geloven dat de Kubu zich in een later stadium in het oerwoud hebben teruggetrokken. ▶

Sumatra ruilhandel voedsel

De Kubu: overleven in beschermd oerwoud

Speer

De speer van de Kubu, de *kujur*, is een rechte, ongeveer 2,5 meter lange stok, voorzien van een ijzeren punt. De etnoloog Hagen omschreef aan het begin van deze eeuw de *kujur* als een onhandig wapen, waarmee in het dichte oerwoud nauwelijks viel te manoeuvreren. Volgens hem ging het om een relikwie uit een grijs verleden, dat eigenlijk zijn tijd al had gehad. De Kubu dachten en denken daar blijkbaar anders over. Het is nog steeds hun enige wapen en naar eigen zeggen zeer effectief. Om de speer te 'werpen' is een bijzondere techniek nodig. Niet bovenhands (over de schouder), maar onderhands wordt de speer naar voren gestoten; terwijl de ene hand duwt, geleidt de andere het wapen. Het wild, door honden tot staan gebracht, wordt er van dichtbij mee gespiest. Werpen over afstand zou weinig zin hebben. De vrije vlucht van een speer wordt in het oerwoud belemmerd door bomen en struiken.
De Kubu gebruiken diverse speerpunten, verkregen door ruilhandel, voor verschillende soorten jachtwild. Versieringen op speren zijn onbekend.

De speer was het enige wapen dat deze nomaden hanteerden. Het gebruik van blaaspijp of pijl en boog kenden zij niet. Een onmisbare hulp voor elke jager was een hond die het wild tot staan bracht. De hond was trouwens eveneens afhankelijk van de jacht. Zonder prooi was er ook voor hem geen eten.
Overigens bestond bij de Kubu, evenals bij vele andere jagers en verzamelaars, het menu niet zozeer uit jachtwild, maar veeleer uit produkten die vooral door vrouwen verzameld werden. Knolgewassen, bosvruchten, bladeren, zoetwatermosselen, slakken en honing, en ook vissen, garnalen, land- en waterschildpadden werden veel vaker genuttigd. Gezien de hoge vochtigheid en het warme klimaat, was het vrijwel onmogelijk vlees lang te bewaren. Ook het roken van vlees, een bij de Kubu niet onbekende techniek, bood weinig uitkomst. Van een succesvolle jacht profiteerden dan ook vele andere groepen dank zij een uitgebreid netwerk van ruilrelaties.
Rondom iedere hut waren een paar kookpotten, enkele lappen textiel, enige harsstaven (om 's avonds licht te maken), een kleine voorraad knollen, een paar messen en een speer te vinden. Beide laatste zaken verkregen de Kubu door ruilhandel met inwoners uit omringende dorpen. Lange tijd moet deze uitwisseling plaatsgevonden hebben via een systeem van 'stille handel'. Op een afgesproken plaats werden bosprodukten als rotan, hars en honing neergelegd, waarna de Kubu zich weer in het oerwoud terugtrokken. Een handelaar mocht de goederen meenemen indien hij voldoende ruilprodukten achterliet: metalen speerpunten, messen, zout en textiel. Via een tekensysteem bracht men elkaar op de hoogte van instemming met de ruil zonder zich aan elkaar te tonen.

Even pauze tijdens een tocht om groepsgenoten te laten delen in het succes van de jacht: gerookte tapir. ▶

Het interieur van een hut van de Kubu, inclusief de ▼ *voedselvoorraad (knollen, schildpadden) en de materiële bezittingen (manden, pakken textiel).*

De Kubu: overleven in beschermd oerwoud

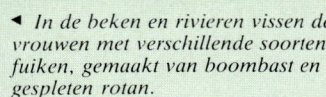
Sumatra jenang landbezit

In een latere fase zijn tussenpersonen, *jenang*, zich met deze handel gaan bezighouden. Een *jenang* werd de schakel tussen de Kubu en de omringende wereld en kon zo de handelsrelaties monopoliseren. Als gevolg van het nomadische bestaan bleef de hoeveelheid huisraad van de Kubu echter altijd beperkt. Een zwervend bestaan liet zich nu eenmaal niet verenigen met een grote materiële rijkdom. De bewegingsvrijheid zou ernstig worden belemmerd als het gewicht van de bezittingen letterlijk de draagkracht van de groepsleden zou overschrijden.

De reizigers die in het verleden, vaak toevallig, kleine groepen Kubu in het oerwoud ontmoetten, voorspelden allen de ondergang van het volk. Dit lot zou onafwendbaar zijn als een gevolg van fysiek uitsterven of het opgaan van de Kubu in de omringende samenleving. "Voor een dergelijk volk", zo schetste bestuursambtenaar Tassilo Adam in de jaren twintig met spijt de situatie van de Kubu, "is geen plaats meer. Spoedig zullen deze gelukkige, vredelievende en goedgeaarde oerwoudbewoners tot 'cultuur' gebracht worden, hetgeen hen zeker ongelukkiger zal maken." Een uitspraak, gedaan in een tijd waarin men nauwelijks kon vermoeden welke processen er in het gebied in gang zouden worden gezet.

◄ *In de beken en rivieren vissen de vrouwen met verschillende soorten fuiken, gemaakt van boombast en gespleten rotan.*

◄ *De Kubu die inmiddels aan landbouw doen, maken gebruik van een kleine bijl, gestoken in een steel van een lichte maar taaie houtsoort.*

◄ *Kubumand gemaakt van gespleten en daarna gevlochten rotan. De kleur is aangebracht met het zogenaamde 'drakenbloed', een rode hars die gewonnen wordt uit de vruchten van een speciale rotan soort. De banden waarmee de mand over de schouders én het hoofd wordt gedragen, zijn van boombast.*

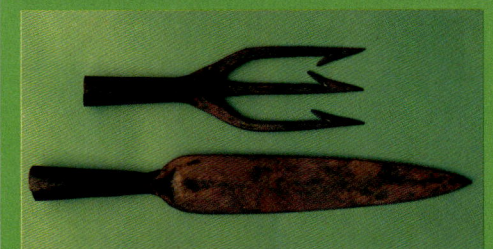
◄ *Speerpunten voor verschillende soorten jachtwild: de bovenste is bestemd voor schildpadden, de onderste voor varkens en herten.*

Godsdienst?

Een culturele bijzonderheid die aan het begin van deze eeuw sterk de aandacht trok, was de vermeende afwezigheid van religie bij de Kubu. Dit werd gezien als hét bewijs dat de bevolkingsgroep op de onderste sport van de ladder der beschaving stond. Eén van de onderzoekers: "Ze vereerden of vreesden geen geesten of wat dan ook. Bij hevig onweer, toen ik hen dubbel scherp opnam, bleven ze kalm zitten en doorspreken of er niets gaande was. Onder de Ridan Kubu heb ik niets van godsdienst of een zweem daarvan te weten kunnen komen, geen voorwerp gezien dat daarop kon duiden."

De felle discussie over dit onderwerp spitste zich uiteindelijk toe op de vraag wat nu eigenlijk godsdienst is. Achter de levenswijze van de Kubu gaat een specifiek wereldbeeld schuil. Het complex van voorstellingen en opvattingen waaruit dit is opgebouwd, wijkt op veel punten sterk af van wat men elders 'godsdienst' noemt. Tegen de vermeende afwezigheid van religie kan als een bewijs het gebruik worden aangevoerd om, uit angst voor de geesten, de plaats te ontvluchten waar een van de groepsleden is overleden.

Bedreiging

Hoewel sommige kaarten nog steeds de indruk wekken dat Zuid-Sumatra wordt gedomineerd door tropisch regenwoud, leert zelfs een vluchtige kennismaking met het gebied al dat dit niet meer het geval is. Door houtkap zijn in de afgelopen jaren enorme stukken oerwoud opengelegd; een ingreep die nog door vele andere werd gevolgd. Zo is door de aanleg van plantages voor koffie, rubber en palmolie veel bosgebied verdwenen. Daarnaast eisten de uitbreiding van het lokale landbouwareaal en de grondontginning voor (Javaanse) transmigranten haar tol. Via het web van wegen rond de Transsumatra Highway dringen momenteel allerlei nieuwkomers de streek binnen, om daar zelfstandig landbouwactiviteiten te ontplooien. Alom kan men de omschrijving van oerwoud als *tanah kosong*, leeg land, horen. De Kubu gelden nu eenmaal niet als de rechtmatige eigenaren van dit tot voor kort nog ongerepte gebied.

Landrechten

Volgens de Agrarische Basiswet van 1960 is in Indonesië het landbezit per gezin beperkt. Eigendomsrechten op grond zijn gekoppeld aan de wijze van bebouwing. Een gezin dat aan droge rijstbouw doet heeft recht op meer grond dan een gezin dat natte rijstbouw bedrijft. Onbewerkte grond, zoals oerwoud en moeras, is bijna overal staatseigendom. Omdat de Kubu hun land niet bewerken, de bomen niet planten en de dieren niet fokken en verzorgen, worden hun rechten op de grond en haar produkten niet erkend. Dit terwijl per persoon ongeveer een gebied van 100 hectare primair oerwoud nodig is om te kunnen overleven. Aangezien de overheid de traditionele aanspraken van jagers en verzamelaars op grote stukken oerwoud niet overneemt, zijn in enkele streken boeren er toe overgegaan, zich de Kubugronden toe te eigenen. Ook zijn er houtkapconcessies voor uitgegeven en wordt het oerwoud gebruikt voor plantages of nederzettingen. Om claims op grond erkend te krijgen, is een zekere vorm van bewerking noodzakelijk. Een met de cultuur van de Kubu onverenigbare eis.

Sumatra houtkap verarming

De Kubu: overleven in beschermd oerwoud

▲ *Kubujongen langs de Transsumatra Highway bij Bangko.*

De teruggang van de totale oppervlakte tropisch regenwoud op Sumatra betekent een evenredige beperking van de leefwereld van de Kubu. Als zuivere jagers en verzamelaars hebben zij zich eeuwenlang in dit gebied kunnen handhaven. Hun behoeften waren beperkt, hun middelen toereikend. Ook al is het oerwoud voor de buitenstaander vol gevaren en ondoordringbaar, voor de Kubu, die geleerd hebben de tekens der natuur te verstaan, is het de vertrouwde omgeving.

Het aantasten van de vegetatie had tot gevolg dat een aantal, voor de Kubu belangrijke diersoorten zich niet kon handhaven. Door deze verarming van de dierenwereld zijn de overlevingskansen van de Kubu verder afgenomen en is de traditionele levensstijl uiteindelijk op het spel komen te staan. In gebieden waar de ontbossing zo sterk is geweest dat de Kubu hun bestaanswijze wel móesten aanpassen, zijn ze soms al overgegaan tot landbouw op kleine schaal, of verrichten ze arbeid voor boeren uit de omgeving.

Rondom de hutten liggen behalve de schedels van het jachtwild, schillen en schelpen, nu ook oude batterijen, lege blikjes en stukken plastic: de stille getuigen van de toegenomen contacten met de moderne samenleving. Voor de primaire voedselvoorziening zijn veel Kubu nu aangewezen op de dorpsgemeenschap. Zeker zij die in aanraking zijn gekomen met de houtkap of de verschillende ontwikkelingsprojecten, zitten gevangen tussen twee werelden. Het is ironisch om te zien hoe deze Kubu voedsel en tabak verdienen door 's nachts te waken over de bulldozers voor de houtkap; bulldozers die overdag de oorspronkelijke leefwereld van het volk verwoesten. En als voedsel zelfs op deze manier niet te

▲ *Een kleine schildpad (voor de Kubu een lekkernij) wordt schoongemaakt op een rek, gemaakt om vlees te roken.*

verdienen is, nemen sommige Kubu uiteindelijk het recht in eigen hand. Dan dwingen zij op agressieve wijze de buitenwereld, bijvoorbeeld op de Transsumatra Highway, wat voedsel af te staan.

Tabak, in welke vorm dan ook, is vaak het eerste produkt dat groepen als de Kubu verbindt met de buitenwereld. Een binding
▼ *die steeds sterker wordt.*

De Kubu: overleven in beschermd oerwoud

Sumatra bestuur

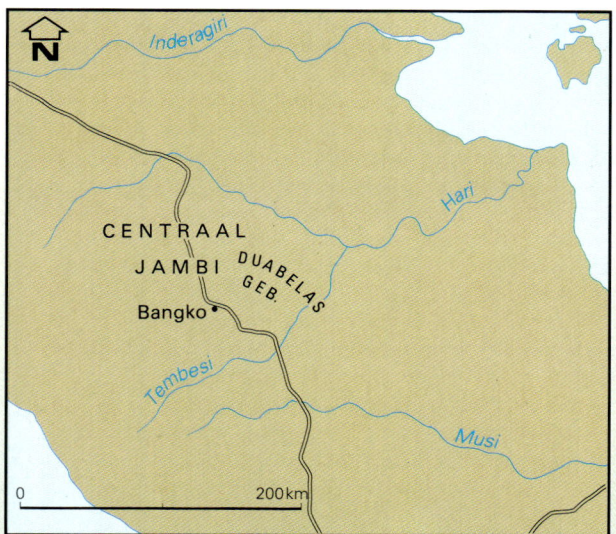

▲ Talrijke onverharde wegen, waarlangs de gekapte bomen worden afgevoerd, doorsnijden het oerwoud. De leefwereld van de Kubu is de laatste jaren snel veranderd.

Bescherming

Van de naar schatting 15.000 Kubu die momenteel in zuidelijk Sumatra wonen, volhardt ondanks alles een klein deel nog steeds in de traditionele levenswijze. Hoewel ook voor deze groep allerlei vernieuwingen zijn bedacht, hebben de ongeveer 900 Kubu in het Duabelasgebergte (Centraal-Jambi) alle 'verleidingen' tot nu toe weerstaan. In de afgelopen jaren hebben zij steeds negatief gereageerd op de geboden mogelijkheden om zich in dorpen te vestigen en daar te wennen aan een andere, sedentaire levensstijl.

Deze Kubu bleven echter niet passief. Een kleine afvaardiging stapte in 1984 naar de *bupati*, het districtshoofd van Bangko. In gezelschap van hun *jenang*, bepleitten zij bij deze gezagsdrager het in stand houden van hun oerwoud, en verzochten hem de traditionele levenswijze niet te verstoren. Het verzoek werd aangehoord en doorverwezen naar een hoger niveau in de bureaucratie. Teneinde het oerwoud te behouden, zouden immers reeds uitgegeven houtkapconcessies ingetrokken moeten worden en geplande lokaties niet beschikbaar komen voor transmigratie.

Bovendien ging het verzoek in tegen de algemene lijn die was uitgezet voor de ontwikkeling van de Kubu. Het volk werd en wordt nog steeds gerekend tot de meest primitieve, ontwikkelingsbehoeftige groepen in Indonesië. Erkenning van het door de Kubu opgeëiste recht op grond, met het doel de traditionele levensstijl voort te zetten, zou zeer uitzonderlijk zijn. In Indonesië wordt grondbezit niet exclusief aan etnische groepen toegekend. Tot nu toe is alleen ten behoeve van de Baduy in West-Java, zoals in het volgende hoofdstuk zal blijken, van deze regel afgeweken.

De slechte situatie van duizenden Kubu, het zeer beperkte succes van veel ontwikkelingsprojecten en het groeiend aantal ontheemde Kubu, dwongen echter tot bezinning op het gevoerde beleid. Vermoedelijk is daardoor het verzoek met meer sympathie ontvangen dan aanvankelijk te verwachten leek. Een gunstige bijkomstigheid was bovendien de steun van de afdeling natuurbescherming van het Indonesische ministerie van bosbouw. Het verzoek van de Kubu kon eenvoudig aan de doelstellingen van deze organisatie gekoppeld worden.

Het centrale deel van de provincie Jambi is een groot laaglandgebied vol moerassen. Als heuvelrug temidden van dat laagland heeft het Duabelasgebergte een

▲ Het toekomstperspectief van de generatie jonge Kubu verschilt sterk van de levenservaring van deze man.

Koning zonder rijk en onderdanen

De Kubu kennen geen politieke organisatie boven het lokale niveau. Er zijn ook geen Kubu die het volk naar buiten vertegenwoordigen. Het tragische verloop van de geschiedenis van de Kubu is voor een deel hieraan toe te schrijven. In het verleden zijn geen relaties ontwikkeld met de politieke machthebbers in het gebied om eventuele misstanden aan de orde te stellen. De laatste jaren is daar echter verandering in gekomen. Meer en meer proberen de Kubu op te komen voor hun eigen rechten.

Aan het einde van de jaren '50 trok ene Idrus bin Trees naar Jakarta en gaf zich uit voor Raja Kubu, Koning der Kubu. Vooral ten gevolge van onwetendheid werd deze 'koning' op waardige wijze ontvangen en vielen hem allerlei eerbewijzen ten deel. Zo ontving hij geschenken van hoge politieke functionarissen, mede bedoeld om de relaties met de Kubu te verbeteren.

Uiteindelijk kwam zijn bedrog aan het licht. In overheidskringen groeide het besef dat de Kubu helemaal geen koning hebben. 'Misleiding' was de aanklacht tegen Idrus bin Trees. Op 1 februari 1959 werd voor de rechtbank in Jakarta een jaar gevangenisstraf geëist tegen deze zelfgekroonde koning zonder rijk en onderdanen.

Sumatra reservaat kamp

De Kubu: overleven in beschermd oerwoud

belangrijke functie. Zolang het bos op deze heuvels nog intact is, wordt het water enige tijd vastgehouden en slechts geleidelijk afgestaan. Op die manier droogt het laagland, ook als de regens uitblijven, nooit uit, terwijl in de natte perioden het water niet direct de lager gelegen gebieden overstroomt. Aantasting van het bos zou de sponswerking van de heuvelrug sterk verminderen en bovendien groot erosiegevaar opleveren. Daarnaast biedt de handhaving van het oerwoud aanwezige wild een overlevingskans. Elders, waar het regenwoud al is omgezet in landbouwareaal, plantages of nederzettingen, is geen plaats meer voor tijgers, tapirs, honingberen en olifanten, om slechts enkele van de grotere bedreigde dieren te noemen.

Zo valt in dit district het belang van de natuurbeschermers samen met dat van de Kubu. Wil het reservaat ook in de toekomst zijn beschermende rol kunnen vervullen, dan moet de dreiging van houtkap, transmigratie en boeren op zoek naar nieuwe landbouwgronden, worden afgewend. Vooral de buitenwereld zal voor dit doel actie moeten ondernemen. Op papier is het gebied nu een erkend reservaat, maar toch zijn alle genoemde plannen nog niet definitief geschrapt.

Een andere bedreiging kan van de Kubu zelf komen. In het verleden is vaak gesuggereerd dat jagers en verzamelaars heel bewust een evenwicht nastreven met

De eed van de Kubu

Veel buitenstaanders menen dat de Kubu hun manier van leven zeker zullen opgeven zodra ze meer van het moderne dorpsleven zien. In de praktijk blijkt echter dat de Kubu zeer bewust die verandering afwijzen. Ze handelen bepaald niet uit onwetendheid. Iedere vraag naar de toekomst beantwoorden de Kubu met een verwijzing naar het verleden. Hun voorouders zouden een eed hebben afgelegd waarbij de dorpssamenleving en alles wat daarmee samenhangt, werd afgezworen. De Kubu herhaalden deze eed in een gesprek met enkele hoge Indonesische ambtenaren over de wenselijkheid van een reservaat:

"Laat mij maar gaan,
Mijn rijst zal bestaan uit wilde knollen;
Mijn karbouw in het bos: de tapir en het hert;
Mijn geit: het dwerghert en het varken;
Mijn kip: de fazant en de boskip;
Mijn huis zal zijn tussen de plankwortels,
Ik zal water drinken uit een houten kop;
(en als ik me hier niet aan hou)
Zal de boom aan de top geen kruin dragen,
Naar beneden geen wortels hebben,
En in het midden worden aangevreten."

▲ De Kubu onderscheiden tenminste twee soorten hutten. De een is in feite slechts een afdak, bestemd voor een enkele nacht; hieronder slaapt men op bladeren op de grond. Aan de andere wordt meer aandacht besteed: die heeft een vloertje. Overal in het bos zijn dergelijke hutten te vinden.

De Kubu: overleven in beschermd oerwoud

de omringende natuur. In de praktijk blijken de natuurlijke hulpbronnen vooral in stand te worden gehouden door een lage bevolkingsdruk, de beperkte technologische middelen en het lage behoefteniveau van deze groepen. De vraag is of de Kubu in staat zullen zijn tot een beheersing van het aantal geboorten, zodat de draagkracht van het gebied niet te boven wordt gegaan. Daarnaast zullen ze hun omgeving niet zodanig mogen exploiteren, dat hiermee het oerwoud van binnenuit wordt bedreigd. Als de jachtmethoden veranderen, bijvoorbeeld door het gebruik van geweren, dan lopen de belangen van Kubu en dierenbeschermers niet meer parallel. Een buitensporige toename van de handel in bosprodukten als rotan, hars en honing, zal uiteraard tot hetzelfde resultaat leiden. De steun van de natuurbeschermingswereld voor de Kubu valt dan zeker weg.

▲ De op de bodem bloeiende bloem van de Zingiberaceae levert een zoetig sap dat vooral bij Kubukinderen geliefd is. De plant groeit veelal langs rivieroevers of op verlaten velden.

Door op een verkeerde wijze om te gaan met de omringende natuur zouden de Kubu op den duur zelf de voortzetting van hun traditionele levensstijl op het spel zetten. Van haar kant heeft de buitenwacht al aanslag op aanslag gepleegd op het territorium van de Kubu, en is zij tot nu toe niet in staat gebleken goede ideeën aan te dragen voor een nieuwe (aangepaste) levensstijl. Hopelijk worden door een nieuw beleid wegen gevonden om het ecologisch beheer af te stemmen op de belangen van de Kubu.

Kubuvrouwen zijn in het verleden wel eens slachtoffer geworden van slavernij. Nog steeds verdwijnen ze zodra er vreemdelingen in hun kamp komen of als ze deze in het woud ontmoeten. ▼

Sumatra stamland migratie

▲ *Uitzicht op het Tobameer bij Balige.*

De Batak

In het algemeen verdeelt men de Batak naar hun verschillende talen in groepen. Naast de Toba Batak worden de Karo Batak, de Pakpak Batak, de Angkola Batak, de Mandailing Batak en de Simalungun Batak onderscheiden.
De twee zuidelijke Batakgroepen, Mandailing en Angkola, zijn overwegend islamitisch, terwijl de vier noordelijke groepen, Toba, Pakpak, Simalungun en Karo, christelijk zijn.
Aangenomen wordt dat momenteel meer Batak buiten dan binnen de Bataklanden woonachtig zijn.

Adat-huis van Karo
▼ *Batak in Barusjahe.*

De tugu van de Toba Batak: een graf als monument en baken

Het bergland van de Batak in Noord-Sumatra is reeds grotendeels in cultuur gebracht. De weelderige vegetatie die kleine groepen Kubu nog een woonomgeving biedt, is hier al lang verdwenen.
Batak is de verzamelnaam voor zes etnische groepen in het gebied. Hoewel gezamenlijk drie miljoen zielen tellend, maakt de helft deel uit van slechts één groep, de Toba Batak. Hun woongebied bevindt zich in het uitgestrekte berggebied rondom het Tobameer en ook het eiland Samosir, gelegen in dit meer, wordt door de Toba Batak bevolkt.
Wie de Bataklanden vanuit Medan nadert, geniet dank zij de voortdurend stijgende weg van een steeds wijdser uitzicht. De onverwachte blik op het Tobameer vormt daarbij een waar hoogtepunt. Waar de rijstvelden onderbroken worden door bomengroepen, liggen de *huta*, de dorpjes met de karakteristieke Batakhuizen.
In het oog springen de kerktorentjes die boven de velden uitsteken.
Ook de talrijke curieuze bouwsels langs wegen en paden trekken onvermijdelijk de aandacht. Zij zijn opgesierd met allerlei inheemse symbolen en vaak behoort ook het christelijk kruis tot de ornamenten. Deze merkwaardige betonnen bouwwerken, *tugu* en *tambak* geheten, vormen de moderne onderkomens voor de voorouders van de Toba Batak.

Herkenningspunt

Het stichten van deze moderne voorouder graven, een fenomeen dat voornamelijk wordt aangetroffen in het Tobagebied, is het gevolg van recente ontwikkelingen binnen de cultuur van de Batak. De aanzet hiertoe werd gegeven in de jaren vijftig, een periode van economische opleving. Vele Toba Batak verhuisden naar andere streken en grote steden en verkregen een zekere rijkdom. De banden met de achterblijvende familie werden desondanks niet zwakker. Integendeel, deze werden én worden juist steeds meer benadrukt. In de bouw van de *tugu* en de *tambak* komt dit op wel heel bijzondere wijze tot uiting. Goeddeels gefinancierd door gemigreerde Toba Batak, schieten de monumentale voorouder graven nog altijd als paddestoelen uit de grond.
Overigens behoren alle familieleden, ongeacht de woonplaats, aan de bepaald niet goedkope bouw bij te dragen. Aan deze verplichting zal vooral een gemigreerde Toba Batak zich echter niet snel onttrekken. Zo houdt hij, hoe ver ook van het ouderlijk huis, een band met zijn oorspronkelijke cultuur en voorkomt daarmee dat hij zich in zijn nieuwe omgeving verloren voelt.
Een *tugu* bevat als regel de stoffelijke resten van één, zeer vroege voorouder. De *tambak* evenwel, herbergt als een familiegraf de overblijfselen van meerdere voorouders van recentere generaties. Een ander verschil vinden we in de vormgeving. Het is een ongeschreven wet dat een *tambak* niet zo hoog mag zijn als een *tugu*. Deze laatste torens dan ook overal hoog uit boven de andere voorouder graven.
Ofschoon het woord *tugu*, dat (gedenk)naald betekent, is ontleend aan de nationale Indonesische taal, liggen aan de pretentieus opgezette monumenten voorstellingen

Een tambak op Samosir. Op dit eiland is het onderscheid ▶
tussen een tugu en een tambak moeilijker te maken dan elders in het Tobagebied. Deze tambak herbergt meerdere voorouders: achter elk deurtje één.

De tugu van de Toba Batak: een graf als monument en baken

▲ *Een afbeelding van de **hariara**-boom kroont een eenvoudige **tugu** bij Laguboti (gebouwd in 1969).*

▲ *De stamvader van de **marga** Sibuea met zijn vrouw, gezeten op een in 1960 gebouwd grafmonument. Volgens de mythe was deze voorvader een groot priester, die een krokodil kon oproepen om zijn grondgebied te verdedigen.*

ten grondslag, die diep zijn geworteld in de cultuur van de Batak. Zo vinden veel kenmerken van de *tugu*-ceremonie, het ritueel dat uitgevoerd wordt bij de inwijding van een monument, hun oorsprong in een eeuwenoude traditie van de Batak: de herbegraving van voorouders.

Voor deze herbegraving werd vroeger een grafheuvel opgeworpen (*tambak* geheten, evenals het moderne familiegraf). De beenderen van sommige voorouders werden opgegraven en in een dergelijke grafheuvel ondergebracht. Dit geschiedde als bleek dat de nakomelingen groot in getal waren, en zo mogelijk ook groot in rijkdom en aanzien. Zo'n herbegrafenis ging gepaard met allerlei ceremoniële festiviteiten die minstens zeven dagen duurden. Kosten noch moeite werden gespaard. Boven op de grafheuvel plantten de nazaten een *hariara*-boom (een Ficus-soort), de 'levensboom' uit de oorsprongsmythen van de Toba Batak. In de mythen reikt deze boom van de onderwereld tot in de bovenwereld en symboliseert zowel het leven als de eenheid van de kosmos.

Toen Europese zendelingen rond de eeuwwisseling vaste voet op Batakse bodem kregen, werden de grote opgraaffeesten verboden of sterk 'aangepast' aan de christelijke normen. Ook de grafheuvels zelf ondergingen een dergelijke aanpassing. Stenen graven kwamen in zwang en droegen het christelijk kruis. Zij werden, naar het nieuwe bouwmateriaal, *semen* (cement) genoemd. Nadat in een later stadium de opgravingsfeesten weer werden toegelaten, heeft zich uit deze lage *semen* de moderne *tugu* ontwikkeld, de opvallende 'naald' in het landschap.

Het herbegraven in een traditionele grafheuvel komt overigens nog wel voor, maar over het algemeen vindt men een dergelijk graf nu minder praktisch. De botten zijn niet goed schoon te houden en, wat momenteel minstens zo belangrijk is, een grafheuvel vormt geen goed herkenningspunt. Terwijl een *tugu* al van verre wordt opgemerkt, gaat de grafheuvel bijna geheel op in zijn omgeving, nauwelijks herkenbaar voor de Toba Batak die hun stamland bezoeken. Maar ook al heeft de traditionele grafheuvel een meer opvallende vorm gekregen, de soms op een *tugu* afgebeelde *hariara*-boom herinnert de bezoeker op onmiskenbare wijze aan de oorsprong van het monument.

Naast de traditionele grafheuvels werden vroeger in het

▲ *Huis en kruis: deze **tambak** getuigt van het samengaan van **adat** en Christendom.*

▼ *Oude sarcofaag in Tomok op Samosir.*

Toba Batakgebied ook stenen sarcofagen gemaakt. Door de hoge stichtingskosten bleef hun aantal echter zeer beperkt. Slechts enkele gefortuneerden konden zich zo'n duur graf veroorloven. Daarnaast eerde de gemeenschap hiermee de leden die veel voor haar hadden betekend. Een eerbetoon dat we nu terug zien in het oprichten van de *tugu*.

Status en symboliek

De *tugu* wordt gebouwd voor de stamvader van een *marga*, een grote groep verwanten verbonden via de mannelijke lijn, waarvan de stichter zo'n vijftien generaties geleden leefde. Deze stamvaders, tijdens hun leven vaak krijgsheer of priester, stonden stuk voor stuk in hoog aanzien en werden onderwerp van mythevorming. In de symbolen die op de *tugu* zijn aangebracht, is dit terug te vinden. Worden de stamvaders afgebeeld, dan dragen zij altijd waardige, traditionele kledij. Vaak hebben ze attributen bij zich van een groot strijder, van een kenner van de *pustaha* (een heilig boek) of van een groot priester. Soms ook worden alleen de attributen afgebeeld. Andere symbolen op de *tugu* verwijzen naar vruchtbaarheid, zijn terug te voeren op de typische cultuurelementen van de Toba Batak (de *hariara*-boom) of maken deel uit van de traditionele ornamentiek.

De eerste *tugu*, gebouwd in de jaren vijftig, zijn over het algemeen nog bescheiden van afmeting, twee tot drie meter hoog. Zo is het eerste monument voor de stamvader van een *marga* in Laguboti (uit 1952) nauwelijks groter dan de moderne *tambak*. Ook de afbeeldingen erop, de attributen van een strijder, zijn nog sober uitgevoerd. Het tweede monument dat in dit gebied voor een *marga*-stichter werd opgericht (in 1960), is al iets groter van opzet. Op een verhoogd vierkant tronen de voorvader en zijn vrouw, terwijl een krokodil de wacht houdt. Deze voorouder, een priester, kon de krokodil oproepen ter bescherming van zijn gebied. De

De tugu van de Toba Batak: een graf als monument en baken

*Een **tugu** bij Laguboti uit de eerste helft van de jaren zeventig. Staande de stamvader met in de hand, als teken van waardigheid, zijn staf en naast hem zijn vrouw. Dergelijke afbeeldingen van de voorouders komen vaak voor.*

In Amberita, op het eiland Samosir, staan stille getuigen van wat eens de vergaderplaats van machtige hoofden zou zijn geweest.

later voor stamvaders gebouwde monumenten in Laguboti kunnen met recht *tugu* worden genoemd: met hun twaalf tot vijftien meter steken ze hoog uit boven het landschap.

Hoewel de symbolen op de *tugu* verwijzen naar het grootse leven van weleer, naar de macht, *adat* en religie uit het tijdperk voor het Christendom en de Europeanen, missen zij de mystiek die uitgaat van de vroegere sarcofagen. Het destijds heilige Tobameer was een belangrijk oriëntatiepunt bij het opstellen van deze megalieten: de 'kop' van iedere sarcofaag moest gericht zijn naar het meer.

De moderne *tugu* daarentegen zijn minder godsdienstig georiënteerd en staan met hun voorzijde naar de weg. Het religieuze aspect is naar de achtergrond gedrongen: *tugu* dienen nu vooral om bij passanten respect af te dwingen teneinde de *marga* een hoger maatschappelijk aanzien te geven. Dat tegenwoordig het sociale element wordt benadrukt, blijkt ook uit het plan om op het eiland Samosir een sarcofaag op een metershoge *tugu* te takelen. De sarcofaag zou nu, evenals de traditionele grafheuvel, te weinig opvallen.

Grenspaal

Naast de verminderde religieuze betekenis en de nieuwe waardering als statussymbool, kregen de *tugu* nog een geheel andere functie. Omdat zij vaak worden neergezet aan de rand van het grondgebied van een *marga*, markeren ze de grens tussen de territoria van de verschillende *marga*. Op de monumenten staan de namen van de voorouders en zo weet een voorbijganger precies van welke *marga* hij het woongebied passeert. Vroeger hadden de mensen een nauwe band met de grond waarop zij woonden en werkten. Met de grote opgraaffeesten werd niet alleen de onderlinge verbondenheid en gezamenlijke afkomst gevierd, ook werd zo geprobeerd de vruchtbaarheid van het land, als deel van de microkosmos, te waarborgen. Het wereldbeeld van veel Toba Batak is door moderne invloeden echter ingrijpend veranderd. Zij ervaren het grondgebied van een *marga* niet langer als een gedeelte van de microkosmos. Het land verschaft de *marga* nu, evenals de *tugu*, vooral een eigen identiteit. Door woongebied en grensbepalende *tugu* onderscheidt de Toba Batak zich in het moderne Sumatra van de omringende wereld.

Sumatra herbegraving hulahula

De tugu van de Toba Batak: een graf als monument en baken

▲ Onder de klanken van de **gondang** wordt de rituele **tortor** gedanst en worden de voorouders naar hun nieuwe verblijfplaats overgebracht.

Voordat de voorouders worden herbegraven, vindt er een plechtig ritueel plaats, waarbij onder andere door de bruidgevers **ulos**, rituele doeken, worden geschonken. In dit geval worden de doeken te zamen met de voorouders begraven en behoren ze de welvaart en het
▼ welzijn van de nabestaanden te bestendigen.

Vier dagen feest

Evenals vroeger de grafheuvel, wordt een nieuwe *tugu* tegenwoordig ingewijd door een groot traditioneel herbegravingsfeest. Met dit ritueel eren de leden van een *marga*, de groep patrilineaire verwanten, hun stamvaders. Het feest duurt nu geen zeven, maar drie tot vier dagen.

De *marga* die de feestvierende groep van bruiden (hebben) voorzien, nemen tijdens de feestelijkheden een zeer belangrijke plaats in. De *adat* verplicht een Toba Batakman zijn vrouw buiten de eigen groep te zoeken, en daarom is het voortbestaan van een *marga* steeds afhankelijk van andere groepen. De huwelijksbanden tussen twee *marga* zijn altijd eenzijdig: men mag nooit een bruid leveren aan een groep van wie men ooit zelf een vrouw heeft ontvangen. Diverse *marga* hebben mede hierdoor vaste bruidgever-bruidnemer relaties ontwikkeld; bruidnemers voelen zich hierin voortdurend ondergeschikt aan hun bruidgevers, *hulahula* geheten. Hoe belangrijk de groep van de bruid is, blijkt wel uit het feit dat op de *tugu* niet alleen de naam van de eigen *marga* is te vinden, maar ook die van de *hulahula*.

Van alle dieren die tijdens het feest worden geslacht, krijgt het grootste exemplaar extra aandacht. Hiervan snijdt men de zogeheten *jambar*. Dit zijn de delen van het dier die, elk voorzien van een speciale betekenis, aan de deelnemers van het ritueel worden uitgedeeld. Zo krijgen van oudsher de bruidnemers de nek, want "zij dragen de zwaarste lasten op een *tugu*-plechtigheid"; bruidnemers brengen ook nu nog zeer grote financiële offers. Tijdens het inwijdingsfeest behoren de *jambar* afkomstig te zijn van een karbouw, het dier dat bij de

De tugu van de Toba Batak: een graf als monument en baken

Sumatra
ulos

Toba Batak de hoogste waarde vertegenwoordigt. Op kleinere feesten volstaat men vaak met de 'korte karbouw', dat wil zeggen: een varken!
Het herbegravingsfeest bereikt een hoogtepunt als de *marga* die de stamvader van een bruid heeft voorzien, op het feestterrein arriveert. Rituele geschenken worden uitgewisseld en als belangrijkste gift overhandigen de bruidgevers aan de feestvierende groep een rituele doek, de *ulos*. Hiermee wordt een zegen van geluk, welvaart en vruchtbaarheid gegeven.
De voorouder voor wie het ritueel wordt gehouden, geniet nauwelijks méér respect dan deze *hulahula*. Ook al is de *tugu* aan hem gewijd, het respect voor de stamvader is veel minder tastbaar. Ogenschijnlijk wordt tijdens het feest geen enkel 'contact' gezocht met deze en de andere voorouders, een handelwijze die ongetwijfeld verband houdt met de invloed van het Christendom.

Meisjes te koop

*Het bestendigen van de relatie met de **hulahula**, de bruidgevers, acht de feestgevende groep van buitengewoon belang.*
*Dit blijkt ook uit een onderdeel van het herbegravingsritueel dat op de laatste dag plaatsvindt en 'het verkopen van de meisjes' wordt genoemd. Er wordt dan gedanst door meisjes van de **hulahula** en jongens van de feestgevende **marga**. Tijdens deze dans mag de jongen het meisje een takje van de waringinboom (een Ficus-soort) aanbieden, haar daarmee ten huwelijk vragend.*
*Huwelijken, voortkomend uit dit deel van het **tugu**-ritueel worden beschouwd als bijzondere, zeer gunstige verbintenissen.*

Ulos

*De reiziger die het woongebied van de Toba Batak aandoet, zal zich geen beter souvenir kunnen aanschaffen dan de **ulos**, een rituele doek. Het weefsel is in allerlei soorten verkrijgbaar, variërend van de voor toeristen gemaakte doek tot de speciale **ulos** bestemd voor het overbrengen van zegen en vruchtbaarheid op het inwijdingsfeest van een **tugu**.*
*Alle deelnemers aan dit feest behoren overigens een **ulos**, gevouwen over de schouder, te dragen en niet alleen aan de feestvierende **marga** schenkt de **hulahula** de zegenrijke doeken: ook de opgegraven voorouders ontvangen dan **ulos**. Deze verdwijnen echter samen met de kisten in de nieuwe **tugu**. Tegenwoordig komt het ook wel voor dat de nabestaanden van de betreffende voorouders de doeken in ontvangst nemen.*

Sumatra gondang sahala

De tugu van de Toba Batak: een graf als monument en baken

Hoewel de Toba Batak de leiding van de kerk sinds 1940 zelf in handen hebben en het beleid ten opzichte van de eigen cultuur nadien aanmerkelijk werd verzacht, wordt er desondanks nog steeds voor gewaakt dat de voorouders 'actief' aan de feestelijkheden deelnemen. Zo mogen geen voedseloffers worden gebracht (deze zouden de doden tot "consumeren" verleiden) en is ook trance verboden (hierdoor zou een dode tot intreding in een medium kunnen overgaan). Dit in tegenstelling tot het verbod op de *gondang*, dat wel werd opgeheven. Deze traditionele muziek is nu weer te horen op elke *tugu*-ceremonie.

Als tegenwoordig bij een opgraaffeest de beenderen van de voorouders niet op dezelfde dag weer kunnen worden begraven, bewaart men ze 's nachts in de kerk. De kerkdeur gaat stevig op slot en de sleutel wordt zorgvuldig bewaakt. Ook dit was vroeger anders. De resten van de voorouders werden juist midden op het feestterrein opgesteld. Dagenlang waren ze letterlijk het rituele middelpunt, om pas op de laatste dag te worden herbegraven.

Ondanks de nog bestaande verboden, ervaren de Toba Batak het Christendom toch zeker niet als een juk. Velen laten zich juist voorstaan op hun christen-zijn. Dit bepaalt namelijk in grote mate de huidige identiteit van de Toba Batak, omringd als het volk is door Sumatranen die formeel de Islam aanhangen.

Gondang en Parsantian

Wandelend in het Toba Batakgebied zal men zeker eens de *gondang* horen, klarinetachtige klanken begeleid door het geluid van trommels en gongs. Ongetwijfeld vindt dan ergens in een dorp een ritueel plaats, in vele gevallen een begrafenis of herbegrafenis. Als men het feestgedruis nadert zijn de musici, zeven in getal, te zien op de bovengalerij van een traditionele paalwoning.
Dit huis is een *parsantian*, het gemeenschappelijke offerhuis van een tak van de *marga*. Omdat de woning het domein van de voorouders is, vindt een begrafenisplechtigheid altijd in de nabijheid van een dergelijk huis plaats. Op de bovengalerij, waar nu het orkest speelt, werden vroeger de doden opgebaard in afwachting van de feestelijke begrafenis. Volgens de Toba Batak verbinden de klanken van de *gondang* de levenden met de doden; zonder *gondang* is dan ook geen *tugu*-feest compleet.

Tugu en stamland

Hoewel de bouw van een *tugu* veel tijd en geld vergt van alle leden van de *marga*, zal niemand pogen zich aan een bijdrage te onttrekken. Zoals al eerder opgemerkt, accentueren de vele Toba Batak die zijn weggetrokken hierdoor juist de sterke band met hun stamland. Zou iemand deze band toch willen verbreken, dan wordt heel wat op het spel gezet. Zo kan in moeilijke tijden niet meer op verwanten worden teruggevallen en blijft de onmisbare zegen van de bruidgevers, de *hulahula*, uit. Maar bovenal zal het *sahala* worden gemist, de bijzondere geesteskracht die de voorouders uitstralen. En mocht een Toba Batak zich te modern voelen voor deze begrippen, dan zorgen dreigende sociale sancties wel voor het behoud van de band met het thuisland. Ook ver van Noord-Sumatra zullen de Toba Batak zich daarom hun herkomst herinneren. Bezwaren tegen de grote vraag om financiële steun zullen gemakkelijk worden overwonnen. Want er is een plek waar men altijd thuis kan komen, en niemand kan zich in die plek vergissen. Daar zorgen de *tugu* voor.

Si Raja Batak

Wordt het eren van de voorouders nog hooggehouden in de huidige samenleving van de Toba Batak, andere aspecten van de traditionele religie zijn nagenoeg verdwenen. De sekte 'Si Raja Batak' is in 1942 opgericht om de herinnering aan de oude tradities levendig te houden. De leden van deze sekte vormen een kleine groep, waarvan de gemiddelde leeftijd hoog ligt. Meestal voeren ze binnenshuis oude rituelen uit die betrekking hebben op de rijstbouw. Daarbij wordt geofferd aan de voorouders en aan de goden, reden waarom ze geen lid van de kerk mogen zijn.

Sahala

Een belangrijk doel van de Toba Batakfeesten is het verkrijgen van *sahala*, goede gunsten van de voorouders. Het *sahala* is een bijzondere geesteskracht die overgedragen en/of uitgestraald kan worden. Hoewel door christelijke invloeden de voorouders op een feest niet meer op directe wijze worden benaderd (onder meer door het aanbieden van voedsel), worden ze daar wel aanwezig geacht. Door hen wordt het *sahala* aan de deelnemers overgedragen. De hoeveelheid *sahala* die men kan ontvangen, hangt samen met de plaats die wordt ingenomen in de stamboom van de *marga*. Een hoge positie is dus gewenst en een discussie over afstammingslijnen is bepaald geen zeldzaam verschijnsel (voor het gemak zijn in sommige *marga* de verschillende generaties vanaf de stamvader genummerd). Bij onenigheid over de stamboom kan onmogelijk een *tugu*-feest plaatsvinden.

De veelbesproken 'Highway' voert de reiziger over de lengteas van het dunbevolkte Sumatra (30 miljoen zielen), van Aceh in het uiterste noorden tot het ruim 2500 kilometer zuidelijker gelegen Telukbetung. Evenwijdig aan de route loopt de Bukit Barisan. Dit gebergte, dat bestaat uit twee parallel aan elkaar lopende ketens die gescheiden worden door een vallei, beheerst met zijn vele toppen en vulkanen het hele eiland.

In het bergland ontspringen talrijke rivieren. Onbevaarbaar aflopend naar de westkust, maar belangrijk als de traditionele verkeersaders van Oost-Sumatra. Hier varen oceaanschepen de Musi op tot Palembang, Sumatra's meer dan 80 kilometer landinwaarts gelegen oliehaven (driekwart van Indonesië's ruwe olie is afkomstig van Sumatra).

In het Bukit Barisangebergte liggen ook de beroemde meren van Ranau, Kerinci, Singkarak en Maninjau. Het grootste, het Tobameer, vormt het hart van de Bataklanden. Nagenoeg overal ingesloten door steile wanden bedraagt de omtrek meer dan 285 kilometer. Het meer maakte ooit deel uit van de vooroudercultus der Toba Batak. Pas in 1811 werd officieel melding gemaakt van het bestaan; wel deden al heel lang mysterieuze verhalen de ronde. De eerste blanke die, in 1853, een bezoek aan het meer kon navertellen, was een Nederlands geleerde. Eerdere pogingen hadden buitenstaanders steeds met de dood moeten bekopen. Deze geheimzinnigheid lijkt voorbij. Het Tobameer is nu een toeristische trekpleister, waarin het heerlijk zwemmen is. Toch zijn de verhalen over geesten, die zich in de onbekende diepten van het meer zouden ophouden, nog springlevend. Tijdens overtochten naar of van Samosir, het in het Tobameer gelegen eiland, verdwijnen soms kinderen en nooit worden hun lichamen gevonden! Het meer mag dan ontheiligd zijn, het heeft zijn mysteries niet verloren.

Zijn de Toba Batak pas rond de eeuwwisseling tot het Christendom bekeerd, de Minangkabau in West-Sumatra zijn al eeuwenlang islamitisch. Dit volk is vooral bekend door de matrilineaire organisatie, waarin vrouwen zo'n bijzondere positie innemen. Zij bezitten de grond en de huizen en na haar huwelijk blijft een vrouw in het ouderlijk huis wonen. Ook de man doet dit, de opvoeding van zijn kinderen grotendeels overlatend aan de broer van zijn echtgenote. Hun huwelijk is een zogenaamd bezoekershuwelijk. Overigens woont meer dan de helft van de Minangkabau buiten West-Sumatra. Ze zijn dé handelaren van Indonesië en overal vind je hun karakteristieke eethuizen.

Wel aanwezig in het gebied van de Minangkabau, maar onzichtbaar, zijn de legendarische *orang* Bunian. Hoewel in bijna alle streken van Sumatra onzichtbare wezens voorkomen, zijn de Padangse bovenlanden voor hen blijkbaar zeer aantrekkelijk. *Orang* Bunian zijn net als mensen, met één verschil: ze zijn slechts zichtbaar voor hen die met een Bunianmeisje gehuwd zijn!

Vanuit Padang en Sibolga zijn de Mentawai-archipel en Nias, gelegen voor Sumatra's westkust, te bereiken. Ten gevolge van de geïsoleerde ligging van deze eilanden is er een van Sumatra afwijkende flora en fauna ontstaan. Er zijn zelfs planten en dieren te vinden die nergens anders ter wereld voorkomen.

De dreigende milieuverstoring door ontbossing heeft hier, en ook in diverse regio's van Sumatra, geleid tot de stichting van reservaten. In Batang Palupuh (West-Sumatra), Kerinci Seblat (Midden-Sumatra), Berbak en Barisan Selatan (Zuid-Sumatra) genieten flora en fauna nu bescherming.

Sumatra's meest bekende nationale park, Gunung Leuser, ligt in Aceh. Deze noordelijke provincie trekt, mede door het rehabilitatiecentrum in Bohorok voor uit de handel afkomstige orang-oetangs, steeds meer toeristen. Gunung Leuser heeft een enorme oppervlakte (800.000 hectare); de begroeiing bestaat uit spectaculaire bergwouden en laaglandregenbossen. Diep in deze wildernis, ver van de 'Highway' heerst nog hij, 'wiens naam men in het oerwoud nimmer noemt': de Sumatraanse tijger.

Een Sumatraanse tijger in Gunung Leuser. ▼

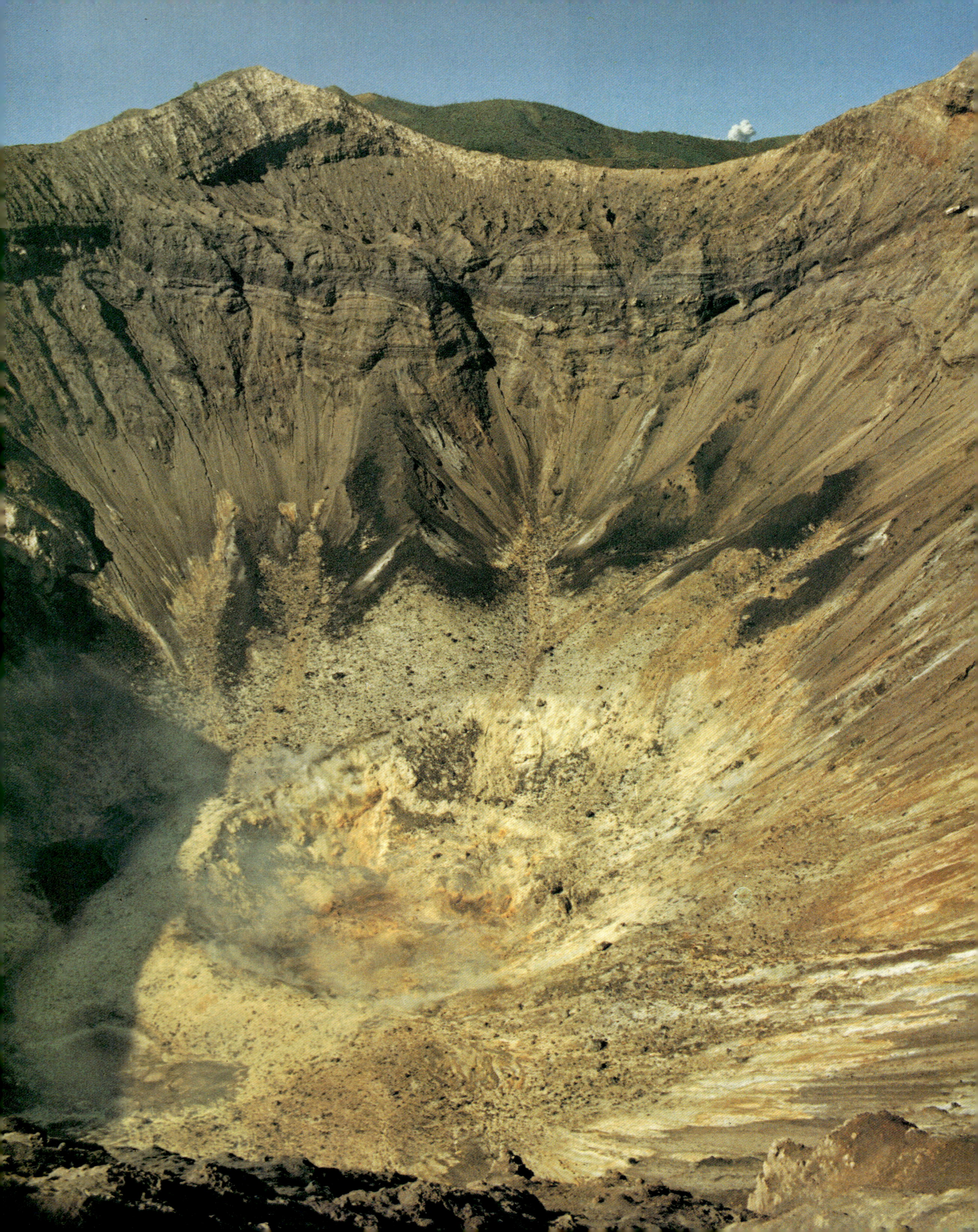

2 Java

Java. Voor slechts weinig kusten daagden zoveel overheersers, verdrongen zich zoveel vreemde volken. Geen eiland in de archipel werd zo dicht bevolkt. Buigend voor al het vreemde, week nooit het oude voor het nieuwe. Overal en steeds weer glinstert het verleden in Java's caleidoscopische cultuur.

Verscholen in de westelijke bergen lijken vooral de mysterieuze Baduy Java's rijke historie levend te houden. Hun strenge religieuze tradities zijn gebaseerd op een oud Javaans geloof met hindoe-boeddhistische trekken. Jet Bakels schetst de bijzondere relatie die de Baduy vroeger onderhielden met de Westjavaanse vorsten en verklaart waarom de ascetische houding van het volk ook nu nog zo hoog wordt gewaardeerd.
In Midden-Java waren de vorsten eigenlijk koning en priester tegelijk. Madelon Djajadiningrat-Nieuwenhuis plaatst hun functioneren in een historisch perspectief en concludeert dat, ondanks de verminderde machtsuitoefening, de vorsten in hun rol van intermediair tussen god en volk nog steeds een groot charisma genieten.
Evenals de vorstendommen zijn ook de boerengemeenschappen bestuurlijk hervormd. Gelegen in streken waar de tijd lijkt stil te staan, zijn alle aspecten van het leven er echter doordrenkt gebleven met oude Javaanse symboliek. In de dorpen aan Java's noordoostkust, zo signaleert Rens Heringa, wordt in de dagelijkse kleding zelfs een wereldbeeld uit pre-islamitische tijden weerspiegeld.
Waren de vorstenhuizen op het nabijgelegen Madura sterk Javaans georiënteerd, vele tradities in de lagere sociale regionen van het eiland kwamen voort uit de lokale maatschappelijke druk om aanzien te verwerven. De jaarlijkse stierenrennen, waarvan Elly Touwen-Bouwsma verslag doet, behoren tot de weinige gelegenheden waarbij Madurese mannen zich in het openbaar met elkaar kunnen meten.

De Baduy van Banten: het verscholen volk

Banten, het meest westelijke deel van de provincie Jawa Barat, is een wat armoedige en vergeten streek. De vlakten in het noorden worden bewoond door kleine boerengemeenschappen, met hier en daar een rubber- of kokosplantage. Het schiereiland Ujung Kulon, Java's oudste natuurreservaat, vormt de uiterste zuidwest punt van de regio. Door de uitbarsting, in 1883, van de nabijgelegen vulkaan Krakatau ontstond zo'n enorme vloedgolf, dat de schaarse dorpen aan de kust van Ujung Kulon werden weggespoeld. Sindsdien heersen de neushoorn en de panter in dit weelderige en uitgestrekte tropisch regenwoud.
In het zuiden van Banten vinden we het hoogland van Kendeng, waar donker begroeide toppen als een dreigende kroon boven het land uitsteken. Het gebergte is grillig en stijl, de ravijnen diep. Juist hier leeft, teruggetrokken in het Kendenggebergte van het subdistrict Lebak, een merkwaardige en eigenzinnige gemeenschap van ruim vijfduizend zielen: de Baduy.
Op nog geen honderdvijftig kilometer van de hoofdstad Jakarta hebben zij, in de luwte van de geschiedenis, hun karakteristieke leefwijze weten te bewaren. In dit zelfverkozen isolement, vrijwel geheel verscholen voor de buitenwereld, leven zij van generatie op generatie zoals de *adat* dit voorschrijft. Zo vormen zij een deel van een keten die terugvoert naar tijden die elders lang vervlogen zijn.
Zowel op godsdienstig als maatschappelijk terrein onderscheiden zij zich van de hen omringende bevolking. Hun godsdienst is een mengeling van de oer-Javaanse kosmologie met hindoe-boeddhistische invloeden. Voorouderverering speelt een belangrijke rol, en ook kennen de Baduy een oppergod, Batara Tunggal, die is ontleend aan het hindoeïstische pantheon. Zelf noemen de Baduy hun godsdienst Sunda Wiwitan, hetgeen zoveel betekent als 'oorspronkelijk Sundanees'. De Sundanese bevolking van West-Java beziet de Baduy met een mengeling van eerbied en angst. Over de magische krachten van de Baduy weten zij sterke staaltjes te vertellen. Zo zouden zij helderziend zijn en kunnen vliegen, en zouden spooktijgers over hun grondgebied waken.
Tegenwoordig is het Baduyterritorium, een gebied van ongeveer vijfduizend hectare en door de Baduy Kanekes genoemd, niet meer zo afgelegen als voorheen. Van Rangkas Bitung, het bestuurscentrum van het subdistrict Lebak, loopt een asfaltweg die slechter wordt naarmate hij dieper zuidwaarts voert, richting Kendenggebergte. Als er na vijfentwintig kilometer nauwelijks meer iets van het asfalt over is, bereikt men het dorp Ciboleger. Vanaf hier is het even klimmen totdat Kaduketug, het meest noordelijk gelegen Baduydorp, bereikt wordt.

◄ *Het landschap op Java wordt beheerst door vulkanen. Beroemd zijn Anak Krakatau, voor de westkust uit zee verrezen na de uitbarsting van de Krakatau in 1883, de Middenjavaanse Merapi en de sluimerende Bromo, hier met zijn gapende krater Oost-Java het aanzien gevend van een maanlandschap.*

De Baduy van Banten: het verscholen volk

Al voert de tocht niet langer langs "spookachtige ravijnen", door reizigers uit de vorige eeuw op weg naar de Baduy zo gloedvol beschreven, de aanblik van een hedendaags Baduydorp verschilt nauwelijks met die van vroeger. De eenvoudige huizen zijn opgetrokken uit gevlochten bamboe, hebben een dakbedekking van palmbladen en aan de voorzijde is een veranda aangebracht. Naast het bruin en groen van de natuur springen alleen indigoblauw en wit in het oog, de enige kleuren in de traditionele Baduydracht. In de dorpen heerst een bijna gewijde rust.

De eenvoud van de Baduykleding zien we terug in een sober huishouden. Nergens stoelen of tafels, geen matras of kussen, geen borden, glazen, plastic gerei ..... Zitten doet men op de grond, slapen op een mat, eten van een palmblad en drinken uit een houten beker of uit een halve klapperdop.

Niet dat de Baduy de produkten van de moderne samenleving niet kennen; op de markten in de omgeving is alles te koop. Maar de *adat* verbiedt de aankoop van deze moderne goederen; de voorvaderen kenden deze waar immers evenmin. Een bekende Baduyspreuk luidt: "Wat lang is mag niet verkort worden, wat kort is niet verlengd". Zo blijft alles bij het oude.

Overdag zijn de dorpen in Kanekes vrijwel verlaten en werkt de hele familie op het veld. Daar verbouwen de Baduy hun hoofdvoedsel, rijst, en enkele aanvullende gewassen. Van irrigatiesystemen en terrassenbouw maken zij geen gebruik. Kinderen helpen ook op het land, scholen zoekt men in Kanekes tevergeefs.

"Een Baduy gaat niet naar school; dan wordt hij slim en kan hij andere mensen bedriegen", zo zeggen de Baduy. Over de herkomst van de Baduy, waarin vroegere onderzoekers de sleutel hoopten te vinden voor de opvallend traditiegebonden bestaanswijze, is veel gespeculeerd. Sommigen zagen in hen de nazaten van vluchtelingen uit het oude hindoe-Javaanse rijk Pajajaran, dat in de zestiende eeuw door de opkomst van de Islam verdween. De Baduy zelf hebben deze theorie echter altijd tegengesproken.

Mandala

De ascetische leefwijze van de Baduy lijkt in veel opzichten op die van de zogenaamde *mandala*-gemeenschappen, zoals beschreven in Oudjavaanse teksten. Dit waren kleine, geïsoleerd levende religieuze groepen, die zich baseerden op een oud Javaans geloof met hindoe-boeddhistische trekken. Gevestigd op een heilige plek, zoals de top van een berg of de bron van een rivier, vereerden zij de daar aanwezige natuurgoden. De verering van deze goden hield tevens in dat de natuur rond de bron of bergtop niet verstoord mocht worden. In het Javaanse wereldbeeld bestaat een nauwe samenhang en wisselwerking tussen de microkosmos (de gewone, zichtbare dagelijkse wereld) en de macrokosmos (het alles omvattende universum met zijn bovennatuurlijke krachten). Maakt een mens in zijn dagelijks bestaan fouten, dan brengt hij hiermee ook het evenwicht in de macrokosmos in gevaar. De *mandala*-gemeenschap had bij uitstek de taak het, voortdurend bedreigde, evenwicht tussen micro- en macrokosmos in stand te houden. De leden van een *mandala*-groep waren dan ook gebonden aan strikte leefregels en leidden een zeer sober en ascetisch bestaan. Zouden zij hun traditionele leefwijze opgeven, dan zou het harmoniserend vermogen verloren gaan en het krachtenveld verstoord raken. Rivieren zouden overstromen, vulkanen uitbarsten, de aarde beven... *Mandala*-gemeenschappen onderhielden nauwe banden met de Javaanse vorsten. Het bestendigen van de harmonie in het rijk behoorde immers eveneens tot de taken van de vorst. Bovendien waren de hooggelegen bronnen voor de vorsten in het laagland van groot strategisch belang. Het water ervan bevloeide de velden en maakte zo een grote rijstoogst mogelijk. Met de overschotten daarvan kon de vorst zijn hof en leger betalen.

Binnen en buiten

Veel kenmerken van de *mandala*-samenleving vinden we bij de huidige Baduy terug: het isolement, de ascetische leefwijze, de sterke *adat*-gebondenheid en vooral het gevoel verantwoordelijk te zijn voor de harmonie in het rijk. Vroeger werd dit gevormd door de Westjavaanse vorstendommen, nu voelt men zich verantwoordelijk voor de republiek Indonesië. De Baduy beschouwen het als hun hoogste plicht het geestelijk erfgoed van de voorouders onbezoedeld te houden. Het hiervoor noodzakelijke isolement heeft zelfs de indeling van de maatschappij beïnvloed. Hun samenleving kent een tweedeling in zogenaamde Binnen- en Buiten-Baduy. De Binnen-Baduy vormen het religieuze centrum van de maatschappij en bewonen ook geografisch gezien de kern van het gebied. Zij wonen in de drie zogeheten binnendorpen: Cibeo, Cikartawana en Cikeusik. In elk van deze dorpen huist een *pu-un*, de hoogste gezagsdrager in de Baduyhiërarchie, waarin religie en politiek nauw met elkaar verweven zijn.

Rondom de drie binnendorpen liggen in een halve 'ring' de veertig nederzettingen van de Buiten-Baduy. Hoewel ook zij geacht worden de *adat*-regels na te leven, zijn zij hierin vrijer dan de Binnen-Baduy. Zo vormen zij als het ware een beschermende haag rond het binnengebied. Deze bescherming geldt ook het terrasvormige heiligdom van de Baduy, Sasaka Domas, 'veel stenen'. Het ligt verborgen in het 'verboden woud', diep in het gebergte bij de bron van de rivier de Ciujung. Rondom het heiligdom, en dus ook rondom het brongebied van de rivier, mag niets in het woud worden aangetast, een

▲ *Gibbon (Hylobates moloch) in de jungle van Ujung Kulon.*

Ujung Kulon

In 1921 werd Ujung Kulon tot natuurreservaat verklaard. De unieke en uitbundige flora en fauna van dit schiereiland vroegen om gedegen bescherming. De moerassige bossen langs de kust bieden een wijkplaats aan een van 's werelds meest zeldzame diersoorten: de Javaanse neushoorn. Niet alleen komt het dier zeer weinig voor (het huidige aantal wordt geschat op zeventig exemplaren), ook is het uiterst schuw. Biologen die recentelijk onderzoek deden naar het gedrag van deze solitair levende kolossen, moesten zich voornamelijk behelpen met uitwerpselen, vraat- en voetsporen.

Geheel spoorloos is de Javaanse tijger. De laatst waargenomen pootafdruk dateert van 1970. Met het uitsterven van deze koninklijke rover is wel de panterpopulatie van Ujung Kulon sterk toegenomen. Verder herbergt het tropisch regenwoud in de binnenlanden van het reservaat onder meer verschillende apensoorten, kancil *(dwergherten),* banteng *(wilde runderen), pauwen en neushoornvogels.*

Samin, een vooraanstaande Buiten-Baduy, vertegenwoordigde als ▶ *jaro pemerintah de Baduygemeenschap jarenlang tegenover de buitenwereld.*

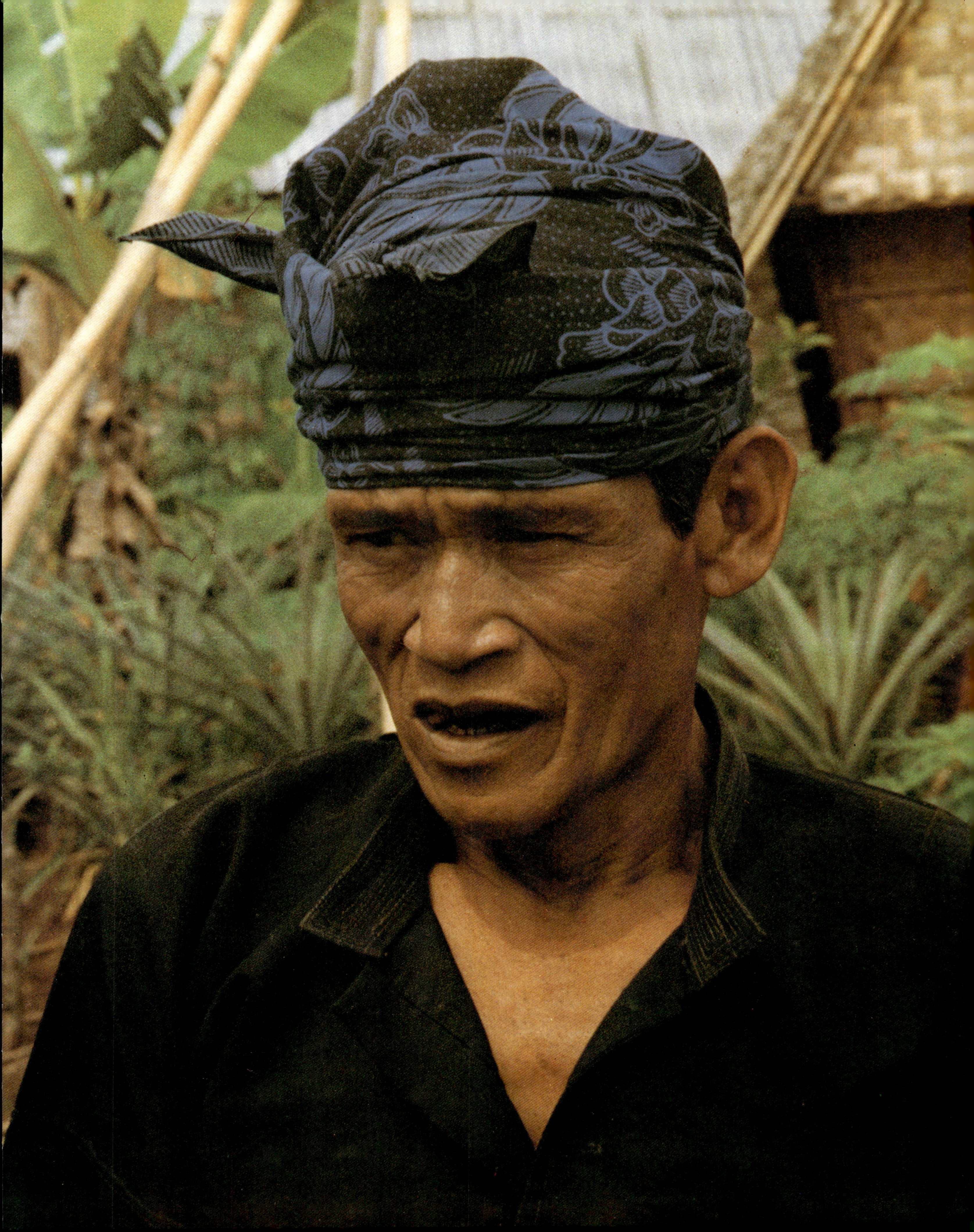

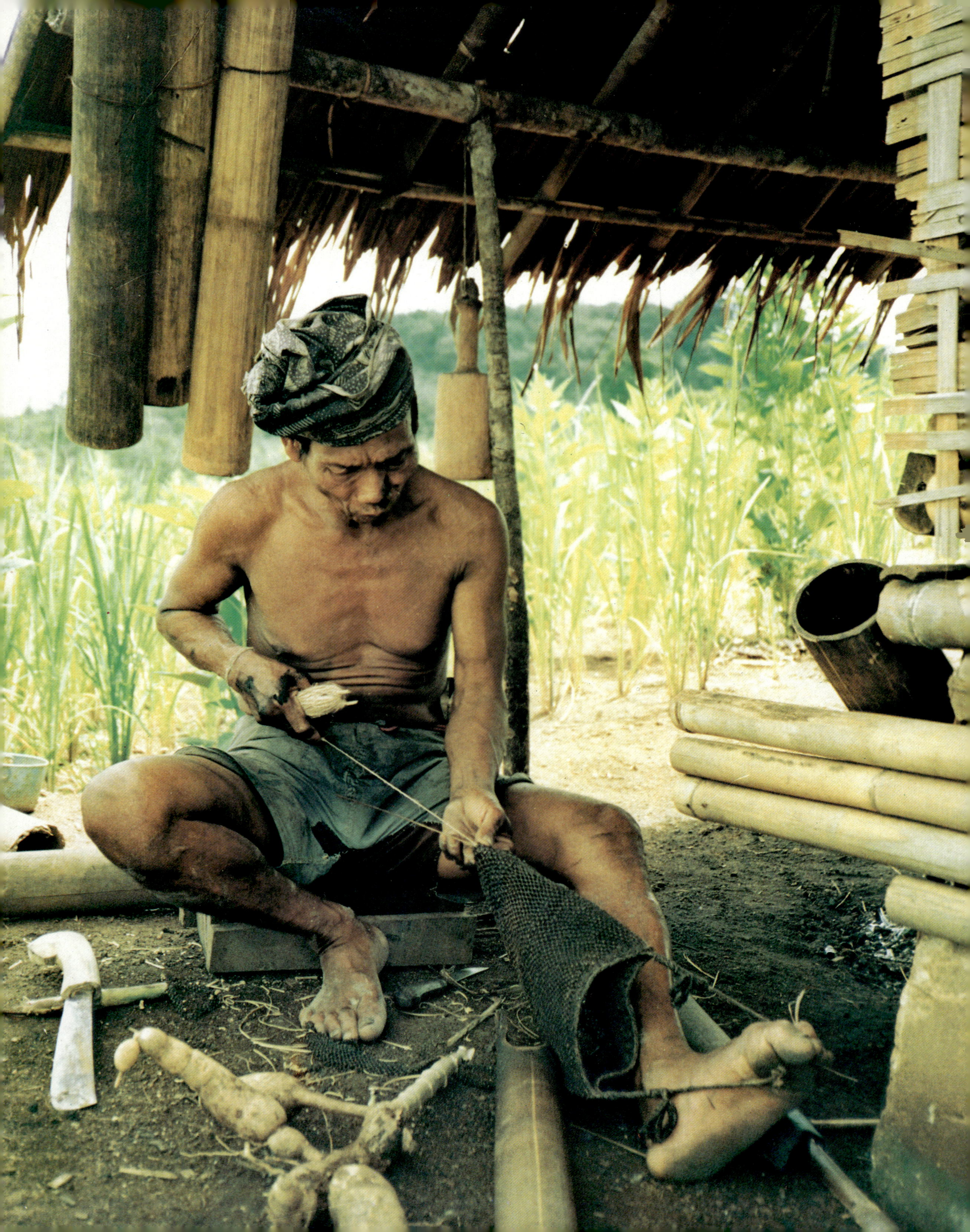

De Baduy van Banten: het verscholen volk

verbod dat sterk herinnert aan de *mandala*-regels. Een kleine delegatie Baduy, onder leiding van de *pu-un*, bezoekt het heiligdom slechts één per jaar en voert er dan een heilig ritueel uit. Voor het overige is dit deel van Kanekes uitdrukkelijk tot verboden gebied verklaard. De rivier Ciujung bevloeit de akkers van Noord-Banten, tegenwoordig de rijstschuur van Jakarta. Het is dus ook vanuit ecologisch gezichtspunt van groot belang, dat de bronnen van deze rivier beschermd worden.

Al laten de Baduy zich weinig zien, hun geheimzinnige reputatie was en is over heel West-Java verbreid. Tot op de dag van vandaag bezoeken Indonesiërs, vooral uit de grote steden, de *pu-un* om hen om raad of (magische) bijstand te vragen. Niet-Indonesiërs mogen het binnengebied echter helemaal niet betreden. Zij moeten zich tevreden stellen met een bezoek aan Kaduketug, een dorp in Buiten-Baduy. Hiervoor is overigens wel toestemming vereist van de lokale Indonesische overheid.

Tussen oud en nieuw

Kaduketug is de woonplaats van de *jaro pemerintah*. Deze Baduy bemiddelt tussen de buitenwereld (oorspronkelijk het Nederlands Gouvernement en later de Republiek Indonesië) enerzijds, en de *pu-un* anderzijds. Alle bezoekers worden door de *jaro* ontvangen. Zijn functie is echter bepaald niet in het leven geroepen uit gastvrijheid. Veeleer moet hij de steeds groter wordende bemoeienissen van buitenaf opvangen en het binnengebied zo effectief mogelijk afschermen. Het huis van de *jaro* vormt een gedoogzone in het Baduygebied. Binnen de Baduygemeenschap wordt alleen in het huis van de *jaro* het gebruik van 'moderne, wereldse' goederen zoals borden, glazen en bestek toegestaan. Het getuigt van de vriendelijkheid van de Baduy dat ze voor het gemak van de ongenode gasten een uitzondering op hun *adat*-regels maken.

Tegenover overtreders van de *adat* binnen de eigen gelederen zijn de Baduy beduidend minder tolerant. Ondanks de *adat*-gebondenheid zijn ook in de Baduygemeenschap nieuwe geluiden te horen. Er zijn leden die de voorkeur geven aan modern eetgerei boven klapperdop en palmblad; ook dragen zij liever een broek in plaats van de traditionele sarong. Een enkeling bezit nu zelfs een radio, bekostigd uit de verkoop van handelsgewassen als kruidnagelen en koffie. Hiermee is dan opnieuw een regel van de *adat* geschonden, want het is de Baduy verboden winst te maken. De zelfvoorziening, die van oudsher de bestaansbasis is geweest van deze samenleving, en waarbij alleen maar enige ruilhandel was toegestaan, dient nog steeds als voorbeeld.

De tijden zijn echter veranderd en de Baduy hebben niet meer het uitgestrekte gebied tot hun beschikking waarop zij vroeger aanspraak konden maken. Door de bevolkingsgroei, zowel binnen de eigen groep als in de omringende dorpen, neemt het beschikbare areaal landbouwgrond voortdurend af. Hierdoor worden steeds meer Baduy gedwongen buiten Kanekes in hun levensonderhoud te voorzien. Sommigen werken nu als loonarbeider voor niet-Baduyse boeren. Anderen trekken langs dorpen in de omgeving of naar grote steden als Jakarta en Bandung, om door enige handel in het bestaan te voorzien. Zij nemen niet alleen geld mee terug, noodzakelijk om bij voorbeeld rijst te kopen, maar ook nieuwe ideeën uit een andere wereld.

Tegelijkertijd dringt de naburige bevolking rond de Baduydorpen steeds meer op. De laatste jaren is zelfs sprake van een stelselmatige schending van de grenzen

◄ *Veel Baduymannen vervaardigen zelf een draagtas van tot touw gedraaide boombastvezels. De adat staat niet toe gebruik te maken van moderne, plastic tassen.*

▲ *Om bestuurlijke zaken af te wikkelen, moeten Binnen-Baduy zich soms buiten hun territorium begeven. Ze zijn herkenbaar aan de witte hoofddoek en ook dragen ze vaak een zelfgeweven wit jak.*

Java modernisering bescherming

De Baduy van Banten: het verscholen volk

van Kanekes. Grote delen van het Buiten-Baduygebied werden door boeren uit de omgeving voor eigen gebruik in beslag genomen.

Dit langzaam maar zeker binnendruppelen van nieuwe invloeden leek enige tijd te worden getolereerd, maar in 1978 was voor de Baduyleiding de maat vol. In dat jaar trok onverwacht een soort zuiveringsleger van vooraanstaande Baduy door het gehele Buiten-Baduygebied. Alle verboden goederen die werden aangetroffen moesten het ontgelden: borden, glazen, radio's, kruidnagelboompjes, alles werd door de opruimdienst vernietigd.

Het lijkt niet toevallig dat in ditzelfde jaar de Indonesische overheid haar eerste daadkrachtige stappen ondernam, om de in haar ogen achtergebleven Baduysamenleving te moderniseren. Hiertoe werd een projectdorp gebouwd aan de voet van de nabijgelegen Gunung Tunggal, ongeveer twintig kilometer ten noorden van Kanekes. De Baduy die zich, veelal door grondschaarste gedreven, in het projectdorp vestigden, kregen per familie twee hectare land, enige landbouwgereedschappen en zaaigoed. Kinderen zouden naar school gaan, zelfs een islamitisch gebedshuisje was niet vergeten. Dat er zich in 1978 inderdaad zo'n veertig gezinnen in Gunung Tunggal vestigden, was de leiding van de Baduy in Kanekes een doorn in het oog. Zij vreesden een verwatering van de *adat* en voelden zich in hun traditionele bestaan bedreigd. Zuiveringsacties alleen zouden deze ontwikkeling niet ten goede kunnen keren. Hulp van buitenaf was geboden.

Wat lang is mag niet verkort worden

Hadden de Baduy, als oude *mandala*-gemeenschap, niet gewaakt voor de harmonie in de vroegere Westjavaanse vorstendommen? Hadden zij de bronnen van de rivier, nog altijd de bron van welvaart voor West-Java, niet beschermd? En had de vorst niet altijd, in ruil hiervoor, de rechten van de Baduy op een eigen grondgebied en een eigen leefwijze geëerbiedigd en beschermd? Dat de geschiedenis de vorstendommen van weleer had omgesmeed in de Republiek Indonesië deed hieraan weinig af. In 1985 vroegen de Baduy audiëntie aan bij de huidige 'vorst', president Suharto. Ze wilden beklag komen doen over de grondroof en andere aantastingen van hun autonome positie. Daartoe trok de huidige *jaro pemerintah*, Nakiwin, naar Jakarta.

Het gevolg van zijn ontmoeting met president Suharto was de officiële bevestiging van de rechten van de Baduy op een eigen leefwijze en een eigen grondgebied. Zelfs werd de Baduy enige bescherming toegezegd. Ruim vijfhonderd betonnen palen markeren nu de Kanekesgrenzen. Dat de 'vader van de ontwikkeling', zoals de president zich graag laat noemen, de behoudende leef- en denkwijze van de Baduy respecteert, is veelbetekenend. Andere traditionele gemeenschappen, zoals de Kubu op Sumatra, worden met veel minder respect tegemoet getreden.

De oorzaak van de 'bijzondere behandeling' die de Baduy ten deel valt, ligt in de unieke positie van het volk als *mandala*-gemeenschap. De relatie die er op Java van oudsher tussen vorst en *mandala* heeft bestaan, wordt ook in deze nieuwe tijden in ere gehouden. De bescherming van de bron van de rivier is in goede handen bij hén, die de geesten van het water eerbiedigen. En ook nu nog weet de regering zich liever gesteund door de bijzondere krachten van de Baduy, dan dat men de zo nodige harmonie in de archipel op de proef stelt.

Onlangs zijn de grenzen van het Baduyterritorium afgebakend met betonnen palen. De Indonesische overheid is tot deze markering overgegaan, ten einde het grondgebied van de Baduy te beschermen tegen de opdringende ▼ buitenwereld.

De Baduy van Banten: het verscholen volk

Java rijstbouw

Voordat een akker wordt gebruikt, kappen de Baduy eerst de bosbegroeiing en verbranden ze de ondergroei. ▼

Ter voorkoming van erosie laat men de boomstronken op de platgebrande hellingen staan. ▼

Processie met angklung. Dit typisch Westjavaanse muziekinstrument laten de Baduy slechts klinken tijdens bepaalde ceremoniën, waaronder het zaairitueel. ▼

*Alvorens daadwerkelijk met het zaaien wordt begonnen, voert een specialist, de **dukun**, het noodzakelijke ritueel uit. Dit moet de rijstgodin Dewi Sri gunstig stemmen en een rijke oogst bewerkstelligen. In de mand bewaart de **dukun** offergaven voor Dewi Sri.* ▼

Rijstbouw

De Baduy beoefenen droge rijstbouw, ook wel *ladang*-bouw genoemd; de *adat* verbiedt de aanleg van *sawah*. De rijstakkers liggen op de soms zeer steile hellingen van het Kendenggebergte, en worden benut volgens de methode van veldwisselbouw. Deze vorm van landbouw wordt gekenmerkt door een extensief bodemgebruik, waarbij de bewerking van een veld wordt gevolgd door een meerjarige rustperiode. In die rusttijd (de *adat* schrijft zeker zeven jaar voor, door grondgebrek is dit teruggebracht tot drie jaar) kan de bodem zijn vruchtbaarheid herwinnen.
Een familie ontgint ongeveer één hectare bosgrond. Hierop kan zij voldoende rijst verbouwen om een jaar van te leven. Naast rijst plant men hier ook 'tweede oogst gewassen', zoals maïs, cassave en peulvruchten.
Voordat een akker gebruikt kan worden, moet eerst de bosbegroeiing worden gekapt (de stronken laat men staan om erosie tegen te gaan) en de ondergroei verbrand. In oktober, als de eerste regens vallen, is het tijd om de rijst te zaaien. Dit gaat gepaard met een uitgebreid ritueel, *ngaseuk* geheten, een term afgeleid van *aseuk*, dat pootstok betekent. Na vier maanden kan de rijst worden geoogst. De *adat* verbiedt de Baduy de verkoop van rijst. Dit zou een belediging zijn voor de rijstgodin Dewi Sri.

▲ *Niet lang na het vallen van de eerste regens slingert de zaaistoet zich als een slang over het veld. De mannen lopen voorop en steken met hun pootstokken gaten in de grond. De vrouwen volgen en werpen in elk gat een paar rijstkorrels.* ▼

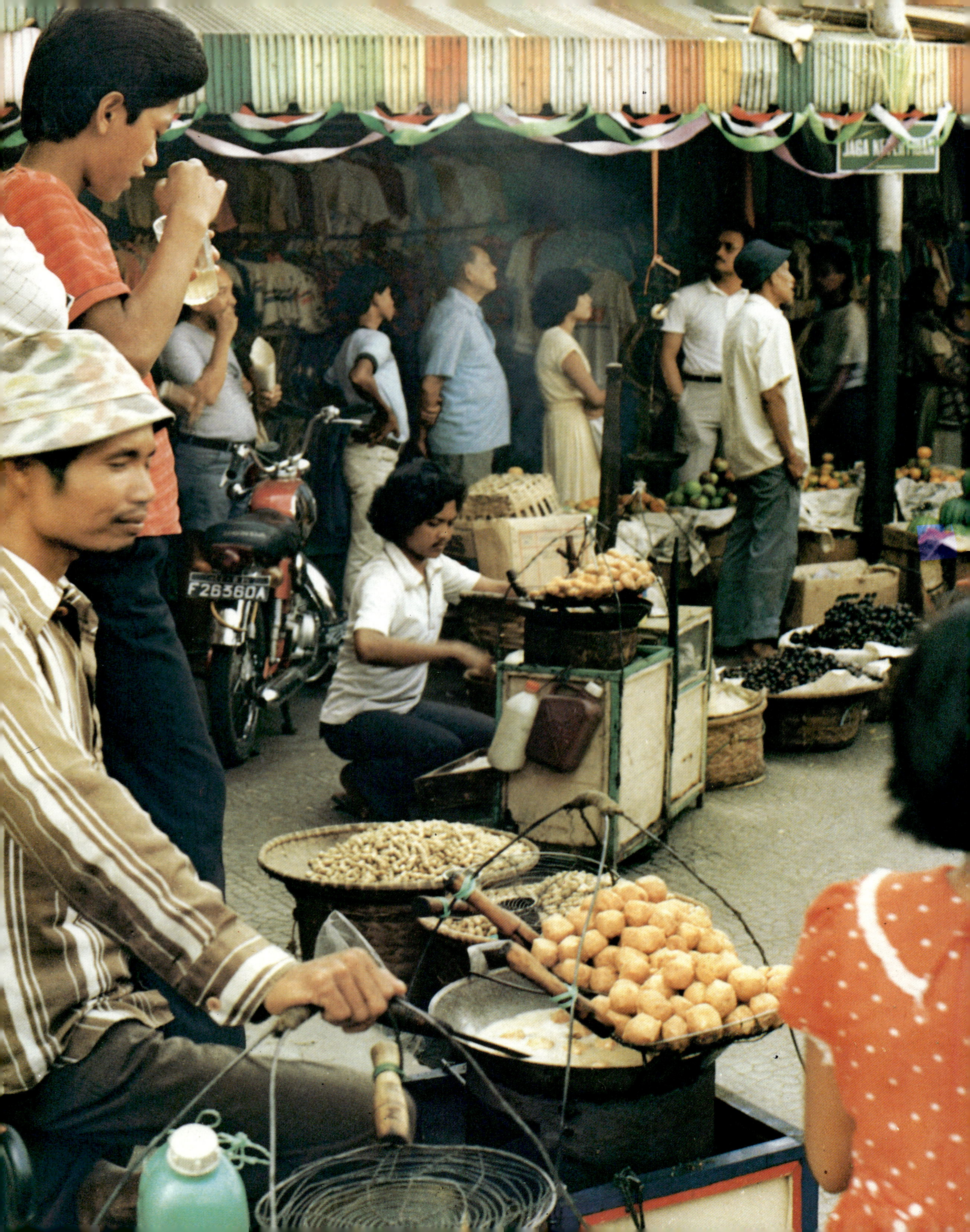
F 26360 A

Java trah charisma

De vorstenlanden

In 1987 sterft Mangkunegoro VIII, een van de vier Middenjavaanse vorsten. Na zijn dood worden de vorst en zijn nabestaanden, op kosten van president Suharto, in twee vliegtuigen overgebracht naar Surakarta, alwaar Mangkunegoro VIII in een familiegraf zijn laatste rustplaats vindt.

Het is niet zo vreemd dat president Suharto vliegtuigen ter beschikking stelde. Zijn echtgenote is een nazaat van Mangkunegoro III en aan de pas overleden Mangkunegoro VIII is zij verwant in de vijfde lijn. Mevrouw Suharto behoort tot de *trah* Mangkunegaran, een familieverband dat is gebaseerd op verwantschap van zowel vaders als moeders zijde. Etymologisch schijnt *trah* afgeleid te zijn van *truh*, hetgeen regen betekent. Zoals de regen van hoog naar laag uit de hemel valt, zo stroomt het bloed van de gemeenschappelijke voorouders naar de afstammelingen. De *trah* is in het moderne Indonesië een van de vele schakels, die het heden en verleden verbindt.

De overleden Mangkunegoro is bijgezet in een familiegraf, gelegen op de top van de Giri Layu, een berg in het voormalige Mangkunegarase rijk. Naast deze begraafplaats beschikt de *trah* Mangkunegaran nog over een andere grafheuvel, Mengadeg, waar zich de stoffelijke resten bevinden van de eerste drie vorsten die de *trah* heeft voortgebracht. Dichtbij deze heuvels ligt Giri Bangun, een recentelijk speciaal voor de familie Suharto aangelegd familiegraf. De naam Giri Bangun is een samentrekking van de namen Giri Layu en Mengadeg; zowel Mengadeg als Bangun betekent 'oprichten'.

Om hun rol van bemiddelaar tussen goden en mensen te benadrukken, worden van oudsher ook de heersers over de drie andere voormalige vorstenlanden hoog op een heuveltop begraven. Zoals de overleden Mangkunegoro VIII nu op de Giri Layu rust, zo rusten op de toppen van de nabijgelegen berg Imogiri alle vroegere vorsten van Surakarta, Jogyakarta en het kleine Paku Alaman, de drie overige oude rijken van Midden-Java.

Graven, en niet alleen die van vorsten, trekken ook in het moderne Indonesië vele bezoekers; de Javanen hopen er spirituele kracht, tot steun in het leven, te ontvangen. Alleen de vorsten en hun verwanten was het tot nu toe echter voorbehouden reeds tijdens het leven te verwijzen naar deze bemiddelaarsrol. De dood vereeuwigde slechts hun positie tussen de goden en mensen; de grafmonumenten zijn hiervan de tastbare symbolen. Het onlangs aangelegde familiegraf Giri Bangun symboliseert evenwel dat ook moderne macht, zoals gepersonificeerd door de president, een sacrale betekenis heeft.

De dood van Mangkunegoro VIII heeft aanleiding gegeven tot lange beschouwingen in de Indonesische pers. Er rezen vragen over het charisma waarop de Middenjavaanse vorsten nog altijd kunnen bogen en men vroeg zich af of een modern land aan iets dergelijks eigenlijk wel behoefte heeft. Verondersteld kan worden dat Indonesië hier geconfronteerd wordt met een heel wezenlijke cultuuruiting, een uiting die diep is geworteld in de eigen geschiedenis. Uit het navolgende zal blijken, dat het door de vorsten uitgestraalde charisma ontstaan en gevormd is tijdens een duizenden jaren durend proces, waarin zowel inheemse als boeddhistische, hindoeïstische, islamitische en westerse waarden een weg hebben gevonden.

◀ *Een stedelijk tafereel bij uitstek: mobiele koks bereiden hartige hapjes uit de Javaanse keuken.*

Vier vorstenhuizen

Als stamvader van de vorstenhuizen van Midden-Java wordt Agung de Grote beschouwd. Onder deze machtige, in 1645 gestorven heerser, vormden de vier vorstenlanden nog één groot rijk. Agungs resten bevinden zich op de hoogste top van de berg Imogiri. Daaronder rusten zijn opvolgers, verdeeld over twee begraafplaatsen, zoals ook het Mataramse rijk ruim een eeuw na Agungs dood werd gesplitst in de twee vorstendommen Surakarta en Jogyakarta. Weer lager op de berg liggen de prinsen van Paku Alaman, een relatief klein gebied dat tot in de vorige eeuw deel uitmaakte van Jogyakarta. De vorsten van het al eerder van Surakarta afgescheiden Mangkunegarase huis tenslotte, zijn niet op de Imogiri begraven, maar rusten in grafheuvels op het voormalige Mangkunegarase grondgebied.

De vorst speelde een centrale rol, hetgeen niet alleen tot uiting kwam in de ruimtelijke ordening van een rijk (een stelsel van concentrische ringen rondom de vorst, met als het middelpunt van de kosmos zijn *kraton*), ook de namen van de vorsten refereerden hieraan. Zo staat Pakubuwono, de traditionele naam van de vorsten van Surakarta, voor 'Spijker van het heelal' en betekent Hamengkubuwono, zoals de opeenvolgende vorsten van Jogyakarta heten, 'Drager van het heelal'. De heersers over beide andere vorstendommen sierden zich met soortgelijke namen.

Gedenkteken op de grafheuvel Mengadeg, opgericht na restauratie door de trah Mangkunegaran, op initiatief
▼ *van Mevrouw Suharto.*

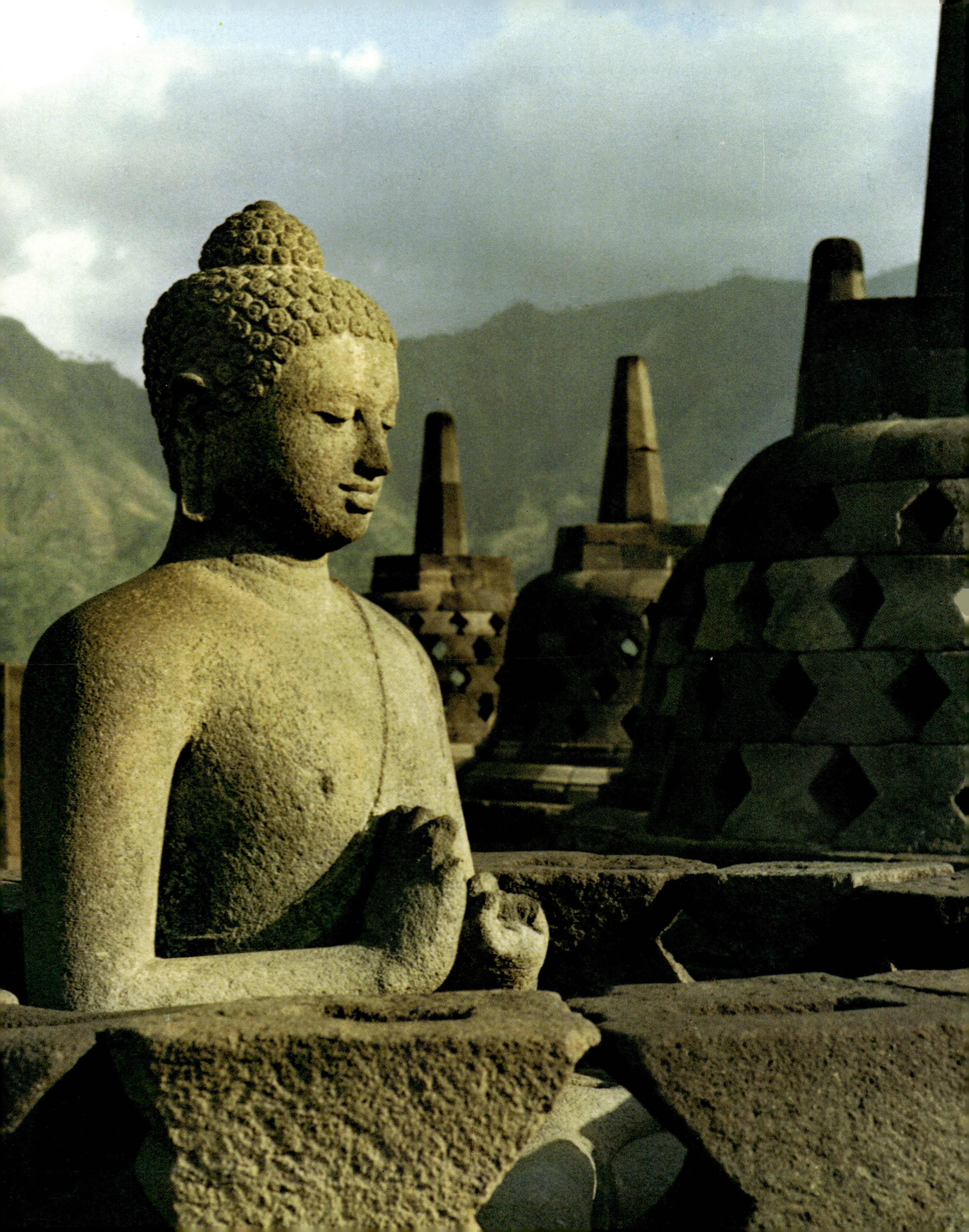

De vorstenlanden

Java   Boeddhisme   Hindoeïsme

Oud Mataram

Het Hindoeïsme op Java dateert al van het begin van de christelijke jaartelling. De intrede wordt verbeeld in een mythe over een vreemdeling, Aji Saka, komend uit Campa, het tegenwoordige Vietnam. Saka maakt een eind aan de barbaarse regering van een kannibalistische koning en brengt de Javanen kennis en cultuur. In 78 na Christus zou hij voor het eerst voet op Javaanse bodem hebben gezet en dat moment wordt door de Javanen als het begin van hun jaartelling beschouwd.
Van het bestaan van een hindoe-Javaanse maatschappij wordt voor het eerst melding gemaakt in oude Chinese bronnen, daterend uit het eind van de vierde eeuw. Op hun handelsreizen naar China ontdekten zeevaarders uit India de rijkdom van Java en vestigden zich op het westelijke deel van het eiland. Na verloop van tijd trokken zij naar Midden-Java en stichtten daar het rijk Mataram.
De oudste steeninscriptie op Java, uit 732, verhaalt over een koning, Sannaha geheten, en diens zoon Sanjaja. Uit de tekst blijkt dat de herinnering aan hun culturele stamland India nog zeer levendig is. Waarschijnlijk dateren de tempels van het Diengplateau uit deze tijd. Naast dit koningsgeslacht worden door Chinese berichtgevers verscheidene andere vorsten genoemd, waaronder die van het huis van de Sailendras. Deze dynastie, die vanaf 778 over Java heerste, speelde een belangrijke rol in de verbreiding van het Boeddhisme en heeft de aanzet gegeven tot de bouw van beroemde tempels als de Candi Mendut en de Borobudur.
Op Java is het Boeddhisme vrijwel zeker alleen de religie van de vorsten en hun naaste omgeving geweest. Het gewone volk bleef goeddeels het Siwaïsme, de verering van de hindoeïstische god Siwa, aanhangen. Beide stromingen, Hindoeïsme en Boeddhisme, stonden in India scherp tegenover elkaar, maar zijn op Java juist meer en meer naar elkaar toe gegroeid. Zo kon het Prambananncomplex, gebouwd in het begin van de tiende eeuw op de gelijknamige vlakte tussen Surakarta en Jogyakarta, een indrukwekkend middelpunt worden van de siwaïtische godsdienst, terwijl tegelijkertijd in naburige tempels ook boeddhistische erediensten werden gehouden.
Niet lang na de bouw van het Prambananncomplex moeten Mataram en de andere rijken van Midden-Java veel van hun macht hebben verloren. Na 928 wordt in Midden-Java zes eeuwen lang niets meer van Mataram vernomen. Centraal-Java raakt tot ongeveer 1200 geheel op de achtergrond, Oost-Java neemt de vooraanstaande rol over.

Majapahit

De eigenlijke Javaanse geschiedschrijving begint in de dertiende eeuw. Niet veel later brengt Hayam Wuruk, die in 1350 de macht overneemt van zijn moeder, het rijk Majapahit tot grote bloei. Het rijk omvat Midden- en Oost-Java, Madura, de eilanden ten oosten van Java, Sulawesi en omliggende eilanden, alsmede Malakka en Sumatra. Een netwerk van verwanten en geestelijken maakt het Hayam Wuruk mogelijk geregeld belastingen te innen uit zelfs de meest verre gewesten van zijn rijk. Door deze inkomsten is hij in staat een enorme hofhouding te voeren. Hayam Wuruk laat tempels en paleizen bouwen, houdt er een groot leger op na en is beschikt over vele ambtenaren. Het centrum van zijn rijk, gelegen aan de Brantasrivier ten zuidwesten van het huidige Surabaya, is dichtbevolkt. In een gedicht uit 1365 wordt dit beeldend beschreven: "Het scheen over zijn

Borobudur

Geïnspireerd vanuit oude Indiase tradities vormt de Borobudur een belangrijk hoogtepunt in Java's artistieke ontwikkeling. De roem van deze monumentale boeddhistische schepping vloeit voort uit de briljante synthese tussen sculptuur en architectuur. Het heiligdom draagt een boodschap uit die in onze twintigste eeuw nog even duidelijk is als ten tijde van de bouw in de negende eeuw.
Niet lang na de voltooiing raakte de Borobudur gedurende lange tijd in vergetelheid om pas in 1814 herontdekt te worden. Van 1907 tot 1911 voerde de Nederlander Van Erp een eerste grote restauratie uit. Zestig jaar later hadden aardbevingen en regenwater de zachte steen echter alweer ernstig aangetast. Bovendien dreigde het hele bouwwerk zodanig te verzakken dat opnieuw een grote reddingsoperatie noodzakelijk bleek. Met steun van de UNESCO, de culturele organisatie van de Verenigde Naties, is gedurende vijftien jaar gewerkt aan een intensief restauratieprogramma dat onlangs – in 1983 – zijn beslag kreeg.
Boven de basis, met vier zijden van elk 123 meter, bevinden zich vier galerijen die naar boven toe trapsgewijs in omvang afnemen. De wanden, met een totale lengte van meer dan vijf kilometer, zijn verrijkt met 1460 figuratieve panelen en 1232 decoratieve reliëfs. Hiertussen bevinden zich meer dan 500 nissen met kleine beelden van zittende Boeddha's. Boven de galerijen liggen nog eens drie terrassen met cirkelvormige verhogingen, die de bases vormen voor 72 klokvormige *stupa*, eveneens elk voorzien van een zittende Boeddha. Een enorme, centraal geplaatste *stupa* bekroont de Borobudur; waarschijnlijk hebben de bouwers hierin het nooit voltooide beeld gedacht van de volmaakte Boeddha, die na een lange zoektocht naar 'de Waarheid' uiteindelijk 'het Licht' ziet.
Volgens de oorspronkelijke boeddhistische voorschriften dient men de galerijen te doorlopen met de wanden aan de rechterhand. Dan trekt het leven van Boeddha in de vorm van een eindeloze strip van beelden en bas-reliëfs aan de toeschouwer voorbij en dan ook blijkt de strikt hiërarchische orde volgens welke het iconografische programma is gerangschikt. Drie spirituele niveaus symboliseren daarnaast de fases waarin het Boeddhisme het menselijk bestaan indeelt.
Het laagste niveau, Kamadhatu, de fase van 'Verlangens', wordt weergegeven op de basis van de Borobudur. De hier aangebrachte bas-reliëfs, die het profane leven voorstellen met afbeeldingen over liefde en haat, geluk en straf, hoop en hel werden in 1891 ontdekt. Een hoge steunmuur schermt het grootste deel van deze 'verborgen' reliëfs af en de aardse 'verleidingen' blijven zo aan het oog van de gelovige onttrokken.
Via een aantal trappen bereikt men vervolgens de vier galerijen, die samen het tweede niveau uitbeelden, Rupadhatu, de fase van 'Vorm'. Alle aardse verlokkingen zijn hier afgezworen en de 'Verlossing' is nabij.
Klimmend naar de drie cirkelvormige terrassen van het hoogste niveau tenslotte, stuit men onderweg op een plateau met een merkwaardige vormgeving. Evenals de onderliggende terrassen is het aan de buitenzijde vierkant, maar aan de binnenzijde wordt het begrensd door een kale muur die vrijwel de lijn van een cirkel volgt. Deze tegenstelling symboliseert de overgang van de fase van 'Vorm' naar die van 'Vormloosheid', Arupadhatu. Hier wordt het hoogste niveau, de abstracte wereld van het 'Onvoorstelbare' gerepresenteerd: de 'Eeuwige Verlossing', het Nirwana, is bereikt.

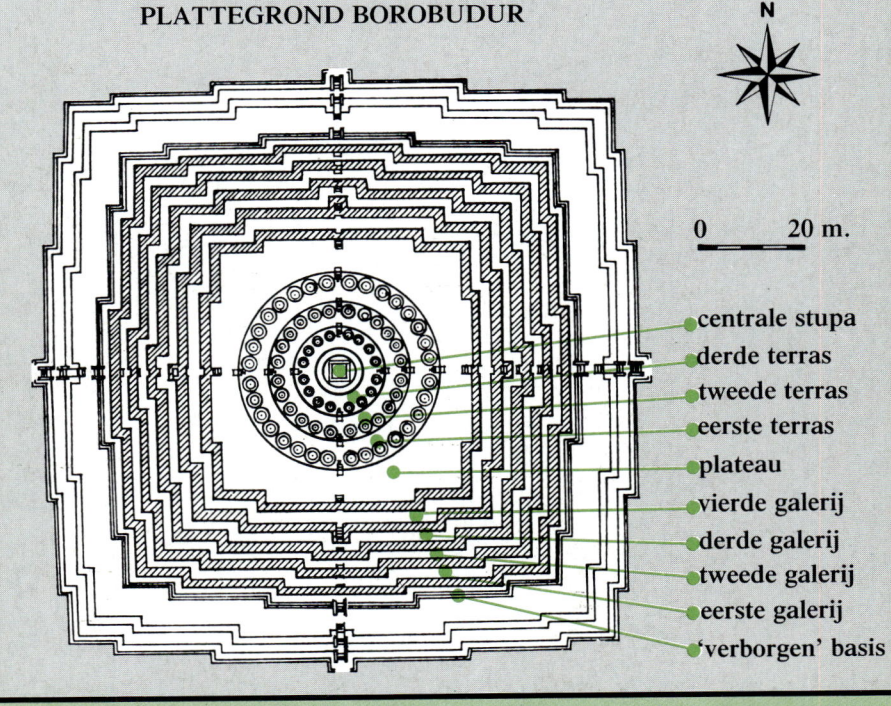

PLATTEGROND BOROBUDUR

0   20 m.

- centrale stupa
- derde terras
- tweede terras
- eerste terras
- plateau
- vierde galerij
- derde galerij
- tweede galerij
- eerste galerij
- 'verborgen' basis

◄ *Een halfopen* stupa *op het tweede terras van de Borobudur. De handhouding van het Boeddhabeeld suggereert het ronddraaien van het Dharmarad, het wiel des levens.*

Java Siwaïsme | De vorstenlanden

gehele uitgestrektheid één enkele stad; de duizenden en duizenden tellende landbevolking lijkt op een enorme troepenmacht die zich rond de hoofdstad beweegt". Het is alsof men het Java van nu voorgeschilderd krijgt.
Een in hetzelfde gedicht opgenomen beschrijving van Hayam Wuruks verblijven doet denken aan de paleizen, de *kraton*, zoals we die nu kennen in Jogyakarta en Surakarta. Mogelijk vormde de *kraton* in Hayam Wuruks tijd al de binnenste cirkel van een rijk, samengesteld uit een serie concentrische ringen, en misschien fungeerde de vorst hierbinnen als het sacrale middelpunt van de kosmos, een hindoe-Javaanse optiek die drie eeuwen later onder Amangkurat werd gepraktizeerd.
Hayam Wuruks levenswerk heeft niet lang stand gehouden. Na zijn dood wordt Majapahit verdeeld en dit leidt al snel tot een verval van het eens zo machtige rijk.

Prambanan

De hindoe-Javaanse tempels van het befaamde Larajonggrangcomplex, naar het nabijgelegen dorp meestal Prambanan genoemd, werden aan het begin van de tiende eeuw gebouwd. Evenals bij de Borobudur etaleren de Javaanse bouwmeesters hier hun rijke kennis inzake Indiase stijlen; in Prambanan zijn deze op een bijzonder originele wijze gecombineerd met de Javaanse tradities.
Door de tanende macht van de vorsten van Midden-Java en de centrumfunctie die Oost-Java verkreeg, verflauwde de belangstelling voor het tempelcomplex in Prambanan al spoedig na de bouw. Na vele eeuwen van verwaarlozing veroorzaakten aardbevingen en uitbarstingen van de vulkaan Merapi uiteindelijk de totale ineenstorting van de tempels. Vanaf 1937 werkt men evenwel intensief aan een restauratieprogramma en verscheidene belangrijke heiligdommen zijn inmiddels weer in hun oude glorie hersteld.
Het Larajonggrangcomplex telt drie grote tempels. De grootste, met een hoogte van 47 meter, is gewijd aan Siwa. Aan de zuidzijde wordt deze indrukwekkende schepping geflankeerd door de tempel van Brahma, aan de noordzijde door die van Wisnu. Tegenover deze drie heiligdommen liggen drie kleinere, waarvan de middelste gewijd is aan de stier van Siwa, Nandi. Te zamen met twee kleinere tempels, die zich aan weerszijden tussen deze zes grotere bevinden, zijn al deze bouwwerken gesitueerd op een centraal gelegen, carré-vormig binnenhof met zijden van 110 meter.
Op een omringend, iets lager gelegen tempelhof dat ruim twee keer zo groot is, liggen de ruïnes van 224 heiligdommen, die elk 14 meter hoog moeten zijn geweest; enkele van deze tempels zijn inmiddels gerestaureerd. Zij worden op hun beurt omgeven door een derde tempelhof, een weer iets lager gelegen vierkant met zijden van 390 meter. Door deze, overigens geringe, niveauverschillen, vormt het Prambanancomplex, evenals de Borobudur, een soort 'trappyramide'. De 'kroon' van de 'pyramide', de Siwatempel, wordt omsloten door een balustrade met vier toegangspoorten. Op de basis van deze balustrade is aan de buitenzijde het beroemde 'Prambananmotief' te vinden: konijnen, rammen, herten, pauwen, apen en ganzen, telkens geschaard aan weerszijden van de levensboom. De iconografie blinkt uit door een schitterend samengaan van naturalistische en gestileerde vormen. De binnenzijde van de balustrade toont scenes uit het Ramayanaheldendicht. Uitgebeeld is hoe Sita, de geliefde vrouw van Rama, wordt ontvoerd en hoe de aap Hanuman er met behulp van zijn leger in slaagt haar te bevrijden. De reliëfs beginnen op de Siwatempel en worden op het punt waar het apenleger een brug bouwt naar het eiland Langka voortgezet op de Brahmatempel. De Wisnutempel toont scenes over Krisna, de held uit het Mahabharata, een ander groot hindoeïstisch epos.
Terug bij de Siwatempel komt de bezoeker via galerijen en trappen in de centrale ruimte van het heiligdom, waar zich het beeld van de vierarmige Siwa bevindt. In drie afzonderlijke kamers staan de beelden van Ganesa, Agastya en Durga. Ganesa is de zoon van Siwa met, als symbool van wijsheid, het hoofd van een olifant. Agastya symboliseert Siwa als leraar. Het beeld van Durga, doder van de demonische buffel en toevlucht van Siwa, neemt in de hindoe-Javaanse beeldhouwkunst een prominente plaats in. Het hele complex ontleent er bovendien zijn naam aan: Durga wordt in de volksmond ook wel Larajonggrang, 'slanke maagd' genoemd.

PLATTEGROND LARAJONGGRANG
- tempel gewijd aan Nandi
- Wisnu tempel
- Siwa tempel
- Brahma tempel
- centraal binnenhof
- tempelhof
- buitenterras

390 m.

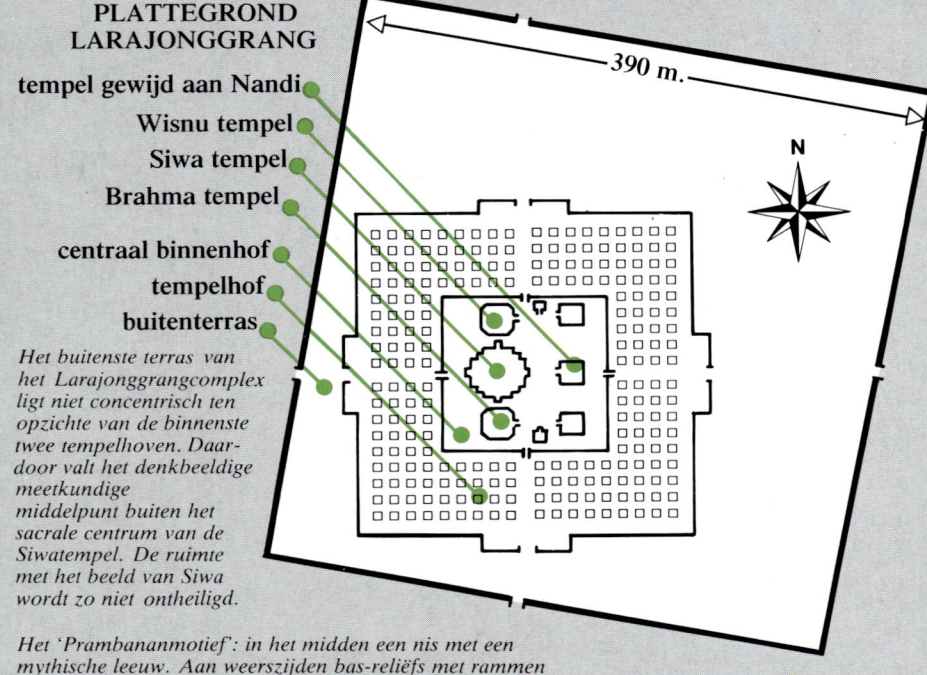

Het buitenste terras van het Larajonggrangcomplex ligt niet concentrisch ten opzichte van de binnenste twee tempelhoven. Daardoor valt het denkbeeldige meetkundige middelpunt buiten het sacrale centrum van de Siwatempel. De ruimte met het beeld van Siwa wordt zo niet ontheiligd.

Het 'Prambananmotief': in het midden een nis met een mythische leeuw. Aan weerszijden bas-reliëfs met rammen ▼ *die de levensboom, versierd met juwelen, bewaken.*

Een episode uit het Ramayana-epos: het apenleger verzamelt stenen om een landbrug naar Langka (het huidige Sri Lanka) ▼ *te bouwen.*

De indrukwekkende Siwatempel domineert het Larajonggrangcomplex, gelegen op de Prambananvlakte tussen Jogyakarta en Surakarta. ▶

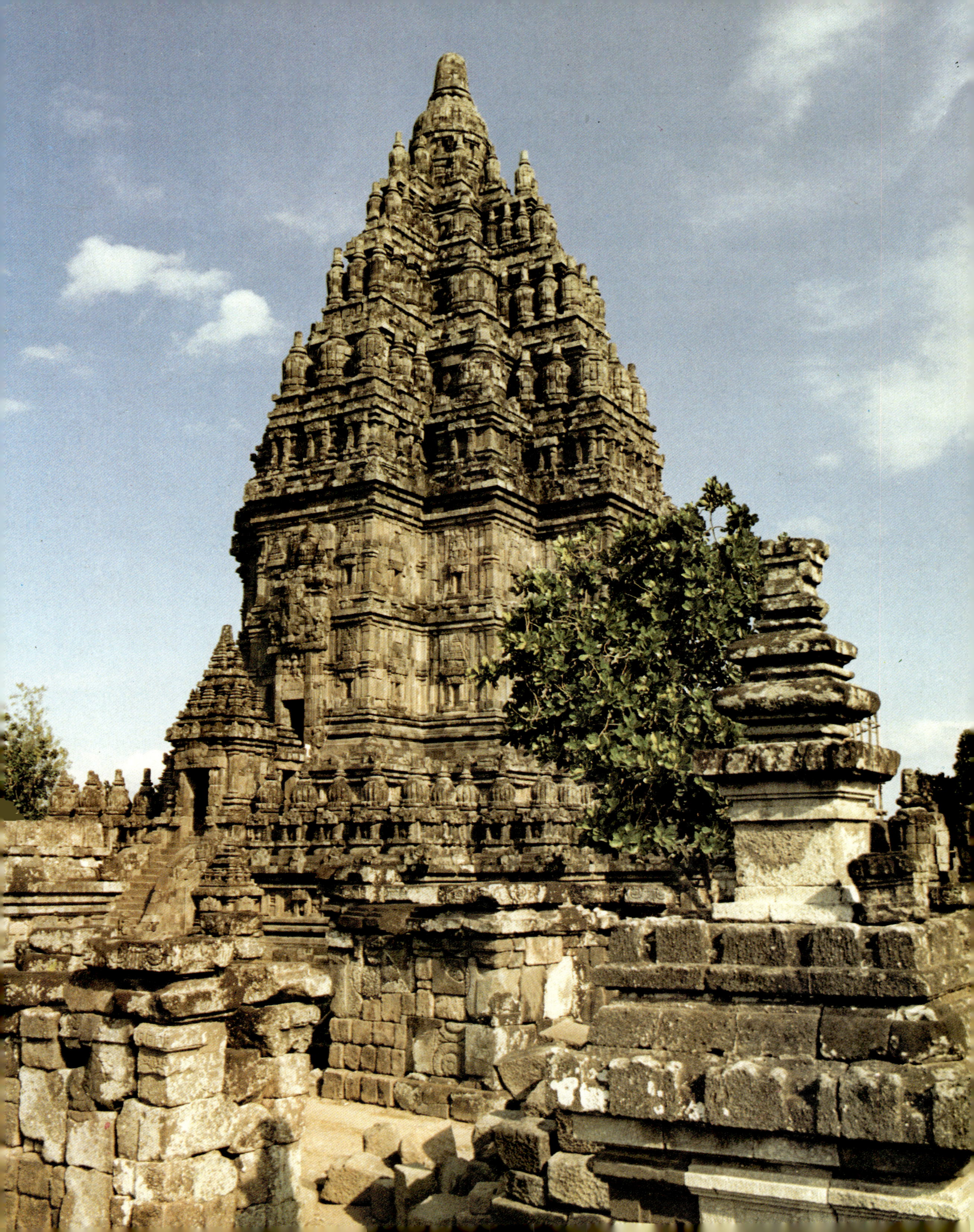

Java   Islam   VOC   kraton   De vorstenlanden

Demak

Met het einde van Majapahit, rond 1500, komt tevens een einde aan de suprematie van hindoeïstische vorsten. De Islam gaat een belangrijke plaats innemen. In 1292 vertelt Marco Polo reeds over Sumatra: "Dit koninkrijk wordt zoveel door islamitische kooplieden bezocht, dat zij de inboorlingen tot de wet van Mohammed hebben bekeerd". Uit een Chinese bron kan worden opgemaakt dat in 1416 de Islam eveneens tot Java was doorgedrongen.

Bijna een eeuw later, in 1514, schrijft de toenmalige Portugese gouverneur van Malakka aan zijn koning: "Er zijn op Java nog twee kafir (heidense) vorsten, namelijk van Pajajaran (West-Java) en van Majapahit. De zeestranden zijn van de Moren en worden beheerd door gouverneurs". Niet lang daarna zal de heerschappij over Majapahit in handen komen van deze Moorse 'gouverneurs' en ontstaat het rijk van Demak; Majapahit wordt geïslamiseerd. Toch zal in Midden-Java veel van de hindoecultuur voortleven. Het rijk van Demak bestaat slechts kort, tot 1546. In de herinnering van de Javanen is de bloeitijd van Demak dan ook ondergeschikt aan die van Majapahit.

Nieuw Mataram

Ruim zeshonderd jaar na de ondergang van het oude hindoe-Javaanse Mataram, sticht Panembahan Senapati

▲ *De alun-alun van de kraton van Jogyakarta in 1910.*

Kraton

Een kraton heeft over het algemeen een zeer herkenbare indeling die verband houdt met de windrichtingen oost, west, noord en zuid. De indeling is gebaseerd op het kosmologisch classificatiesysteem dat in de vorstenlanden wordt gehanteerd; noord wordt hierbij geassocieerd met de dood en zuid met het leven, oost staat voor het mannelijke en west voor het vrouwelijke element. Zo zullen de verblijven van de vorst in principe zijn te vinden in het oostelijk deel van de kraton, terwijl de vorstin en haar bediendes hun onderkomens in het westelijk deel hebben. De alun-alun, een groot voorhof dat als feestterrein dienst kan doen, is in het noorden of in het zuiden gelegen; de 'voorkant' van een kraton kan namelijk op het zuiden, maar ook op het noorden zijn gericht, afhankelijk van de nabijheid van een belangrijke berg of de zee.

▼ *Verfijnde hofdans in de kraton van Jogyakarta (1983).*

De VOC looft Agung de Grote

"Agung bezat een schoone gestalte en een rond gelaat, dat gewoonlijk in dezelfde plooi bleef. Met zijn grote, wijde ogen keek hij om zich heen, 'als een leeuw'; zijn neus was smal en recht, zijn mond, waarmee hij langzaam sprak, breed en plat. Hij maakte de indruk een goed verstand te bezitten en toonde belangstelling voor zaken, die niet onmiddellijk hemzelf en zijn rijk betroffen. Zijn kleding onderscheidde zich weinig van die der andere Javanen: hij droeg een wit en blauw gebatikte sarong, die door een gordel met gouden sieraad vastgehouden en waarin een kris was gestoken. Aan zijn vingers droeg hij vele ringen met glinsterende diamanten en een wit linnen mutsje dekte zijn hoofd. Door dertig of veertig vrouwen, die met sirih (Piper betle), tabak en dergelijke in gouden schalen en koppen en met een water-gendi (een aarden waterkruik) gereed zaten, werd hij bediend."

in de tweede helft van de zestiende eeuw opnieuw een rijk dat deze naam draagt. Zijn kleinzoon Agung de Grote, die zich bedient van de islamitische titel Sultan, is de eerste van een geslacht, dat over vrijwel geheel Java zal heersen.

Gezanten van de Vereenigde Oost-Indische Compagnie (de VOC) die aan het begin van de zeventiende eeuw aan het hof van Agung verblijven, beschrijven de vorst als een intelligent en leergierig man. Aanvankelijk is Agung, in zijn pogingen geheel Java te veroveren, graag bereid met de Nederlanders samen te werken. Als deze echter Jacatra (het latere Jakarta) innemen, een stad die Agung zelf op het oog had, geeft de vorst de VOC te kennen dat deze òf zijn oppergezag moet aanvaarden, òf van Java moet vertrekken. De Nederlanders raken hiervan niet onder de indruk en pogingen van Agung om Jacatra in te nemen, worden in 1628 door de VOC-dienaar Jan Pieterszoon Coen verijdeld. Duidelijk is dat de Nederlanders zich voor lange tijd op Java hebben gevestigd.

Ondanks zijn door de nederlaag verminderde prestige, lukt het Sultan Agung toch andere delen van Java onder zijn gezag te plaatsen. Zijn invloed blijkt, ook op andere terreinen, nog zeer aanzienlijk. Zo voorziet Agung de monarchie van een duidelijke structuur, bouwt hij niet ver van het huidige Surakarta een schitterend paleis, de Karta, en voert hij de gemengd Arabisch-Javaanse jaartelling in. Als laatste rustplaats kiest de Sultan de top van de berg Imogiri, de plaats waar tot op heden zijn opvolgers worden begraven.

Zijn directe opvolger Amangkurat I (1645-1677) bedient zich, in tegenstelling tot Agung, niet van de titel Sultan, maar van de hindoe-Javaanse titel Susuhunan (kortweg Sunan). Het is een van de manieren waarop Amangkurat I zich verzet tegen de Islam, die hij ervaart als een bedreiging van zijn sacrale macht. Amangkurat I beperkt de invloed van de moslimleiders en zorgt er voor dat hij voortaan het enige medium is tussen god en de mensen: de vorst is het centrum van de kosmische orde. In de vormgeving van zijn rijk, een stelsel van concentrische ringen, wordt deze centrale positie benadrukt. Het paleis van de Sunan, de *kraton*, behoort tot de binnenste cirkel. Hieromheen, in de tweede cirkel, wonen in de hoofdstad de edelen en ambtenaren. De derde cirkel omvat het kerngebied van het rijk, de *negoroagung*. De buitenste cirkel tenslotte, wordt gevormd door de *monconegoro*, de grensgebieden, met daaromheen de *pasisir*, de kuststreken.

De vorstenlanden

Java deling genealogie

Drie Vorstenlanden

Aan het eind van de heerschappij van Amangkurat I dreigt het nieuwe hindoe-Javaanse Mataram uiteen te vallen en ziet de VOC haar kans schoon. Een langdurig proces van interventie van Nederlandse zijde komt op gang en zal de gehele verdere koloniale periode aanhouden.

Redenen voor de VOC-bemoeienissen zijn er te over. Door oorlogen en andere oorzaken begint vrijwel iedere Sunan met dermate grote schulden aan zijn ambt, dat de VOC telkens wordt verzocht met leningen een bankroet te voorkomen. Door middel van afbetalingen en verplichte opbrengsten worden de verschillende vorsten vervolgens aan de VOC gebonden. Daarnaast moet elke Sunan het hoofd bieden aan talrijke hofintriges, zaken waarbij de hulp van de VOC eveneens op prijs wordt gesteld.

In 1743 denkt de VOC voldoende macht te bezitten om de *pasisir*, de kuststreken van Mataram, onder haar gezag te kunnen plaatsen. Enkele prinsen aan het hof van de regerende Sunan Pakubuwono II verzetten zich krachtig tegen deze overname. De VOC laat zich hieraan echter niets gelegen liggen. Uit boosheid schaart prins Mangkubumi, een broer van de Sunan, zich aan de zijde van zijn neef Mas Said, een prins die al eerder de wapens tegen de Compagnie had opgenomen. Een jarenlange guerilla volgt.

Het einde van de strijd lijkt in zicht te komen, als de Sunan op zijn sterfbed Nieuw Mataram in zijn geheel overdraagt aan de VOC en hij de Compagnie verzoekt een opvolger voor hem aan te wijzen. Als gevolg hiervan verliest het rijk eind 1749, bij contract, officieel zijn onafhankelijkheid. In werkelijkheid blijkt de overeenkomst echter een waardeloos vodje papier: de VOC had wel de vorst in haar macht, niet zijn onderdanen.

Inmiddels hebben beide verzetsstrijders, de prinsen Mangkubumi en Mas Said ruzie gekregen; voor de VOC het sein om over te gaan tot een verdeel- en heerspolitiek. De Nederlanders sluiten vrede met Mangkubumi en ze bewegen hem, in ruil voor de 'macht' over de helft van het door de Sunan afgestane Mataram, de Compagnie ter zijde te staan in de strijd tegen zijn vroegere compagnon Mas Said. In 1755 wordt Mangkubumi hierdoor uitgeroepen tot Sultan van Jogyakarta. Niet veel later, in 1757, geeft Mas Said zijn verzet op. Als dank krijgt ook hij 'zeggenschap' over een deel van Mataram en hij ontvangt de titel Mangkunegoro. De door de VOC benoemde, ooit zo machtige Sunan in Surakarta, resteert nog slechts een klein deel van zijn oorspronkelijke rijk: Mataram is opgedeeld in drie vorstenlanden.

Afbrokkeling van macht

De volgende eeuwwisseling staat in Europa in het teken van de Franse revolutie en de opmars van Napoleon. De machtige arm van de Franse veldheer reikt tot op Java. In 1799 wordt de VOC overgedragen aan de Nederlandse staat, die op dat moment onder Frans protectoraat is geplaatst. Daendels wordt als generaal van Napoleon naar Java gestuurd en ontneemt de Middenjavaanse vorsten de laatste schijn van autoriteit. Het legitieme gezag zal voortaan alleen in Batavia (het vroegere Jacatra) zetelen en na de ondergang van Napoleon zet het Engelse tussenbestuur dit beleid voort. Als in 1812 een complot van de zich tegen zijn tanende invloed verzettende Sultan van Jogyakarta uitlekt, wordt diens

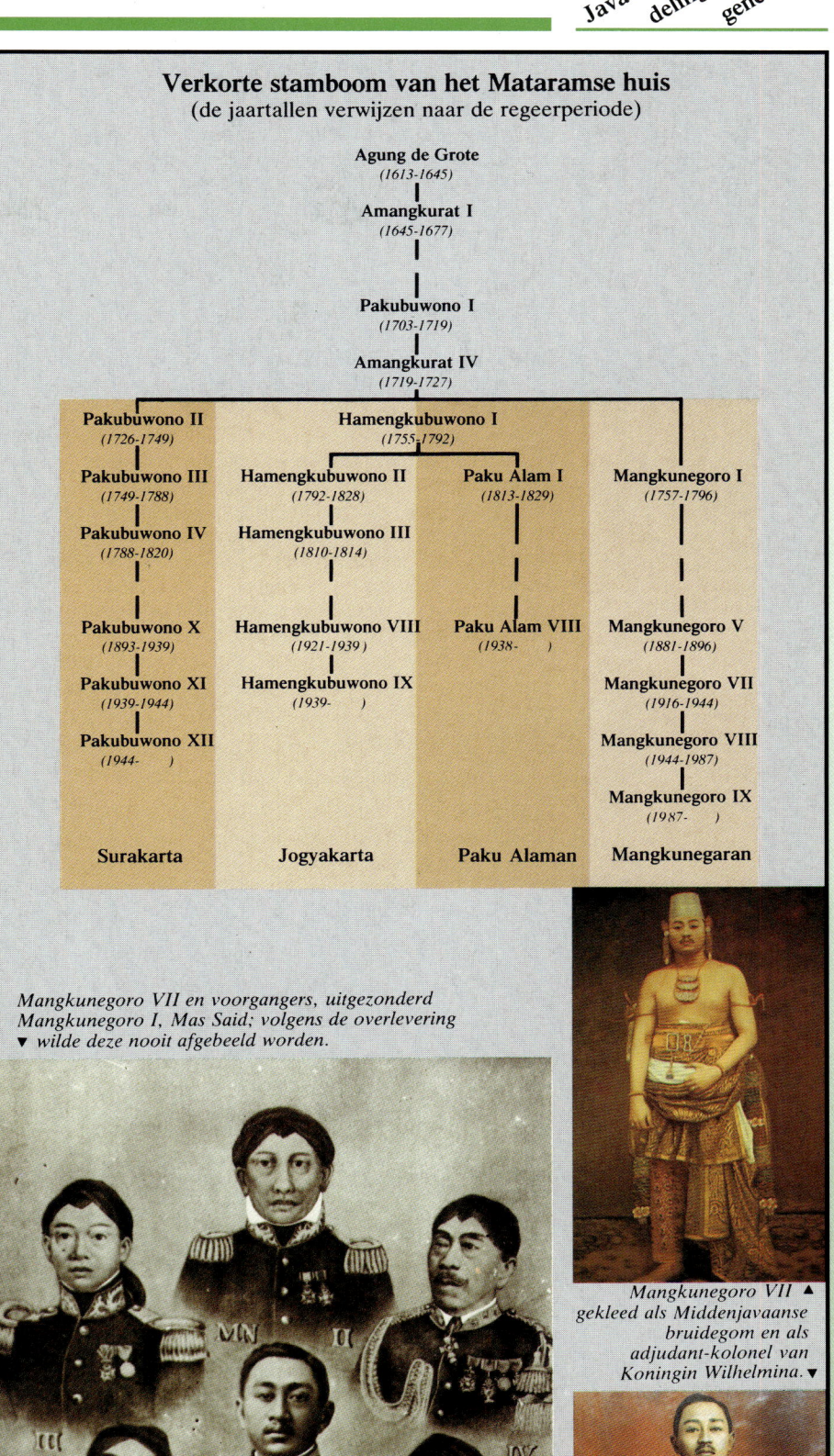

Verkorte stamboom van het Mataramse huis
(de jaartallen verwijzen naar de regeerperiode)

```
                    Agung de Grote
                      (1613-1645)
                          |
                    Amangkurat I
                      (1645-1677)
                          |
                    Pakubuwono I
                      (1703-1719)
                          |
                    Amangkurat IV
                      (1719-1727)
```

Pakubuwono II (1726-1749)	Hamengkubuwono I (1755-1792)		
Pakubuwono III (1749-1788)	Hamengkubuwono II (1792-1828)	Paku Alam I (1813-1829)	Mangkunegoro I (1757-1796)
Pakubuwono IV (1788-1820)	Hamengkubuwono III (1810-1814)		
⋮	⋮	⋮	⋮
Pakubuwono X (1893-1939)	Hamengkubuwono VIII (1921-1939)	Paku Alam VIII (1938-)	Mangkunegoro V (1881-1896)
Pakubuwono XI (1939-1944)	Hamengkubuwono IX (1939-)		Mangkunegoro VII (1916-1944)
Pakubuwono XII (1944-)			Mangkunegoro VIII (1944-1987)
			Mangkunegoro IX (1987-)
Surakarta	**Jogyakarta**	**Paku Alaman**	**Mangkunegaran**

Mangkunegoro VII en voorgangers, uitgezonderd Mangkunegoro I, Mas Said; volgens de overlevering ▼ wilde deze nooit afgebeeld worden.

Mangkunegoro VII ▲ gekleed als Middenjavaanse bruidegom en als adjudant-kolonel van Koningin Wilhelmina.▼

Tijdbalk aan de hand van de christelijke jaartelling

1949	27 december: Nederland erkent de republiek Indonesia.
1945	17 augustus: proclamatie van de Indonesische republiek. Hamengkubuwono IX, Sultan van Jogyakarta, schaart zich achter de revolutie.
1900	Herleving Javaans nationalisme.
1813	Sultan Hamengkubuwono III moet een deel van Jogyakarta afstaan aan Paku Alam I.
1757	Sunan Pakubuwono III moet een deel van Surakarta afstaan aan Mangkunegoro I.
1755	Mataram gesplitst: Surakarta onder Sunan Pakubuwono III en Jogyakarta onder Sultan Hamengkubuwono I.
1645	Susuhunan Amangkurat I: de spil van de kosmische orde.
1613	Agung de Grote wordt Sultan van Nieuw Mataram.
1400	Islam bereikt Java.
1350	Hayam Wuruk brengt Majapahit tot bloei.
1292	Marco Polo bericht over Islam op Sumatra.
928	Laatste bericht over het oude Mataram in Midden-Java, Mataram verplaatst naar Oost-Java.
900	bouw van het Prambanancomplex.
778	Sailendra-dynastie aan de macht. Verbreiding Boeddhisme. Bouw Candi Mendut en Borobudur.
732	Bouw tempels Diengplateau.
400	Chinese bronnen melden voor het eerst het bestaan van hindoe-Javaanse maatschappij.
78	Aji Saka bereikt Java: introductie van het Hindoeïsme.

gebied nog verder gereduceerd door er, als strafmaatregel, een vierde vorstenrijkje van af te splitsen: Paku Alaman.
De dreiging van oorlog hangt nu in de lucht en door een conflict tussen een Hollandse resident en Diponegoro, oom en voogd van de nieuwe Sultan van Jogyakarta, breekt deze in 1825 ook daadwerkelijk uit. In deze zogeheten Java-oorlog sluiten de aristocraten zich bij Diponegoro aan, verarmd als zij zijn door de koloniale regeling voor landverhuur. Op de bevolking heeft Diponegoro een charismatische uitstraling. Hij is de Ratu Adil, de rechtvaardige vorst, die de onderdrukten zal bevrijden. De vorsten kon weliswaar hun politieke macht ontnomen worden, maar niet het sacrale gezag dat zij onder het volk genoten.
Diponegoro heeft zelf alle reden om in opstand te komen. Het feit dat hij niet de nieuwe Sultan is geworden, verwijt hij zowel het hof in Jogyakarta als het Nederlands bestuur. De guerilla die Diponegoro toepast is moeilijk te overwinnen. Langzamerhand raken zijn krachten echter uitgeput en na vijf jaar strijd wordt hij in 1830 gevangen genomen. Het sultanaat van Jogyakarta wordt verantwoordelijk gesteld voor de oorlog en gestraft met een nieuwe gebiedsinkrimping. Terwille van het evenwicht ondergaat het gebied van de Sunan rond Surakarta een zelfde lot; voor de Sunan, die aan de zijde van het Gouvernement had gevochten, een zeer onrechtvaardig besluit.

Renaissance van de cultuur

Hoewel de vorsten in naam hun eigen gebied besturen, worden zij in de loop van de negentiende en twintigste eeuw steeds meer gecontroleerd door de Nederlandse ambtenaren in Jogyakarta en Surakarta. De vorstelijke elite compenseert dit gebrek aan politieke ruimte door zich meer en meer te richten op culturele zaken. Dans en muziek in Midden-Java worden steeds verfijnder. Hofschrijvers, *pujangga*, vereeuwigen in *babad* (kronieken) de historie en roem van de oude rijken Majapahit en Mataram. Ook het Europese hof wordt als inspiratiebron gebruikt. In Parijs worden lampen, meubels en porcelein besteld. De glans en de glitter lijken stralender dan ooit, het vertoon mist echter iedere politieke inhoud.
De culturele renaissance van een glorieus verleden, die aan het begin van de twintigste eeuw de bron van inspiratie zal zijn voor het Javaans nationalisme, culmineert in 1908 in het oprichten van de Budi Utomo, waarbij Mangkunegoro VII en Paku Alam VII een belangrijke rol vervullen. De naam van deze beweging betekent zowel 'het schone streven' als 'een hogere beschaving'. De Budi Utomo streeft naar een synthese van westerse wetenschap en oosterse wijsheid. Dit moet leiden tot een rijk dat in alle opzichten superieur is aan het westen. Beide vorsten hopen dat de beweging een stimulans zal zijn voor de vorming van autonome bestuursgebieden, doch pogingen om dit nationalisme te vertalen in politieke macht mislukken.
Wel heeft Mangkunegoro VII succes met het oprichten van het Java-instituut, een cultureel en wetenschappelijk instituut dat kennelijk minder bedreigend overkomt dan zijn politieke hervormingen. Het eerste congres van dit instituut wordt in 1918 in Surakarta gehouden. Honderden delegaties, zowel Javaanse als Europese, nemen er aan deel. Besloten wordt dat het instituut zich vooral zal inzetten voor de culturele ontwikkeling van Java, Bali en Madura.
In zaken waar koloniale overheid en vorsten eenzelfde doel nastreven, blijkt samenwerking dus niet onmogelijk. Op andere terreinen blijft stille tegenwerking een effectief protest. Vooral Sunan Pakubuwono X (1893-1938) is hierin een meester. Hij weet zich op zijn reizen, waarbij hij zich met veel pracht en praal omringt, verzekerd van een groot charisma. Velen zien in hem de werkelijke koning van Java. Voor het Nederlandse gouvernement vormen de vele successen van de Sunan evenzovele waarschuwingen dat er grenzen zijn aan de bevoogding.

De republiek

In 1939 sterven zowel de Sunan als de Sultan. In het gebied van de twee vorsten was het bestuur zeer feodaal gebleven. Noodzakelijke bestuurlijke hervormingen waren niet doorgevoerd en de bevolking was arm. Mangkunegoro VII daarentegen had zijn rijk gedemocratiseerd en gemoderniseerd. Verwacht mocht worden, dat vanuit dit gebied een impuls van vernieuwing voor heel Java zou uitgaan. In 1944 sterft echter ook Mangkunegoro VII. Na afloop van de Japanse bezetting wordt in zijn rijk niet op de ontluikende revolutie en de roep om een eigen republiek ingespeeld.
Wat in 1939 niemand had verwacht, gebeurt in 1945. Na jaren wordt het toneel van de politieke actie weer verplaatst van Surakarta naar Jogyakarta: de Sultan opent zijn deuren voor de revolutie. Uit dank krijgt zijn gebied later een speciale status en de mogelijkheid voor beperkte autonomie. Hij hervormt zijn bestuur zodanig, dat het als voorbeeld gaat dienen voor de republikeinse regering in Jakarta. In de eerste jaren van de republiek speelt hij een belangrijke rol als trait d'union tussen leger, kabinet en de socialistische intellectuelen, en zelfs tijdens de regering van president Suharto heeft hij nog geruime tijd invloed. Na een lange koloniale periode van noodgedwongen concentratie op het symbolische, religieus getinte leiderschap, heeft de politieke rol van de vorst weer enige inhoud gekregen.

Symbool en charisma

In het politieke krachtenveld is de positie van de Middenjavaanse vorsten in de loop der geschiedenis verschoven van het centrum naar de periferie. Door structurele zwakte en de Nederlandse suprematie is hun werkelijke machtsuitoefening steeds marginaler geworden. Ondanks die afbrokkeling van politieke invloed bleven de vorsten echter voor de bevolking van Midden-Java, als religieuze spil van een glorieus verleden, de enige legitieme vertegenwoordigers van de macht.
Door de gedwongen politieke inactiviteit van de vorsten kon de sacrale hindoe-Javaanse conceptie nog duidelijker naar voren komen. In die opvatting bleken de vorsten bovendien de koloniale overheerser goed voor de voeten te kunnen lopen. Het charisma dat zij ook nu nog uitstralen is hiermee voor een belangrijk deel verklaard. Dat met het vertrek van de Nederlanders ook de politieke rol van een van de vorsten weer enigszins inhoud kreeg, is niet verwonderlijk: zijn gezag gaf hem een bijna natuurlijk recht op die rol.
De vorstengraven zijn een symbool van de legitimiteit van de vroegere macht. De nakomelingen van de vorsten zijn inmiddels gewone burgers van de republiek geworden, doch hun graven blijven een rol spelen als schakel met het verleden. De Giri Bangun, de nieuwe grafheuvel, verbindt dit oude charisma met het heden.

Java economie infrastructuur

Wachtend tot vroeg in de morgen de vissers weer uit zullen varen, liggen de vlerkprauwen op het strand.

*De rijst wordt gestampt. Beide vrouwen zijn gekleed in huisdracht: de jonge vrouw draagt een gekochte Middenjavaanse batikdoek en een wit onderlijfje, de oudere een zelfgeweven **sarung**, waarbij zij als borstkleed een donkerblauwe mannenhoofddoek gebruikt.*

Textiel en wereldbeeld in Tuban

Een smalle landstrook langs de noordoostkust van Java, de Pesisir Wetan, strekt zich uit van Gunungan Kapur, het noordelijke kalkgebergte, tot de Javazee. Tuban is een centraal gelegen district in dit gebied. Langs de vlakke kust, met haar geleidelijk aflopend breed wit zandstrand, liggen hier reeksen kleine vissersdorpen aaneengeregen. Voor dag en dauw varen de mannen in hun karakteristieke vlerkprauwen ter visvangst uit, om tegen vier uur in de middag weer huiswaarts te keren. Op het strand wordt de gevangen vis meteen verkocht en naar de dorpsmarkten landinwaarts gevoerd.
Daar, in het binnenland, verbouwt de bevolking rijst, maïs en knolgewassen voor eigen gebruik, alsmede tabak en aardnoten om te verhandelen. Als gevolg van de geringe regenval en de sterk aan erosie onderhevige, kalkachtige grond, leveren de velden slechts magere oogsten. Naast de arbeid op het land, die door mannen en vrouwen samen wordt verricht, zijn de mannen doorgaans druk met het fokken van vee, terwijl de vrouwen het huishouden en de kinderen verzorgen. Bovendien houden de vrouwen zich bezig met het weven en batikken van de kleding voor het gezin.
Op de hellingen van het gebergte in het noorden gaan de cultuurgronden geleidelijk over in dichte bossen die, ter vervanging van het in vroeger tijden gekapte oerwoud, hier al sinds de negentiende eeuw worden aangeplant. In deze bossen werken van oudsher de houthakkersfamilies, die onder meer het hout voor de bouw van nieuwe vissersprauwen leveren. Zo is het bestaan van de vissers aan de kust al eeuwenlang verbonden met dat van de boeren in het achterland en de houthakkers in de bergen.
Veel van de landinwaarts gelegen dorpen waren tot voor kort slechts te voet bereikbaar. Pas sinds het midden van de jaren zeventig is ook de Pesisir Wetan betrokken bij de ontwikkelingsplannen van de Indonesische regering. In de ogen van 'beschaafde' stedelingen leidt de bevolking in deze afgelegen streek een armetierig en primitief bestaan en ontwikkelingswerk lijkt daarom een dankbare taak. Al in de Nederlandse koloniale tijd werd melding gemaakt van de 'oertoestand' hier en werden plannen tot verbetering ontwikkeld. De bevolking evenwel, blijkt een duidelijke voorkeur te hebben voor de oude levenswijze, een houding die door de overheid niet altijd op prijs wordt gesteld. De reputatie van dwarsliggerij en eigenzinnigheid is door de jaren heen dan ook bijna spreekwoordelijk geworden.
Op het gebied van de infrastructuur is in de afgelopen tien jaar echter wel het een en ander gemoderniseerd. Langs de verharde wegen die voor de zandpaden in de plaats zijn gekomen, snellen nu kleine busjes die de verbinding onderhouden met de districtshoofdplaats Tuban. Elk dorp is inmiddels ook in het trotse bezit van een waterkraan; het benodigde water is afkomstig uit een tientallen meters diepe welput. En op het veld waar eerst het vee werd gehoed, staat nu een nieuwe lagere school. Zo zijn de dorpsbewoners in contact gekomen met zaken die hen enkele jaren geleden nog volkomen onbekend waren.
De ambtenaren die in het kader van het ontwikkelingswerk de streek bezochten, ontdekten er op hun beurt zeer oude, elders allang vergeten tradities. Vooral het vervaardigen van textiel trok daarbij hun aandacht. In enkele dorpen in het binnenland worden de doeken nog geheel op de traditionele wijze geweven en versierd.

Java batik mancapat

Textiel en wereldbeeld in Tuban

Textiel en mancapat

In stijl en indeling vertonen de doeken uit Tuban duidelijke sporen van Chinese en Indiase invloeden; kenmerken die ongetwijfeld overblijfselen zijn uit de periode van intensieve handelscontacten met deze landen tussen de elfde en de zeventiende eeuw. Voor de dorpsvrouwen, die vooral in de drie droge maanden na de oogst vele uren besteden aan het tijdrovende proces van spinnen, weven en batikken, zijn de doeken echter onlosmakelijk verbonden met hun eigen, Javaanse identiteit. Elk van de veelheid aan doektypen dient namelijk een specifiek, lokaal doel. Sommige soorten behoren tot de dagelijkse of de ceremoniële kledij, andere vervullen een rol bij bepaalde rituelen. Daarnaast kunnen door de dracht van verschillende soorten textiel niet alleen de groeperingen binnen de gemeenschap van elkaar worden onderscheiden, maar worden er tevens de posities mee weergegeven die deze groepen ten opzichte van elkaar innemen.

De relaties tussen naburige dorpen in de streek worden gekenmerkt door een voor Java karakteristieke hiërarchische opbouw. Een groep dorpen vormt een samenwerkingsverband, *mancapat* geheten. Dit bestaat uit een centraal gelegen dorp omgeven door vier tot acht perifere dorpen. Het hiërarchische element komt op allerlei manieren tot uiting. Zo fungeert het dorpshoofd van het centrale dorp naar de buitenwereld als de spreekbuis van de omliggende dorpen en ook in de textielproduktie blijkt het centrum van het *mancapat* een vooraanstaande positie in te nemen.

De belangrijkste dorpen in Tuban, waar textiel nog op de aloude manier wordt gemaakt, vormen momenteel een *mancapat*-verband dat enigszins afwijkt van dit oorspronkelijke model. Aan het eind van de vorige eeuw werd door de koloniale overheid aan het *mancapat* in kwestie een tweede, administratief centrum toegevoegd. Ook nu vinden we hier de *camat*, het hoofd van het subdistrict en tevens de vertegenwoordiger van de regering. Wellicht werd dit nieuwe bestuurscentrum ingesteld om meer greep te krijgen op het gebied, dat als 'lastig' ervaren werd. De centrumfunctie van het aan het *mancapat* toegevoegde dorp wordt tegenwoordig nog versterkt door de drukbezochte streekmarkt die er is te vinden.

De streekmarkt in het nieuwe bestuurscentrum. De handel wordt grotendeels door vrouwen gedreven; naast ▼ *landbouwprodukten brengen zij zelfgesponnen garen ter markt.*

Batik in Tuban

Om katoenen stoffen te versieren wordt op Java gewoonlijk de uitsparingstechniek batik toegepast: beide zijden van een doek worden betekend met vloeibare was, waardoor op de bedekte plaatsen het doordringen van verfstoffen in het katoen onmogelijk wordt. Met behulp van een koperen tekenpen, de *canting*, wordt de verwarmde was op het weefsel aangebracht. Nadat de doek meermalen in een koud verfbad is gedompeld en de was door uitkoken is verwijderd, komen de delen die als eerste waren bedekt te voorschijn in de witte kleur van het katoen.

In Tuban bedekt men bij het versieren van de heup- en schouderdoeken niet de motieven, maar de achtergrond met was. Hierdoor komen de motieven gekleurd uit het verfbad en is de achtergrond na het uitkoken wit. Bij ceremoniële weefsels als de begrafenisdoeken is dit precies omgekeerd: nu zijn de motiefjes wit en krijgt de niet met was bedekte achtergrond een kleur.

Iets bijzonders voor Tuban is de *batik-lurik*, waarbij op zwart-wit geruit weefsel (dat *lurik* heet), gebatikt wordt. Hier dienen de ruitjes als kaders voor gestippelde motiefjes en worden er geen lijnen getekend. Na het verven schemert de zwarte ruit door de nu rode achtergrond heen, de motiefjes blijven wit.

Textiel en wereldbeeld in Tuban

Java · oriëntatie · verfster

Bovendien is het de begin- en eindhalte voor de minibusjes naar de hoofdplaats Tuban.

Voor de vrouwen die zich binnen het *mancapat* met het vervaardigen van textiel bezig houden, is het oude, geografisch centraal gelegen dorp nog steeds hét centrum. Dat blijkt ook uit de in stand gehouden tweedeling binnen dit dorp, die direct verband houdt met de textielproduktie. Een weg langs de noord-zuid as splitst het dorp in twee helften. In het oostelijke deel staat het huis van het dorpshoofd, met de voorkant gericht naar de bergen in het zuiden. Als tegenhanger hiervan staat in de westelijke helft het huis waarin de *modin*, de islamitische godsdienstbeamte woont; de voorzijde van dit huis, is naar de zee, naar het noorden gericht. Aldus bezetten de politieke en religieuze machthebbers in het dorp ieder een eigen domein. Voor de textielproduktie is vooral het westelijke domein van belang. Het huis van de *modin*, gelegen op deze 'religieuze' dorpshelft, behoort feitelijk aan zijn vrouw. Zij beheert hier het oude indigovat, waarin alle batikdoeken, gemaakt in de dorpen die horen tot het *mancapat*, moeten worden geverfd. De echtgenote van de *modin* is de enige vrouw in het *mancapat* die de met was betekende doeken blauw en ook rood mag kleuren. De geheimen van dit rituele vak worden van moeder op dochter overgeleverd.

Van oudsher wordt de oostelijke helft van het centrale dorp gezien als het 'mannelijk' domein waar de politiek van het *mancapat* gestalte krijgt, en fungeert de westelijke helft als het 'vrouwelijk' domein voor de afhandeling van rituele aangelegenheden zoals het verven met indigo. Het later van buitenaf toegevoegde element, de Islam, blijkt rimpelloos ingepast: de godsdienstbeamte woont uiteraard niet toevallig in de westelijke helft.

*De vrouw van de **modin** laat een pas geverfde doek uitlekken boven het indigovat dat een vaste plaats heeft in de keuken ▼ achter in haar huis.*

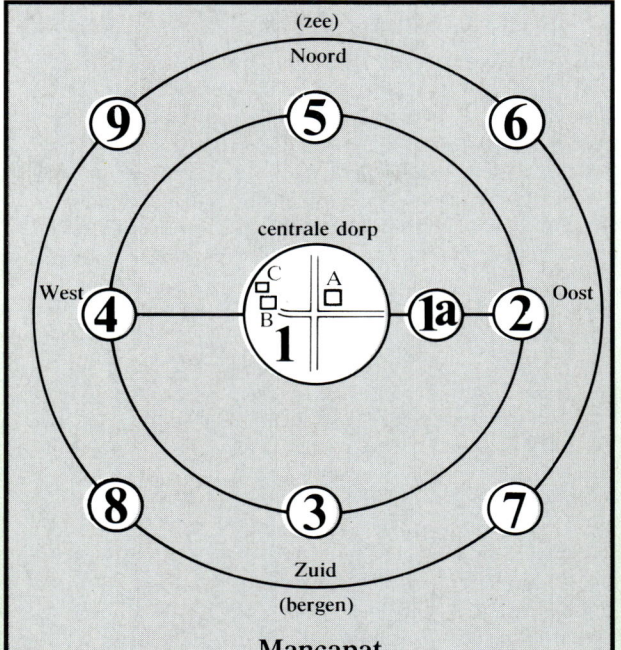

Mancapat

Het *mancapat*-verband van de belangrijkste textieldorpen in Tuban schematisch weergegeven:

1: het oude, geografisch centraal gelegen dorp
 A = huis dorpshoofd
 B = huis verfster
 C = gebedshuisje *modin*
1a: het later toegevoegde, administratieve centrum
2-5: de *mancapat*-dorpen die volgens de vier windrichtingen rondom het centrale dorp zijn gesitueerd
6-9: de *mancapat*-dorpen die als een tweede ring rond het centrale dorp liggen

De toppen van de indigostruik worden een dag en een nacht geweekt in grote aarden potten. Hierdoor wordt de verfstof aan het blad onttrokken. In de kleinere potten bewaart de verfster de voorraad ▼ indigopasta.

Java generaties cirkelgang

Textiel en wereldbeeld in Tuban

De schouderdoeken

Zoals in het centrale dorp een symbolisch onderscheid wordt gemaakt tussen de vrouwelijke en mannelijke helft, worden door hun kleding de vrouwen binnen de gemeenschap als sociale groep duidelijk van de mannen onderscheiden. In vroeger dagen tooiden zowel de mannen als de vrouwen zich met zeer specifieke heup- en schouderdoeken; nu kleden alleen de vrouwen zich hier nog mee, daar de mannen over het algemeen de voorkeur geven aan westerse kledij. Bij ceremoniële gelegenheden zijn echter ook zij te zien in de aloude combinatie van heup- en schouderdoek, zij het dat deze weefsels dan meestal moeten worden geleend of gehuurd. Vooral het verschil in afmeting geeft het onderscheid tussen de mannen- en vrouwendoeken aan. Zowel binnen de groep van de mannen als binnen de groep van de vrouwen worden drie generaties onderscheiden. Bij de vrouwen zijn dat de huwbare dochters, de moeders en de grootmoeders. Deze vrouwen dragen binnenshuis alleen een heupdoek, hetzij als een langwerpige *jarik*, hetzij als een tot koker genaaide *sarung*. De doek wordt vaak eenvoudigweg onder de oksels 'geknoopt'; dit is koel en geeft veel bewegingsvrijheid. Buitenshuis slaat een vrouw de doek om haar heupen en combineert deze met een *kebaya* (een blouse met lange mouwen) en een tweede, lange smalle doek, die ze schuin over haar schouder knoopt. In deze *slendang* of *sayut* draagt de vrouw haar marktwaar of kind mee. Bovenal valt aan de kleur van deze batikdoek af te lezen tot welke generatie de draagster behoort.

Alle doeken zijn gekleurd met indigoblauw of rood in verschillende tinten en combinaties met de natuurlijke kleur van het katoen. Daar waar het blauw en rood met elkaar in contact zijn gekomen, zijn de doeken zwart. Om de kleuren te bereiden, gebruiken beide verfsters, de echtgenote en de dochter van de islamitische *modin*, in navolging van hun voorouders voornamelijk plantaardige kleurstoffen. Alleen voor het heldere rood wordt tegenwoordig synthetische verfstof gekocht. Deze kleuren hebben alle een diepere zin, die is ontleend aan het systeem van de Javaanse kleurclassificatie. Daarin worden de windrichtingen en de verschillende perioden van de dag met elkaar in verband gebracht, en daarnaast wordt een relatie gelegd met de verschillende levensfasen. In het oosten, met wit als kenmerkende kleur, komt de zon op: hier begint het leven. Langzaam draait de zon naar het zuiden, gesymboliseerd door de kleur rood, waar zij haar hoogste stand bereikt: met de adolescentie breekt een bloeiperiode in het leven aan. De derde fase, met als bijbehorende kleur geel, eindigt in het westen: de volwassenheid is een feit. De dag wordt afgesloten in het noorden en kent als kleur blauwzwart: de dood van een mens is als de zon die onder de kim neigt. De weg van noord naar oost

*Vroeg in de ochtend op de streekmarkt. Naast een heupdoek bestaat de vrouwendracht buitenshuis uit een **kebaya** en een **slendang**. In deze draagdoek wordt de marktwaar op de linkerheup meegenomen.* ▼

dood *blauwzwart* **Noord**

ouderdom *irengan doek*

geboorte *wit* **Oost**

geel **West**

jeugd *rood-witte doek*

volwassenheid *pipitan doek*

Zuid *rood*

58

Textiel en wereldbeeld in Tuban

Java schouderdoek ikat

symboliseert vervolgens de periode tussen de dood en de wedergeboorte. Met de aanvang van een volgend leven is de cirkelgang voltooid, een cirkelgang die in de kosmologie van veel oude Indonesische culturen is terug te vinden.

De cyclus wordt weerspiegeld in de kleuren en namen van de schouderdoeken die bij de drie generaties horen. De huwbare dochters dragen over hun linkerschouder een *slendang* met helderrode bloem- en vogelmotieven op een naturelkleurige achtergrond, die bezaaid is met rode stippen. Het heldere rood maakt onmiskenbaar duidelijk dat de draagster zich in de bloei van haar leven bevindt.

Moeders knopen over de rechter schouder een draagdoek waarop het helderrood vermengd is met indigoblauw. Ook de stippen op de ongeverfde achtergrond zijn nu blauw. Dit kleurtype heet *pipitan*, 'dicht bijeen', een beeldende omschrijving voor een levensfase waarin twee sociale groepen (man en vrouw) en twee generaties (moeder en kind) zo nauw met elkaar verbonden zijn. Bovendien betekent *pipitan*, als samengestelde vorm van het Oudjavaanse *pita*, 'geelachtig' en verwijst zo naar de kleur van de volwassenheid.

De grootmoeder tenslotte draagt stemmiger kleuren; een oververving van bruinachtig rood op blauw geeft een blauwzwarte tint aan haar doek. Ook in dit geval is de naam bijzonder beeldend: *irengan*, hetgeen zowel zwartachtig als braakliggend betekent, en het einde van de dag en van het leven in herinnering roept.

▼ *Rood zijn de motieven op de witte ondergrond van de slendang voor huwbare dochters.*

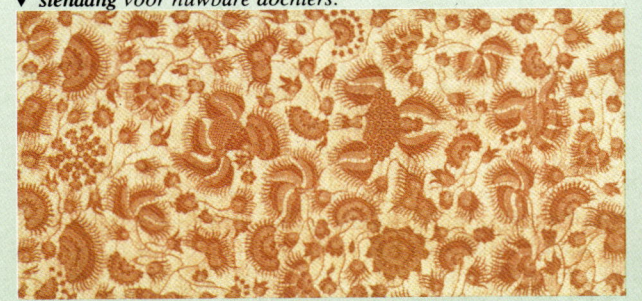

▼ *Rood, blauw en zwart met wit geven aan dat de draagster van deze slendang al moeder is.*

▼ *De schouderdoek voor grootmoeders is te herkennen aan de zeer donkere, blauwzwarte tint, donkerder dan in de doeken voor jongere generaties.*

Ikat in Tuban

In vele delen van Indonesië worden weefsels versierd door voorafgaand aan het weven, bundels schering- of inslagdraden op verschillende plaatsen af te binden en te verven. Deze uitsparingstechniek noemt men **ikat**, een term die is afgeleid van **mengikat**, dat afbinden betekent. Veelal worden alleen de scheringdraden afgebonden en geverfd, omdat de inslagdraden door de wijze van weven vaak onzichtbaar in een doek worden verwerkt.

Voor het afbinden wordt op veel eilanden een zogenaamd *ikat*-raam gebruikt. De afmetingen hiervan komen bijna altijd overeen met die van het weefgetouw. Op het raam wordt een streng scheringdraden gespannen en overeenkomstig het gewenste motief afgebonden. Vervolgens wordt de bundel van het raam afgehaald en in een eerste verfbad gedompeld. Op de afgebonden plaatsen kan de verf niet doordringen: de motieven worden uitgespaard. Door deze procedure meermalen te herhalen kunnen bijzonder ingewikkelde patronen verkregen worden.

De in Tuban gebruikte apparatuur en afbindmethode zijn van een grote eenvoud en wijken af van wat elders in Indonesië gebruikelijk is. Een eigenlijk *ikat*-raam kent men niet. Met behulp van twee stukken bamboe houdt de vrouw die de motieven afbindt, de streng handgesponnen katoengaren zélf onder spanning: de bovenste bamboe wordt bevestigd aan het overhangende dak, terwijl de onderste neerwaarts gedrukt wordt door de vrouw, die er met haar knieën aan beide zijden van het garen overheen zit. Beetje bij beetje worden kleine stukjes van de bundel afgebonden met reepjes dekblad van een maïskolf. Over de hele streng ontstaan zo rijen van grote ruitvormige patronen. Na het verven in een heldere tint indigoblauw wordt het *ikat*-garen in de schering én in de inslag meegeweven in de **kain kentol**. De zorgvuldig afgebonden ruitvormen zijn na het weven niet meer als zodanig in de doek te herkennen; alleen onregelmatig verspreide witte vlekjes geven aan waar de bindsels hebben gezeten.

Java heupdoek ceremoniën

Textiel en wereldbeeld in Tuban

De heupdoeken

Niet alleen de gebruikte kleuren spreken een eigen taal. Uit de techniek die bij de vervaardiging van bepaalde heupdoeken is toegepast, kan in samenhang met de gekozen kleuren en de aangebrachte motieven, nauwkeurig worden afgeleid uit welk dorp binnen het *mancapat* iemand afkomstig is, en bovendien tot welke sociale 'klasse' de eigenaar behoort.

Ieder dorp in Tuban kent een indeling in een dergelijk soort klassen, waartoe alleen de getrouwde dorpelingen, mannen én vrouwen, behoren. De leden van de laagste groep, *mondok*, die geen land of huis bezitten, werken veelal als arbeider op de velden van de hogeren en ontvangen in ruil daarvoor een deel van de oogst. De bezitters van landbouwgrond, *gogol*, behoren tot de middengroep. *Wong kentol* tenslotte, de afstammelingen van de eerste ontginners van de grond en uiteraard allen landeigenaren, vormen de dorpsaristocratie. Uit hun midden wordt het dorpshoofd gekozen.

In relatie tot deze hiërarchie kunnen drie soorten heupdoeken, versierd met behulp van drie verschillende technieken worden onderscheiden. Naast de batikdoeken gaat het om ruit- en streepjesweefsels, *kain kentol* genaamd, waarin vlekachtige naturelkleurige *ikat*-effecten voorkomen, en om een mengvorm, de *batik-lurik*, waarbij een zwart-wit ruitjesweefsel tot ondergrond dient voor fijne geometrische, uit stipjes opgebouwde motiefjes.

Van deze doeken zijn twee soorten voorbehouden aan de elite. Zo draagt de aristocratie in het centrale dorp van het *mancapat* een batik heupdoek, maar is zij in bij voorbeeld de westelijk gelegen dorpen gehuld in een *kain kentol*, het geruite weefsel met de *ikat*-vlekjes. De lagere groepen in de hiërarchie gaan alle gekleed in de *batik-lurik*.

Een heupdoek geeft de sociale status aan. De batikdoek van de vrouw met het kind laat zien dat haar man deel uitmaakt van de elite van het centrale dorp. De echtgenoot van de linker vrouw, zo maakt de onder de oksels geknoopte batik-lurik duidelijk, behoort tot het gewone volk. ▶

Uit de kleurdiepte en de verschillende motiefjes van deze laatste heupdoek, valt precies op te maken in welk dorp de drager of draagster thuishoort. Zo is het rood van de ondergrond in de dorpen die binnen het *mancapat* meer naar het oosten liggen veel helderder dan in de zuidelijke dorpen. Hier spreken de vrouwen met hun dieprode doeken zelfs een lichte afkeuring uit over de schreeuwerige kleding van hun oosterburen. Naarmate de dorpen verder van het *mancapat*-centrum verwijderd liggen, worden de *batik-lurik* motiefjes kleiner en zijn ze verder uiteen geplaatst.

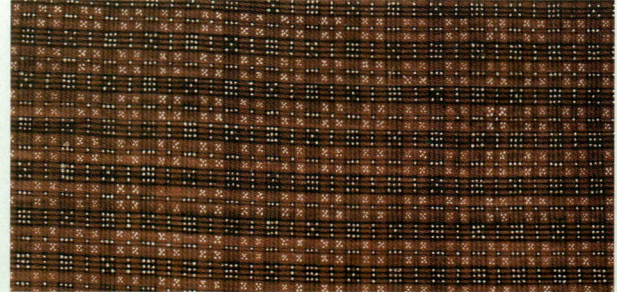

▲ *Een batik-lurik, gedragen in een verder van het mancapat-centrum gelegen dorp. Een batik-lurik, gedragen in een dorp dichterbij het mancapat- centrum.* ▼

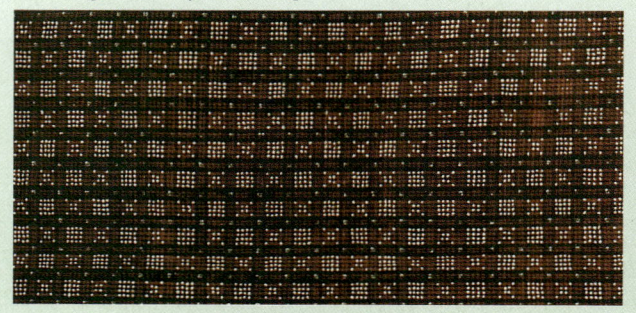

Ceremoniële doeken

In tegenstelling tot de dagelijks gedragen weefsels, waarbij de motieven zijn aangebracht op een relatief lichte ondergrond, worden de doeken voor ceremonieel gebruik juist gekenmerkt door lichte motieven op een donker gekleurde achtergrond. De ceremoniële weefsels ontlenen hun naam ook niet aan de motieven, maar aan deze ondergrond.

Bovendien zijn de motieven heel anders gestyleerd dan op de heup- en schouderdoeken. De fijne geometrische patronen op de rituele weefsels vormen als het ware een plattegrond van het *mancapat*-verband. Zo is het hart van een bloem steeds omgeven door vier of acht bloembladen. Ook wordt dit motief wel vergeleken met een centraal gelegen berg omringd door lagere toppen. De rangorde van de dorpen, de relatie met de voorouders

▲ *Donker doodskleed met fijne, geduldig gebatikte witte motiefjes. Dit motief heet kelapa sekantet, 'kokosnoten van één tros'. De naam refereert aan de eenheid van het mancapat-verband.*

Textiel en wereldbeeld in Tuban

Java religie putihan

die uit de bergen kwamen, en de eerbied voor de – in een berggrot vereerde – goden, komen er in tot uiting. De kleur van de ondergrond van een ceremoniële doek geeft aan om welk ritueel het gaat. Zwart is ook hier de kleur van de dood: het is de achtergrondkleur van de doeken die als doodskleed over een baar worden gelegd. Alleen door een enkele oude vrouw worden ze nog gemaakt. En weer is rood de kleur van leven en vruchtbaarheid. Doeken voor de huwelijksceremonie hebben dan ook een rode achtergrond, bij voorkeur versierd met veelkleurige motieven.

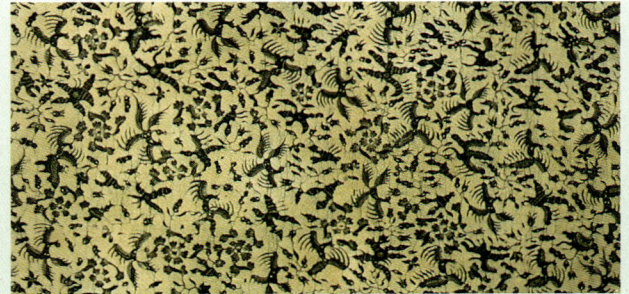

▲ *Een* **putihan** *met bloemmotieven.*

Een **putihan** *met geometrische patronen.* ▼

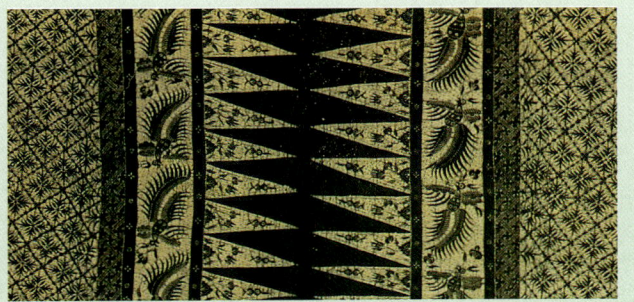

Een bijzondere kleurcategorie vormen de *putihan*, de 'witte' batikdoeken die tegen ziekte beschermen en kwade invloeden weren. Ze zijn wit met helderblauwe of grijsachtige motieven; een enkele keer ook sterk contrasterend wit met zwart. Zowel bloemmotieven als geometrische patronen komen er op voor. Een jonge vrouw krijgt de *putihan* van haar moeder om een pasgeboren baby veilig bij zich te dragen. Later doet de doek vaak nog dienst als dekentje bij ziekte van het kind of wordt er kostbare waar in vervoerd naar de markt. Het gebruik van de *putihan* zou de geschetste cirkelgang van het leven, die van oost, de plaats van geboorte, via zuid en west onherroepelijk leidt tot de dood in het noorden, kunnen doorbreken. De doeken worden geassocieerd met een tegengestelde beweging, van het oosten naar het noorden, in het onbestemde gebied tussen leven en dood. Bij onheil dat de hele gemeenschap treft, worden twee banen van een *putihan* aan lange bamboestokken gebonden en in optocht tot heil van de hele gemeenschap in deze richting rond het dorp gevoerd. Bij geen ander ritueel in Tuban lijken textiel en wereldbeeld zo nauw met elkaar verweven.

Een **kain kentol** *op het traditionele heupgetouw. De weefster zit ingeklemd tussen doekboom en lende-juk, en houdt zo met haar lichaam de scheringdraden strak. Duidelijk zijn de onregelmatige witte vlekjes te zien die aangeven waar de bindsels hebben gezeten.* ▶

Voorouders en goden

De dorpsgemeenschap heeft de door haar beleden Islam ingepast in een samenstel van tradities uit het voor-islamitische tijdperk. De wijze waarop het centrale dorp in symbolische helften is verdeeld, geeft dit al aan. Andere voorbeelden vinden we vooral in de verering van de voorouders.

Volgens de dorpelingen vormen de voorouders en goden, te zamen met de levenden, een hecht onderdeel van de gemeenschap. In elk dorp staat een heilige boom waaronder de **punden** *zich bevindt. Dit is het graf van de (mythische) stichter van het dorp, die vele generaties geleden als eerste uit de bergen naar het laagland zou zijn getrokken. In geval van ziekte en onzekerheid komen de dorpsbewoners met kleine offers naar de* **punden** *en vragen hier om raad en bijstand.*

Ook wordt eens per jaar, na de oogst, aan de bergzijde van het dorp, op de graven van de voorouders een dankmaal gehouden. De dorpelingen brengen dan zowel eten mee voor hun overleden familieleden als voor de dorpsgenoten waarmee ze relaties onderhouden. In dezelfde periode trekken groepen dorpsbewoners de bergen in, voor een ritueel dat wordt uitgevoerd in de druipsteengrot Gua Terus. Een grote steenklomp, die neerhangt in het midden van de indrukwekkende ruimte, wordt als een bruid ingewreven met gele, welriekende **boreh**-*pasta. Wellicht wordt de steen gezien als een personificatie van Dewi Sri, de godin van rijst, katoen en vruchtbaarheid. Een tweede steenmassa vormt het offeraltaar voor deze godin. De grillige patronen op de wanden, gevormd door het neerdruppelende water, worden aangeduid als* **pari**, *rijsthalmen. Voor het offermaal dient de rijst gestampt te worden in een speciaal rijstblok, dat de rest van het jaar wordt bewaard in een hoge, in de wand gelegen nis.*

Ondanks het uitvoeren van eeuwenoude Javaanse rituelen als deze, zien de dorpelingen zichzelf als islamiet.

61

Madura bevolking

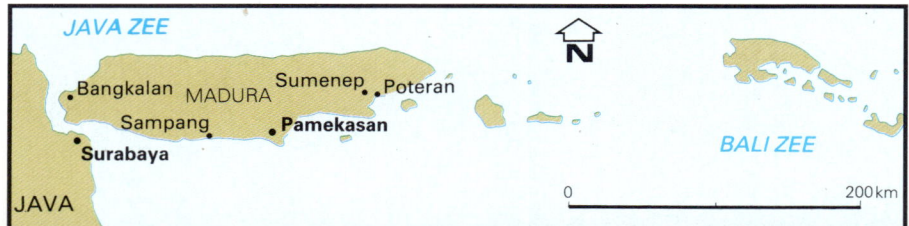

Een eerste kennismaking met buitenlandse toeristen.

Madurezen

De Madurezen vormen één van de grotere etnische groepen in Indonesië. Niet alleen de bewoners van het eiland zelf, maar ook de mensen die op de eilandjes rond Madura in de Kangean- en Sapudi-archipel wonen, worden tot deze bevolkingsgroep gerekend. Bovendien heeft een groot aantal Madurezen het eiland verlaten om zich als landbouwer in Oost-Java te vestigen en wonen velen in steden als Surabaya, Malang en zelfs in Jakarta. De bevolking op het eiland telde in 1985 circa drie miljoen zielen, terwijl buiten Madura het aantal Madurezen inmiddels tot ongeveer zes miljoen zal zijn gestegen.
Madura maakt deel uit van de provincie Jawa Timur. Het eiland zelf is verdeeld in vier districten: Bangkalan, Sampang, Pamekasan en Sumenep. De gelijknamige hoofdplaatsen zijn tevens de enige steden op Madura. De grote meerderheid van de bevolking, meer dan tachtig procent, woont in dorpen in het binnenland en langs de kust. De landbouw, handel, zeevaart, visserij en zoutindustrie zijn belangrijke middelen van bestaan. Tabak en fruit zijn de enige commerciële cultures.

Oudere vrouwen, die niet meer de zorg voor kleine kinderen hebben, openen dikwijls een winkeltje waar zij kroepoek, kruiden, limonade en snoep verkopen.

De stierenrennen van Madura

Het eiland Madura, ten noordoosten van Java, is vanuit de havenstad Surabaya gemakkelijk te bereiken. Drie veerponten onderhouden continu de verbinding met de Javaanse vaste wal; de overtocht vergt nauwelijks een kwartier. Door de nabijheid van Java wekt het geen verbazing, dat de geschiedenis van Madura van oudsher nauw is verbonden met die van de Javaanse vorsten. De Madurese vorstenhuizen waren verwant aan de Javaanse, en in taal en levensstijl was de Madurese adel geheel Javaans georiënteerd. Bij de staatkundige en economische ontwikkeling van Java ten tijde van de Vereenigde Oost-Indische Compagnie en het Nederlands-Indisch Gouvernement, was ook Madura betrokken, zozeer zelfs dat in tal van boeken en artikelen beide eilanden in één adem worden genoemd.
Gemakshalve gaat men er in deze geschriften, naar het voorbeeld van de Madurese adel, ook maar van uit dat de leefwijze van de gewone Madurees overeenkomt met die van de Javaan. Niets is echter minder waar. Zo worden op Madura, om een belangrijk verschil te noemen, ter voorkoming van conflicten veel strakkere omgangsvormen in acht genomen. In tegenstelling tot de ingetogen Javanen handelen de Madurezen veel openlijker in zaken waar de familie-eer op het spel staat. Beledigd worden of gezichtsverlies lijden ontaardt er al snel in gewelddadige botsingen.

Attractie of statusgevecht

Voor een Madurees is de beste manier om zijn prestige hoog te houden het winnen van een stierenrace. Bij dit soort wedstrijden moeten spannen van twee stieren een slede met een jockey zo snel mogelijk over een parcours van ruim honderd meter trekken. De Madurese stierenrennen zijn uniek in de wereld en door het folkloristisch karakter sinds jaar en dag een trekpleister voor toeristen. De races in een stad als Bangkalan zijn inmiddels een begrip voor bezoekers afkomstig van alle continenten. Tijdens het opwindende, sportieve spektakel worden de buitenlandse toeschouwers ingewijd in de 'geheimen' van de Madurezen en hun eiland. De stierenrennen vormen een Madurees volksfeest bij uitstek. Bovendien, zo wordt verteld, is de Madurese man een groot liefhebber van deze dieren en verzorgt hij ze goed.
Op die uitspraken is weinig af te dingen, zij het dat ze nog niet een fractie weergeven van de werkelijke hartstocht waarmee de Madurees zijn stieren koestert. Het bezit van een koppel renstieren is het ideaal van iedere Madurese man. Niet de toeristische wedstrijden, die het hele jaar door worden gehouden, zijn voor hem echter van belang, maar de jaarlijkse traditionele races. Hier gaat zijn aandacht volledig naar uit. Met een koppel renstieren kan de Madurees aan deze rennen meedoen en 'kampioen van Madura' worden, de hoogste eer die op het eiland valt te behalen. De traditionele rennen vinden alleen plaats in de droge tijd, in de maanden september en oktober. Dan worden bikkelharde concurrentieslagen uitgevochten tussen rivaliserende Madurese families, families die maar één doel voor ogen hebben: winnen, winnen en nog eens winnen.
Omdat de authentieke stierenraces behoren tot de weinige gelegenheden waarbij Madurese mannen zich in het openbaar met elkaar kunnen meten, is het belang ervan erg groot. De eer die hierbij op het spel staat, rechtvaardigt dat alle denkbare middelen mogen worden aangewend om concurrenten uit te schakelen, tot aan

Textiel en wereldbeeld in Tuban

Java   religie   putihan

die uit de bergen kwamen, en de eerbied voor de – in een berggrot vereerde – goden, komen er in tot uiting. De kleur van de ondergrond van een ceremoniële doek geeft aan om welk ritueel het gaat. Zwart is ook hier de kleur van de dood: het is de achtergrondkleur van de doeken die als doodskleed over een baar worden gelegd. Alleen door een enkele oude vrouw worden ze nog gemaakt. En weer is rood de kleur van leven en vruchtbaarheid. Doeken voor de huwelijksceremonie hebben dan ook een rode achtergrond, bij voorkeur versierd met veelkleurige motieven.

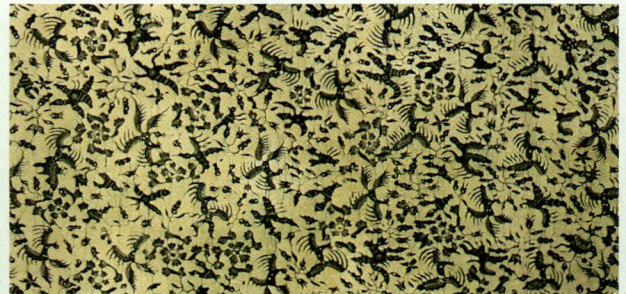

▲ *Een putihan met bloemmotieven.*

Een putihan met geometrische patronen. ▼

Een bijzondere kleurcategorie vormen de *putihan*, de 'witte' batikdoeken die tegen ziekte beschermen en kwade invloeden weren. Ze zijn wit met helderblauwe of grijsachtige motieven; een enkele keer ook sterk contrasterend wit met zwart. Zowel bloemmotieven als geometrische patronen komen er op voor. Een jonge vrouw krijgt de *putihan* van haar moeder om een pasgeboren baby veilig bij zich te dragen. Later doet de doek vaak nog dienst als dekentje bij ziekte van het kind of wordt er kostbare waar in vervoerd naar de markt. Het gebruik van de *putihan* zou de geschetste cirkelgang van het leven, die van oost, de plaats van geboorte, via zuid en west onherroepelijk leidt tot de dood in het noorden, kunnen doorbreken. De doeken worden geassocieerd met een tegengestelde beweging, van het oosten naar het noorden, in het onbestemde gebied tussen leven en dood. Bij onheil dat de hele gemeenschap treft, worden twee banen van een *putihan* aan lange bamboestokken gebonden en in optocht tot heil van de hele gemeenschap in deze richting rond het dorp gevoerd. Bij geen ander ritueel in Tuban lijken textiel en wereldbeeld zo nauw met elkaar verweven.

Voorouders en goden

De dorpsgemeenschap heeft de door haar beleden Islam ingepast in een samenstel van tradities uit het voor-islamitische tijdperk. De wijze waarop het centrale dorp in symbolische helften is verdeeld, geeft dit al aan. Andere voorbeelden vinden we vooral in de verering van de voorouders.

Volgens de dorpelingen vormen de voorouders en goden, te zamen met de levenden, een hecht onderdeel van de gemeenschap. In elk dorp staat een heilige boom waaronder de *punden* zich bevindt. Dit is het graf van de (mythische) stichter van het dorp, die vele generaties geleden als eerste uit de bergen naar het laagland zou zijn getrokken. In geval van ziekte en onzekerheid komen de dorpsbewoners met kleine offers naar de *punden* en vragen hier om raad en bijstand.

Ook wordt eens per jaar, na de oogst, aan de bergzijde van het dorp, op de graven van de voorouders een dankmaal gehouden. De dorpelingen brengen dan zowel eten mee voor hun overleden familieleden als voor de dorpsgenoten waarmee ze relaties onderhouden. In dezelfde periode trekken groepen dorpsbewoners de bergen in, voor een ritueel dat wordt uitgevoerd in de druipsteengrot Gua Terus. Een grote steenklomp, die neerhangt in het midden van de indrukwekkende ruimte, wordt als een bruid ingewreven met gele, welriekende *boreh*-pasta. Wellicht wordt de steen gezien als een personificatie van Dewi Sri, de godin van rijst, katoen en vruchtbaarheid. Een tweede steenmassa vormt het offeraltaar voor deze godin. De grillige patronen op de wanden, gevormd door het neerdruppelende water, worden aangeduid als *pari*, rijsthalmen. Voor het offermaal dient de rijst gestampt te worden in een speciaal rijstblok, dat de rest van het jaar wordt bewaard in een hoge, in de wand gelegen nis.

Ondanks het uitvoeren van eeuwenoude Javaanse rituelen als deze, zien de dorpelingen zichzelf als islamiet.

▲ *Een kain kentol op het traditionele heupgetouw. De weefster zit ingeklemd tussen doekboom en lende-juk, en houdt zo met haar lichaam de scheringdraden strak. Duidelijk zijn de onregelmatige witte vlekjes te zien die aangeven waar de bindsels hebben gezeten.* ▶

Een eerste kennismaking met buitenlandse toeristen.

Madurezen

De Madurezen vormen één van de grotere etnische groepen in Indonesië. Niet alleen de bewoners van het eiland zelf, maar ook de mensen die op de eilandjes rond Madura in de Kangean- en Sapudi-archipel wonen, worden tot deze bevolkingsgroep gerekend. Bovendien heeft een groot aantal Madurezen het eiland verlaten om zich als landbouwer in Oost-Java te vestigen en wonen velen in steden als Surabaya, Malang en zelfs in Jakarta. De bevolking op het eiland telde in 1985 circa drie miljoen zielen, terwijl buiten Madura het aantal Madurezen inmiddels tot ongeveer zes miljoen zal zijn gestegen.

Madura maakt deel uit van de provincie Jawa Timur. Het eiland zelf is verdeeld in vier districten: Bangkalan, Sampang, Pamekasan en Sumenep. De gelijknamige hoofdplaatsen zijn tevens de enige steden op Madura. De grote meerderheid van de bevolking, meer dan tachtig procent, woont in dorpen in het binnenland en langs de kust. De landbouw, handel, zeevaart, visserij en zoutindustrie zijn belangrijke middelen van bestaan. Tabak en fruit zijn de enige commerciële cultures.

Oudere vrouwen, die niet meer de zorg voor kleine kinderen hebben, openen dikwijls een winkeltje waar zij kroepoek, kruiden, limonade en snoep verkopen.

De stierenrennen van Madura

Het eiland Madura, ten noordoosten van Java, is vanuit de havenstad Surabaya gemakkelijk te bereiken. Drie veerponten onderhouden continu de verbinding met de Javaanse vaste wal; de overtocht vergt nauwelijks een kwartier. Door de nabijheid van Java wekt het geen verbazing, dat de geschiedenis van Madura van oudsher nauw is verbonden met die van de Javaanse vorsten. De Madurese vorstenhuizen waren verwant aan de Javaanse, en in taal en levensstijl was de Madurese adel geheel Javaans georiënteerd. Bij de staatkundige en economische ontwikkeling van Java ten tijde van de Vereenigde Oost-Indische Compagnie en het Nederlands-Indisch Gouvernement, was ook Madura betrokken, zozeer zelfs dat in tal van boeken en artikelen beide eilanden in één adem worden genoemd.

Gemakshalve gaat men er in deze geschriften, naar het voorbeeld van de Madurese adel, ook maar van uit dat de leefwijze van de gewone Madurees overeenkomt met die van de Javaan. Niets is echter minder waar. Zo worden op Madura, om een belangrijk verschil te noemen, ter voorkoming van conflicten veel strakkere omgangsvormen in acht genomen. In tegenstelling tot de ingetogen Javanen handelen de Madurezen veel openlijker in zaken waar de familie-eer op het spel staat. Beledigd worden of gezichtsverlies lijden ontaardt er al snel in gewelddadige botsingen.

Attractie of statusgevecht

Voor een Madurees is de beste manier om zijn prestige hoog te houden het winnen van een stierenrace. Bij dit soort wedstrijden moeten spannen van twee stieren een slede met een jockey zo snel mogelijk over een parcours van ruim honderd meter trekken. De Madurese stierenrennen zijn uniek in de wereld en door het folkloristisch karakter sinds jaar en dag een trekpleister voor toeristen. De races in een stad als Bangkalan zijn inmiddels een begrip voor bezoekers afkomstig van alle continenten. Tijdens het opwindende, sportieve spektakel worden de buitenlandse toeschouwers ingewijd in de 'geheimen' van de Madurezen en hun eiland. De stierenrennen vormen een Madurees volksfeest bij uitstek. Bovendien, zo wordt verteld, is de Madurese man een groot liefhebber van deze dieren en verzorgt hij ze goed.

Op die uitspraken is weinig af te dingen, zij het dat ze nog niet een fractie weergeven van de werkelijke hartstocht waarmee de Madurees zijn stieren koestert. Het bezit van een koppel renstieren is het ideaal van iedere Madurese man. Niet de toeristische wedstrijden, die het hele jaar door worden gehouden, zijn voor hem echter van belang, maar de jaarlijkse traditionele races. Hier gaat zijn aandacht volledig naar uit. Met een koppel renstieren kan de Madurees aan deze rennen meedoen en 'kampioen van Madura' worden, de hoogste eer die op het eiland valt te behalen. De traditionele rennen vinden alleen plaats in de droge tijd, in de maanden september en oktober. Dan worden bikkelharde concurrentieslagen uitgevochten tussen rivaliserende Madurese families, families die maar één doel voor ogen hebben: winnen, winnen en nog eens winnen.

Omdat de authentieke stierenraces behoren tot de weinige gelegenheden waarbij Madurese mannen zich in het openbaar met elkaar kunnen meten, is het belang ervan erg groot. De eer die hierbij op het spel staat, rechtvaardigt dat alle denkbare middelen mogen worden aangewend om concurrenten uit te schakelen, tot aan

De stierenrennen van Madura

Madura Islam prestige

het gebruik van spionnen en zwarte magie toe. De spanning bij deze wedrennen is te snijden, want als een groep Madurezen op een smadelijke manier door tegenstanders wordt vernederd, is de kans op een uitbarsting van geweld levensgroot. De traditionele rennen mogen dan ook niet zonder toestemming van het plaatselijk bestuur worden georganiseerd en de politie is er nadrukkelijk bij aanwezig.

Eer en prestige

De omgangsvormen op Madura zijn zeer strak geregeld, opdat conflicten zo veel mogelijk worden voorkomen. De leefwerelden van de mannen en de vrouwen zijn vergaand van elkaar gescheiden en de jongeren behoren veel respect voor de ouderen te tonen. Het strengst zijn echter de regels voor de omgang van mannen onderling.

*Een familiehoofd in ceremoniële Madurese dracht. De speer is een erfstuk, **pusaka**, dat van vader op zoon wordt overgedragen.* ▼

De Islam

De moskee neemt in het religieuze leven van de Madurese adel een centrale plaats in. Zo willen de leden van iedere zichzelf respecterende adellijke familie begraven worden op één van de speciale begraafplaatsen voor de adel die, zoals in Sumenep, rond een moskee gelegen zijn.
In de geloofsbeleving van het gewone volk zijn heiligen en religieuze leiders, *kiyai* geheten, veel belangrijker. De *kiyai* geven godsdienstonderricht, leiden religieuze plechtigheden, geven advies in geval van ziekte en worden gezien als 'middelaar' tussen Allah en de gelovigen. Aan *kiyai* worden vaak bovennatuurlijke vermogens toegeschreven om voorspoed en welzijn te bevorderen. Na hun dood worden sommige *kiyai* beschouwd als heiligen, die nog steeds in staat zijn om **selamat**, heil en zegen, te bewerkstelligen. Regelmatig bidden daarom leerlingen en volgelingen van een overleden religieus leider bij diens graf.

Madura selamatan carok omgangsvormen

De stierenrennen van Madura

Dat is een direct gevolg van de maatschappelijke druk op de man om zijn prestige hoog te houden. Als hij wordt beledigd, zal hij koste wat het kost zijn eer verdedigen. Vaak kent hij maar één antwoord en dat luidt *carok*: zodra hij de kans krijgt, zal hij proberen zijn tegenstander met geweld uit de weg te ruimen.

De strenge regels hebben betrekking op allerlei situaties. Zonder een uitnodiging van de gastheer kan een zichzelf respecterende man bijvoorbeeld niet naar een feest gaan; hij zou zichzelf en zijn familie te schande maken. En tijdens het dagelijks werk op het land zal een man andere boeren niet gauw om hulp vragen; bij voorkeur vraagt hij dan assistentie van zijn zonen of van zijn vrouw. Ziet hij zich toch genoodzaakt met andere mannen samen te werken, dan worden vooraf duidelijke afspraken gemaakt over de taakverdeling en de vergoeding voor het geleverde werk.

Bij de koop en verkoop van vee en land zullen mannen nooit rechtstreeks met elkaar onderhandelen, maar nemen zij tussenpersonen in de arm. Als deze bemiddelaars het over de prijs en eventuele andere condities eens zijn geworden, bekrachtigen de opdrachtgevers de koop. Dan nog kunnen koper en verkoper het echter niet alleen af, want uitsluitend met de bemiddelaars als getuigen kan de betaling van de koopsom plaatsvinden.

Het deelnemen aan stierenrennen betekent voor een Madurese man veel meer dan een vermakelijke liefhebberij. Hij laat hiermee zien dat hij een uitdaging niet uit de weg gaat en dat hij bereid is de strijd met andere mannen aan te binden.

Selamatan

De Madurezen zijn goede moslims. Zij bidden vijf maal per dag, betalen de godsdienstige belastingen en vasten tijdens de Ramadan. Bovendien hoopt iedere Madurees eens in zijn leven de bedevaart naar Mekka te maken. Ondanks deze orthodoxe levenshouding zijn de religieuze opvattingen van de Madurezen, evenals van de Javanen in Tuban, vermengd met allerlei niet-islamitische elementen. Iedere verandering in de levensgang van een Madurees (geboorte, besnijdenis, huwelijk en dood), moet gepaard gaan met een heilsmaaltijd, een **selamatan**, *want alleen dan zal het de betreffende persoon en zijn familie goed gaan. Overigens worden heilsmaaltijden, om kwade invloeden af te wenden, bij allerlei gelegenheden gehouden. Als iemand op reis gaat, zaken wil doen of op het punt staat met zijn renstieren naar het stadion te gaan, altijd wordt eerst een gezamenlijke maaltijd gearrangeerd. De gebeden die tijdens een* **selamatan** *worden uitgesproken, zijn niet alleen gericht tot Allah, maar ook tot de voorouders.*

▲ *De rijst wordt in potten van aardewerk gaar gestoomd op een houtvuurtje. Zonder rijstkegels is geen heilsmaaltijd compleet.* ▼

▲ *Voorbereidingen voor een heilsmaaltijd.*

Aan de maaltijd, die geserveerd wordt in het gebedshuis, nemen alleen mannen deel. ▼

Na afloop van de maaltijd ontvangt iedere deelnemer een mandje met wat voedsel en koekjes voor de gezinsleden thuis. ▼

De stierenrennen van Madura

Madura veemarkt jockeys

Stieren en aanzien

Niet iedere Madurese boer kan het zich veroorloven er een stel renstieren op na te houden. Men dient niet alleen over het nodige kapitaal te beschikken om de beesten te kunnen kopen, maar men moet ook in staat zijn masseurs en andere specialisten te betalen. Alleen rijke boeren, handelaren en leden van dorpsbesturen op het Madurese platteland beschikken over voldoende kapitaal voor dergelijke investeringen.

Een van de bekende veemarkten voor renstieren wordt gehouden in het dorp Poteran in het district Sumenep. Renstieren worden zelden gefokt door de eigenaren. De beesten komen pas op de markt als ze een jaar of drie oud zijn en al behoorlijk getraind. Voordat de toekomstige eigenaar over gaat tot de aankoop van een koppel, wordt uitvoerig gedemonstreerd hoe goed de stieren gedrild zijn en hoe hard ze kunnen rennen. Met een span renstieren kan de eigenaar, indien de beesten een goede verzorging krijgen, wel tien tot twaalf keer deelnemen aan de jaarlijks terugkerende, traditionele rennen.

De stieren worden bij voorkeur op het erf van de eigenaar gestald en verzorgd door specialisten uit zijn omgeving. Geregeld masseren zij de beesten en zij houden nauwlettend in de gaten of extra voeding gewenst is. In tegenstelling tot het trekvee worden de renstieren iedere dag geweid door daartoe speciaal aangestelde verzorgers. Zij moeten er op toezien dat het de dieren nooit ontbreekt aan vers voer, gras en bladeren.

Zeer belangrijk voor een eigenaar is het vinden van een goede jockey, de man die op de slee staat en de dieren tijdens de wedstrijd ment. Zo'n jockey moet een lichtgewicht zijn, niet zwaarder dan vijftig kilo, en voor de duvel niet bang. Ervaren jockey's, die de stieren ook trainen, laten zich graag goed betalen. Hierdoor loopt een stierenbezitter voortdurend het gevaar zijn jockey aan een beter betalende concurrent te verliezen.

Niet alleen de verzorging en de training, maar ook de traditionele uitrusting van de renstieren vergt een behoorlijke investering. Het houten juk en de hiermee verbonden slede zijn voorzien van houtsnijwerk en geverfd in heldere kleuren, meestal rood en goudgeel. Het is gebruikelijk dat in het juk drie gaten zijn geboord waar, afhankelijk van de rijkdom van de eigenaar, vlaggen, zonneschermen of stokken met prachtig bewerkte vogels in worden gestoken. Voor de koppen, nekken en ruggen van de stieren maakt men speciale versieringen, die worden aangebracht als de beesten naar het wedstrijdterrein gaan. Overigens rennen de stieren zonder deze opsmuk; voor het begin van de strijd showt iedere deelnemer zijn span echter in vol ornaat aan het publiek.

▲ *De veemarkt, een mannenaangelegenheid.*

▲ *Het keuren door de kenners*

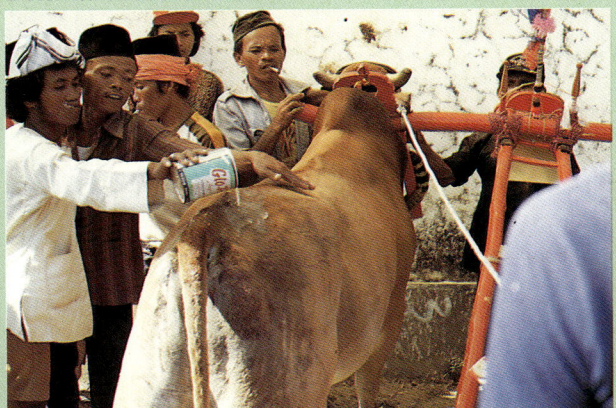

▲ *De laatste voorbereidingen in het stadion.*

▲ *De jockey installeert zich.*
Voorafgaand aan de rennen maken de stieren en hun begeleiders een feestelijke, ceremoniële
▼ *rondgang door het stadion.*

De slede, die door twee stieren getrokken zal worden.

Staande op het erf van hun eigenaar, brengen de stieren de nacht voor de races door in de open lucht.

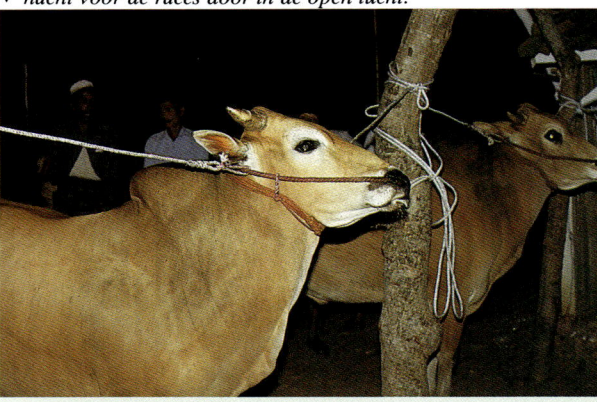

De uitrusting voor de renstieren behoort in sommige families tot de erfstukken die van vader op zoon worden overgedragen. In dergelijke families is het traditie dat van iedere generatie minstens één familielid renstieren aanschaft en meedoet aan de races. Niemand die over voldoende middelen beschikt, kan zich aan die ongeschreven wet onttrekken. Iedere generatie opnieuw moet de status van de familie worden bevestigd. Daarnaast is het houden van stieren een niet mis te verstaan teken aan de concurrenten op economisch en sociaal gebied: zij hebben terdege rekening te houden met de macht en de invloed van de familie.

Vrees voor magie

De maanden voorafgaand aan de traditionele races worden de stieren beter verzorgd dan ooit. De eigenaren, wier naam en prestige op het spel staan, sparen kosten nog moeite om de beesten in topconditie te brengen. Dikwijls worden de stieren in deze kritieke tijd ondergebracht bij speciale verzorgers, die over de kennis beschikken om ze optimaal te prepareren voor de wedstrijd. Iedere dag masseren zij de dieren en naast gras worden de stieren nu ook eieren gevoerd; op het menu staan verder koffie en diverse kruidendranken. Dag en nacht worden de dieren bewaakt, zodat niemand de kans krijgt ze te vergiftigen of ander letsel toe te brengen. Om de kans op blessures zo klein mogelijk te houden, traint de jockey de stieren op een zorgvuldig vlak gemaakt stuk grond.

Al deze voorbereidingen zijn echter nog niet voldoende om met succes aan de wedrennen deel te nemen. Via spionnen wint de eigenaar informatie in over de verzorging en de kracht van de stieren van concurrenten. De onderlinge wedijver tussen de eigenaren gaat zelfs zo ver, dat geregeld wordt geprobeerd om door middel van zwarte magie het renkoppel van een tegenstander uit te schakelen. Algemeen gevreesd zijn de bezweringen waardoor de stieren bij de start weigeren te lopen of halverwege het parcours omkeren. Iedere eigenaar neemt daarom voorzorgsmaatregelen en raadpleegt specialisten die in staat zijn om eventuele bezweringen te breken en kwade invloeden af te wenden. Dat ook hiervoor flink moet worden betaald, behoeft geen betoog.

Niet alleen de stieren, ook de jockey's lopen het gevaar getroffen te worden door dit soort bezweringen. Vóór hij aan een wedstrijd begint, gaat een jockey daarom naar een *dukun*, een magisch specialist, die de tegen hem gerichte bezweringen moet breken. Vaak draagt de jockey tijdens de wedstrijd krachtige amuletten om zich te beschermen tegen kwade machten.

Enkele dagen voor de race worden de stieren weer teruggebracht naar de stallen van de eigenaar. Alle verzorgers en vertrouwelingen waar deze zich mee heeft omringd, installeren zich hier en treffen er de laatste voorbereidingen. Het wachten is nu op een *gamelan*-orkest en de laatste instructies van de *dukun*. Deze zal de plaats bepalen waar de stieren de nacht voor de wedstrijd moeten staan, het uur van vertrek vaststellen en de richting aangeven waarin de beesten het erf moeten verlaten.

De nacht voor de wedstrijd wordt door iedereen wakend doorgebracht. Terwijl de *gamelan* klinkt, verstrijken langzaam de uren. De stieren staan op het erf, stevig vastgebonden tussen drie bamboestaken. Regelmatig worden ze verplaatst; telkens moeten ze in een door de *dukun* voorgeschreven richting worden gedraaid om kwade krachten geen kans te geven. Een gezamenlijke heilsmaaltijd, een *selamatan*, besluit de nachtelijke sessie, waarna de stieren gereed worden gemaakt voor de reis naar het parcours. Naast de beesten wordt wierook met suiker gebrand, en één van de verzorgers besprenkelt de stieren met reukwater waarin speciale bloemen en kruiden zijn geweekt.

Onder de klanken van de *gamelan* verlaten de stieren op het vastgestelde tijdstip en in de voorgeschreven richting het erf, begeleid door de verzorgers, de eigenaar en zijn vertrouwelingen. In een veewagen gaat het span waar zoveel van afhangt richting stadion...

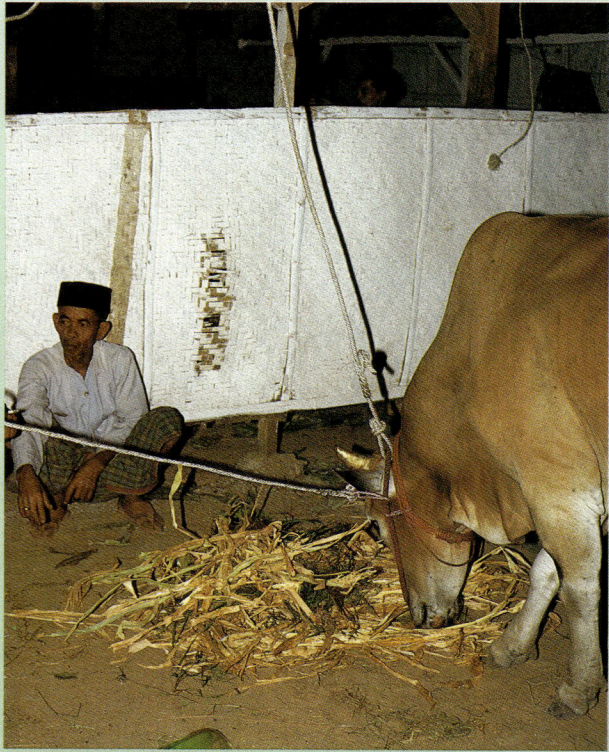

Het voer voor de renstieren is zorgvuldig samengesteld en afgepast.

De stierenrennen van Madura

Madura Pamekasan

De kampioen

Hoogtepunt van de traditionele stierenrennen op Madura is de grote race in de hoofdstad Pamekasan. Het stadion is bij deze races steevast uitverkocht. De publieke tribune zit stampvol en overal krioelt het van de mensen die òf bij de organisatie van de rennen zijn betrokken, òf bij een span stieren horen. Waar ruimte is, zijn kramen met eet- en drinkwaren opgezet en doorlopend is een *gamelan* te horen.

Ruim voor de rennen beginnen, arriveren de meeste koppels en hun begeleiders al in het stadion. Weer bepaalt de *dukun* de plaats waar een groep zich opstelt. Hier worden de stieren voorbereid op de start. Alle spieren worden nog eens zorgvuldig gemasseerd en de dieren krijgen een krachtig pepmiddel te drinken: een mengsel van bier, jenever, sodawater en geklutste eieren. De huid wordt ingewreven met een bitter middel en mond, neus en edele delen worden ingesmeerd met sambal. In de staart steken de verzorgers veiligheidsspelden.

Voor de eigenlijke wedstrijd maken de stieren en hun begeleiders nog een laatste, ceremoniële rondgang langs het publiek. Op de sleden worden hiervoor de vlaggen en zonneschermen aangebracht en men versiert de stieren uitbundig. Een *gamelan*-orkest stelt zich vooraan in de stoet op, daarna komen de stieren, gevolgd door de eigenaren temidden van hun aanhang. Bij de eerste tonen van de *gamelan*, zet de stoet zich in beweging en zo trekt span na span voorbij aan de jury die heeft plaats genomen op een hoog platform aan de finish.

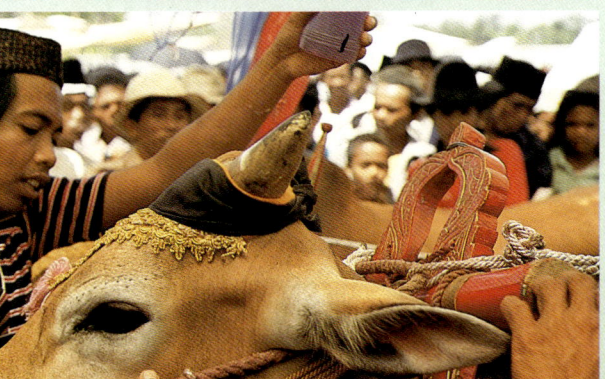

◄ *Een verzorger steekt een veiligheidsspeld in de staart van de renstier.*

◄ *Over de huid van de stier wordt een desinfecterend middel gesprenkeld.*

▼ *Madurese renstieren in vol ornaat.*

Madura kampioen

De stierenrennen van Madura

Klaar voor de start...

...weg stuiven de stieren..

...ademloos kijkt het publiek toe..

...de laatste ronde...   *...het winnende span gaat over de eindstreep.* ▼

Dan schalt een trompet: de rennen gaan beginnen. De scheidsrechters, één bij de start en één bij de finish, nemen hun plaatsen in. De eerste twee koppels worden opgeroepen om aan de start te verschijnen; de mannen hebben moeite om de dolgemaakte stieren in bedwang te houden. De spanning in het stadion stijgt ten top. De koppels stellen zich op voor de meet en de jockeys nemen plaats op de sleden. In hun handen houden ze een bamboelat waar spijkers doorheen zijn geslagen. Hiermee wrijven ze tijdens de race over de schoften van de stieren om deze – letterlijk – tot extra inspanningen te prikkelen. De scheidsrechter die op het veld voor de koppels staat, steekt nu een rode vlag omhoog en weg stuiven de stieren. Het span dat als eerste met de voorpoten over de finishlijn davert, heeft de race gewonnen. Met een gekleurde vlag wordt aangegeven welk span daarin geslaagd is.

Na de race worden de stieren door hun begeleiders opgevangen en teruggeleid naar de verzorgingsplaats. Onmiddellijk worden de wonden behandeld en ingewreven met desinfecterende vloeistof. Ook geven de verzorgers weer een alcoholisch mengsel aan de beesten. Als het span tot de winnaars behoorde, is het wachten op de oproep voor de tweede ronde. De laatste race bestaat uit drie koppels die om de hoogste eer, het kampioenschap van Madura rennen. De namen van de winnende stieren, maar vooral de naam van de eigenaar, zijn voor een jaar lang gevestigd.

De grote race

In Pamekasan rennen de stieren op een grasveld waar een parcours van ongeveer 120 meter lengte is uitgezet. Vierentwintig spannen worden, na een voorselectie, tot de grote race toegelaten. Elk span bestaat uit twee stieren die een eenvoudige houten slede trekken. Tijdens de wedstrijden steunt de jockey op een gebogen stok die aan de slee is bevestigd.

De koppels rennen als regel twee aan twee. Alleen in de laatste ronde rennen drie spannen tegen elkaar. Voor de start worden de dieren stevig vastgehouden door een groep potige mannen. Zodra het startsein wordt gegeven, sturen zij de stieren met een paar flinke tikken op rug en schoften de baan op.

De snelheid waarmee een koppel het parcours aflegt is hoog, gemiddeld 36 kilometer per uur. In de namen van de dieren komt deze snelheid tot uiting. Prachtige voorbeelden zijn Si Tolop (blaasroer), Si Koceng (kat), Si Bharat (loeiende wind) en Si Pana (pijl). Na afloop van de wedstrijd voert de winnende jockey een sierlijke Madurese dans uit op de ruggen van zijn stieren.

Java toerisme

Java, rijk aan historie en cultuur, rijk aan volk en vruchtbare aarde, maar bovenal rijk aan tegenstellingen. Op weinig eilanden in de archipel wordt de toerist zo onontkoombaar geconfronteerd met de beperktheid van de mens en de onbeheersbare krachten der natuur: een ontzagwekkende keten van werkzame vulkanen wijst de Javaan, ondanks de door hem opgetrokken wolkenkrabbers, telkens weer zijn plaats. Een tocht vanuit West-Java naar de oostkust van het eiland zal de reiziger voeren langs liefelijke dorpjes, tempels en paleizen met verfijnde hofculturen, maar evenzeer langs gapende kraters, ravijnen en peilloze afgronden.

In West-Java contrasteren de ruige regenwouden van het schiereiland Ujung Kulon met de gladgeschoren gazons van Kebun Raya, de grote botanische tuin in Bogor. Waar in het oudste natuurreservaat van Indonesië de laatste Javaanse neushoorn zijn weg zoekt, wijst de gids in de plantentuin de toerist op de meer dan vijfduizend gerangschikte orchideeënsoorten. In het laagland in het noorden bewerkt de Sundanees zijn *sawah*, in het hoogland in het zuiden rommelen en roken de vulkanen. Midden-Java's hooggebergte ligt centraler. Zuidelijk van de dag en nacht geobserveerde kratertoppen, stuit de reiziger er op steden waar lawaaiige verkeerstromen geleid worden langs verstilde bolwerken van traditie: de *kraton* van de Middenjavaanse vorsten. Politiek onthand door het Nederlands Gouvernement, hebben de oude heersers van Midden-Java zich in de loop van de vorige eeuw steeds meer toegelegd op culturele zaken, een ontwikkeling waarvan de uitkomsten in het huidige Surakarta en Jogyakarta nog alom zichtbaar zijn. Gracieuze paleisdansen, een hoog ontwikkelde batikindustrie, edelsmeedkunst van een bijzonder gehalte, niemand zal deze uitnemende cultuuruitingen kunnen ontgaan. In de nabijheid zijn indrukwekkende voorbeelden van beeldhouwkunst en architectuur te vinden: de Borobudur en het Prambanancomplex weerspiegelen, ondanks een reeks verwoestende erupties van de vulkaan Merapi, in hun gerestaureerde schoonheid Java's vergleden religieuze verleden.

In het oostelijke bergland dreigen de Bromo, een constante rooksliert rond zijn top, en de 3600 meter hoge Semeru, Java's hoogste berg. Lager beheerst de mens weer het landschap; evenals in het westen laten alleen reservaten nog iets van de oorspronkelijke flora en fauna zien. Aan zee strandt de reiziger in het moderne Surabaya, de veelbezongen havenplaats. Sfeervolle *pasar* staan er in schril contrast met grauwe warenhuizen, en evenals in de andere Javaanse miljoenensteden worden ook hier de kleurrijke fietstaxi's steeds meer terzijde geschoven door het voortrazende snelverkeer.

Daar ook ervaart de toerist, bijna aan den lijve, Java's grootste probleem. De mens lijkt het eiland te bedelven, de dichtheid der bevolking is ongelooflijk en de aanwas nauwelijks te stuiten. Steeds hoger zoekt de boer daarom zijn *sawah*, alle erosiegevaar ten spijt. In de hooggelegen velden van het droomlandschap glinsteren reeds de kale rotsen; voor het eerst lijken de machtige bergen te buigen: de vruchtbaarheid van de Javaan blijkt groter dan de vruchtbaarheid van zijn land.

Een zilversmid aan het werk in Kota Gede, gelegen aan de rand van Jogyakarta. ▼

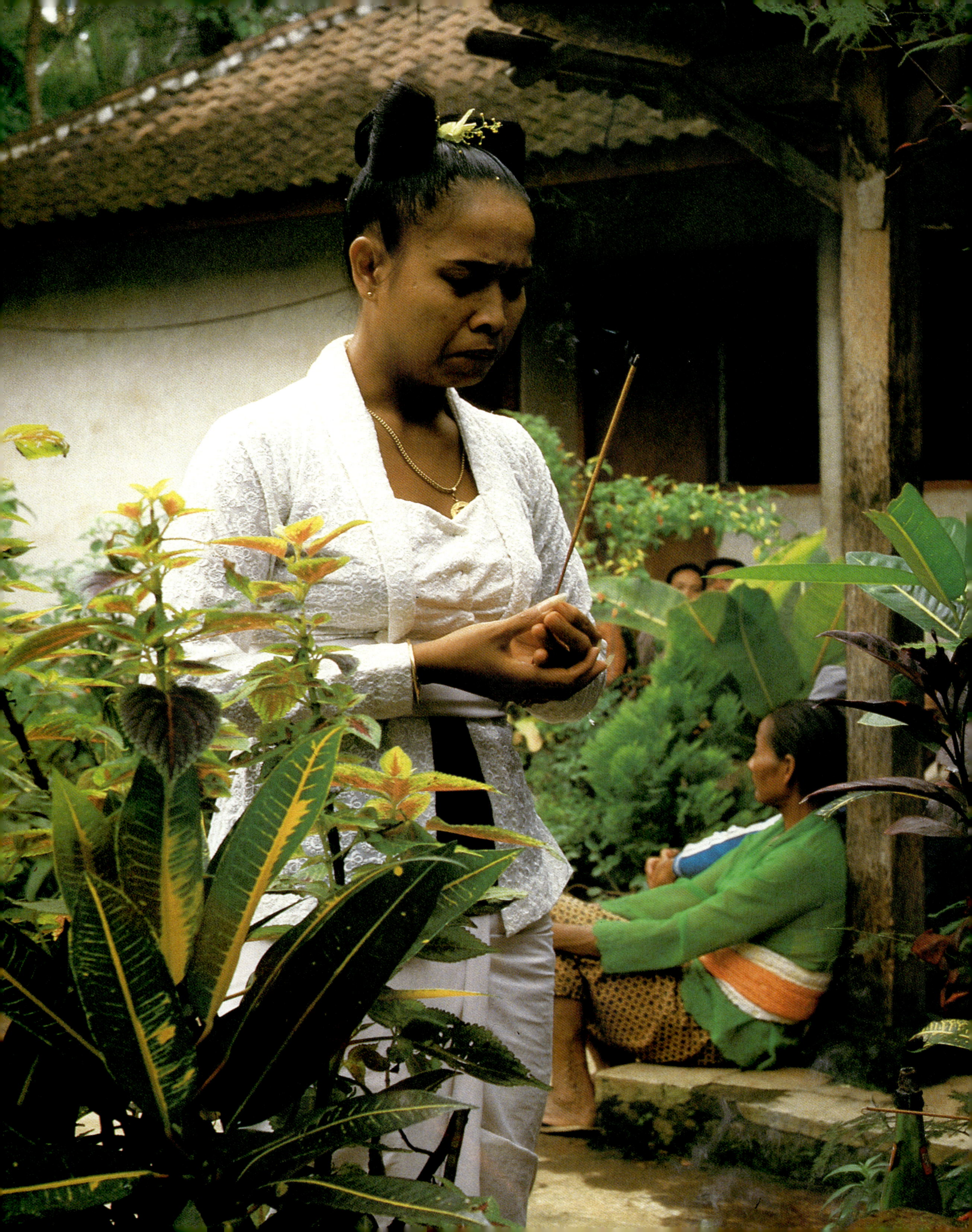

3 Bali

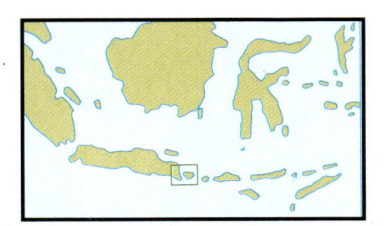

Bali is wereldvermaard als 'het eiland der goden', een paradijs op aarde dat de bewoners tot de opvallend verfijnde culturele prestaties in staat zou hebben gesteld. Hoe verrassend is de werkelijkheid: ook de Baliër kent zorgen. Zijn dagelijks leven is gevuld met voetangels en klemmen; het paradijs is ver te zoeken. De sleutel voor een beter bestaan blijkt op Bali dan ook niet in deze wereld te liggen, maar in een andere, een onzichtbare.

Voorouders, verblijvend in die onzichtbare wereld, spelen op het eiland een essentiële rol. Henk Schulte Nordholt laat zien hoe belangrijk hun aanwezigheid is bij het nastreven van macht en aanzien. Vooral in de hogere lagen van de bevolking blijkt voorouderverering een geducht politiek wapen. Daarnaast wordt een goede verstandhouding met de voorouders gezien als een voorwaarde voor een veilig verloop van het bestaan. Angst en onzekerheid worden weggenomen door in contact te treden met de onzichtbare wereld. Het trance-medium, de *balian taksu*, is voor velen onmisbaar.
Annemarie Verkruisen schetst een consult.

Status en stamvaders

De Balische samenleving heeft een sterk hiërarchisch karakter. Weinig Baliërs menen dat zij op gelijke voet staan met anderen. In plaats daarvan benadrukken zij juist de onderlinge verschillen en wijzen erop dat de een hoger staat dan de ander. Deze verschillen in aanzien komen onder meer tot uiting in het onderlinge taalgebruik. Tegenover een hogere zijn beleefde (hoge) woorden op hun plaats, terwijl tegenover een lagere neutrale (lage) woorden gepast zijn. Die rangorde wordt ook zichtbaar als mensen van verschillende standen bijeenkomen. Degenen met meer aanzien zitten op een hogere plek, terwijl de minderen een lagere positie innemen. Hogere en lagere zitplaatsen zijn als het ware in het omringende landschap ingebed. Een hogere positie wordt op Bali aangeduid met de term *kaja*, dat 'naar de bergen' betekent, terwijl de term *kelod* ('naar de zee') een lagere positie aanduidt. Het Balische landschap weerspiegelt daarmee de hiërarchische verhoudingen. Het hoogst zijn de bergen, die dwars over het eiland lopen. Hier wonen de goden. De beboste berghellingen gaan geleidelijk over in een zacht glooiende en vruchtbare vlakte die naar zee afloopt. In zee huizen de demonen; zij kunnen ziekten en ander onheil over het land brengen. Tussen bergen en zee, tussen goden en demonen, tussen 'hoog' en 'laag', wonen de mensen.

◀ *Een balian taksu smeekt om de hulp der goden, terwijl op het erf van haar woning reeds enige bezoekers wachten op een consult. Spoedig zal zij, in een toestand van trance, de wensen en adviezen van goden en voorouders aan haar cliënten openbaren.*

Goden, voorouders en demonen

De Balische godsdienst, de *Agama Hindu Bali*, is een mengeling van prehindoeïstische, boeddhistische en hindoeïstische elementen. Deze religie, beleden door ruim negentig procent van de Balische bevolking, baseert zich op de verering van een groot aantal goden, vergoddelijkte voorouders en demonen.
De goden kunnen in twee categoriën worden ondergebracht. De eerste categorie omvat goden uit het hindoeïstische pantheon die op Bali een plaats hebben gekregen in de oorspronkelijke religie. Een voorbeeld hiervan is Wisnu, de godheid die het universum in stand houdt. Goden en godinnen die verbonden zijn met de natuur vormen de tweede categorie.
Naast de goden vereert de Baliër ook zijn vergoddelijkte voorouders. De zielen van deze voorouders behoeven niet meer naar de wereld der stervelingen terug te keren. Zij zijn voorgoed opgenomen in de godenwereld.
De demonen tenslotte zijn in alles tegengesteld aan de goden en voorouders: hun uiterlijk is afschrikwekkend en zij hebben louter kwaad in de zin.

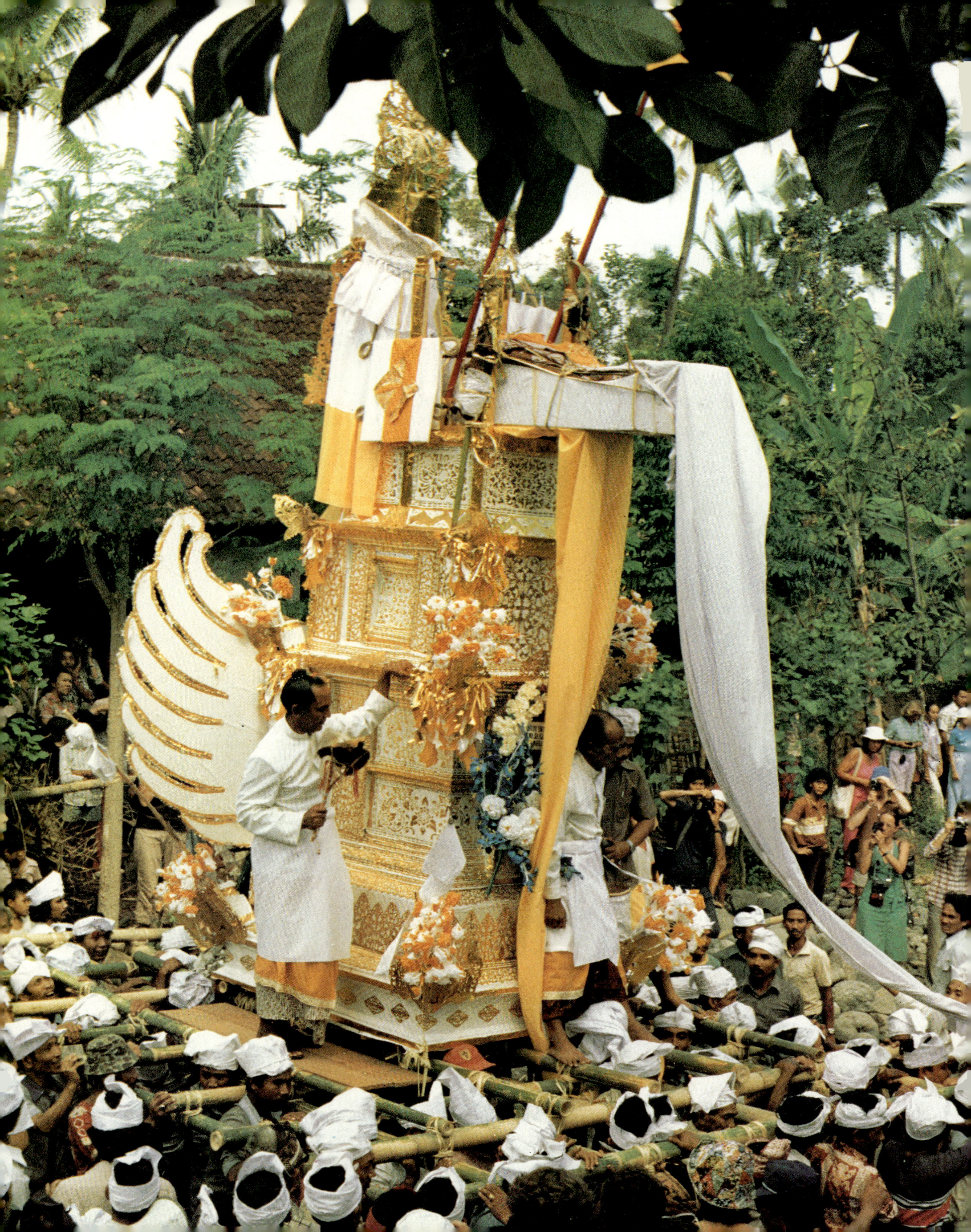

Status en stamvaders

Bali oriëntatie kawitan

De kringloop van het leven

Het menselijk leven op Bali voltrekt zich in een voortdurende cirkelgang tussen bergen en zee, analoog aan de kringloop van het water. Uit de bergen stort het water in diep uitgesleten dalen naar beneden. Daar vloeit het in ontelbare stroompjes uit over de rijstvelden, om tenslotte in zee terecht te komen. Vanuit de zee stijgt het water weer op naar de bergen, ten einde opnieuw naar zee af te dalen en het land vruchtbaar te maken. De ziel van de mens volgt dezelfde cirkelgang. Na de dood wordt het lichaam verbrand om de ziel vrij te maken van alle aardse bindingen. Nabestaanden brengen de ziel vervolgens op rituele wijze naar zee, vanwaar deze opstijgt naar de bergen om zich te verenigen met de voorouders. Evenals het water, daalt ook de ziel weer uit de bergen neer; wederom wordt op aarde een menselijk leven begonnen. Deze cyclus van geboorte en dood moet zich een paar keer herhalen voordat de ziel zich voorgoed bij de vergoddelijkte voorouders kan aansluiten. Tempelrituelen begeleiden de onafgebroken cirkelgang in een poging de hiërarchische orde in stand te houden en gevaarlijke verstoringen te bezweren.

Wat ben ik

Indien een Baliër wordt gevraagd *wie* hij is, zal hij meestal niet onmiddellijk zeggen hoe hij heet, maar *wat* hij is. Anders gezegd: hij zal eerst aangeven wat zijn positie is ten opzichte van de andere Baliërs. Pas dan zal hij zijn naam noemen. De positie die hij in de samenleving inneemt wordt duidelijk gemaakt door te verwijzen naar het familieverband waarvan hij deel uit maakt. Het aanzien dat dit familieverband bezit, bepaalt de plaats van de familieleden in de maatschappelijke hiërarchie.
Familieverbanden komen het duidelijkst tot uiting in een netwerk van tempeltjes. Elk erf heeft een huistempel die op een 'hoge' plek – namelijk 'naar de bergen toe' – is gesitueerd. De huistempels van een familieverband zijn verbonden met de tempel van het 'moedererf', dat in de loop der jaren door diverse zonen die een eigen erf stichtten, is verlaten. Een familie verzamelt zich op gezette tijden rond de voorouderschrijn op het 'moedererf' om met een vast ritueel de onderlinge band tot uitdrukking te brengen.
Meestal heeft een familie ook een centrale voorouderschrijn, die met een groot aantal andere families wordt gedeeld. Dat is de *kawitan* (letterlijk: stam, oorsprong), waar de gemeenschappelijke stamvader wordt vereerd. Deze *kawitan* vormt de top van de hiërarchie van familietempels en hieraan ontleent de Baliër zijn identiteit. De deelname aan het ritueel rond de *kawitan* maakt duidelijk dat men bij een specifieke groep hoort.
Om aan te geven *wat* hij is, zal een Baliër dan ook vaak naar zijn *kawitan* verwijzen. De *kawitan* functioneert als een belangrijk oriëntatiepunt in het leven. Op deze plaats, waar het nageslacht de voorouders ontmoet, is de positie die men in de samenleving inneemt als het ware diep in het verleden verankerd. Bovendien ontleent men aan de status van de stamvader zijn positie in de maatschappelijke rangorde. Het aanzien dat de *kawitan* geniet, legitimeert het aanzien

Wonen in de goede richting

De Baliër oriënteert zich anders dan de westerling. Hij spreekt niet van noord, zuid, oost en west, maar van de richting van de bergen (kaja), de richting van de zee (kelod), de richting van zonsopgang (kangin) en de richting van zonsondergang (kauh). Kaja en kangin worden beschouwd als zegenrijke richtingen; kelod en kauh hebben een minder gunstige betekenis. In de ruimtelijke ordening van het woonerf zien we deze gedachtengang terug:

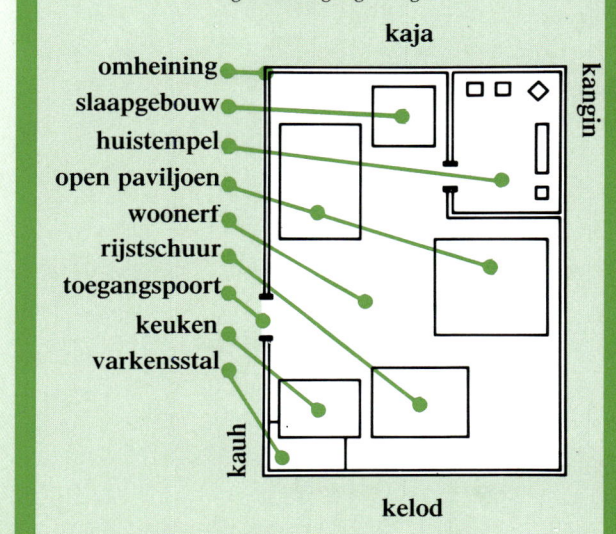

kaja

omheining
slaapgebouw
huistempel
open paviljoen
woonerf
rijstschuur
toegangspoort
keuken
varkensstal

kangin

kauh

kelod

*Op het woonerf moet de huistempel altijd **kaja-kangin** staan: zo dicht mogelijk bij de bergen en de opgaande zon. De varkensstal daarentegen is, als onreine plaats, steeds **kelod-kauh** gesitueerd.*

▲ *Godenschrijn in een Balische tempel.*

De puri Mayun in Blahkiuh, een merajan gede ofwel huistempel van een adellijke familie. ▼

Standen of 'kasten'

Als een gevolg van hindoeïstische invloeden kent Bali een 'kasten'-indeling. Daar moet echter onmiddellijk aan worden toegevoegd dat deze slechts op een klein deel van de Baliërs betrekking heeft. Het hoogst zijn de Brahmana, waarna de Satria en als derde de Wesya volgen. Brahmana, Satria en Wesya vormen de zogenoemde *triwangsa*, de adellijke toplaag die slechts tien procent van de bevolking omvat. De overgrote meerderheid van de Baliërs heeft een lagere status. Haar positie ten opzichte van de adel wordt aangeduid met het begrip *jaba*, 'buitenstaander'. De *jaba* kunnen niet tot één ongedifferentieerde massa van 'kastelozen' worden gerekend. Er bestaat namelijk een enorme verscheidenheid aan afstammingsgroepen die elk een aparte status claimen.

◀ *Vele schouders torsen een crematietoren, een **bade**, naar de verbrandingsplaats. In de **bade** bevindt zich het lichaam van een gestorven brahmaanse priester. De toren heeft de vorm van een **padmasana**, de in vele Balische tempels aanwezige stenen lotustroon van de god Siwa.*

Bali tempels kawitan

Status en stamvaders

*Balische godenschrijn, gebouwd met traditionele materialen. Bestond de basis vroeger meestal uit rode baksteen of natuursteen, nu wordt om de kosten te drukken steeds vaker beton toegepast. Aan het toenemende gebruik van zinken golfplaat als dakbedekking ligt dezelfde reden ten grondslag. Traditionele materialen als **duk**, de zwarte vezel van de palmboom, en **alang-alang**-gras gaan weliswaar veel langer mee (ongeveer 25 jaar), maar zijn duurder in ▼ aanschaf.*

Tempelsystemen

Het Balische leven wordt als het ware in tempelsystemen ingebed. Tempels functioneren op tal van vlakken als sociale oriëntatiepunten en staan vaak in een onderling verband. Elk erf heeft een huistempeltje (*sanggah*, bij de adel *merajan* geheten), dat in relatie staat met de tempel van het 'moedererf' (*sanggah gede* of *merajan gede*). Vaak zijn verscheidene van deze tempels op het 'moedererf' weer verbonden met een grotere voorouderstempel (de *pura dadia* of *pura batur*) waar zich de *kawitan* bevindt. Daarnaast heeft elk dorp (of *desa*) in principe een drietal tempels: de 'navel'-tempel (*pura puseh*), de dorpstempel (*pura desa*) en de dodentempel (*pura dalem*). De dorpstempels staan in het systeem onder de tempels van regionaal niveau. Die stammen veelal uit de tijd van het oude vorstenbewind en bestrijken een veel groter gebied. Daar boven staan weer tempels met een functie voor geheel Bali, zoals het tempelcomplex te Besakih. Een apart systeem wordt gevormd door de irrigatietempels, die een eigen netwerk kennen.
Daarnaast treffen we nog talloze andere tempels aan. Elke Balische familie onderhoudt relaties met ongeveer vijf tot tien tempels waar men op gezette tijden offers brengt, opdat het leven veilig zal verlopen.

dat het grote familieverband wenst te genieten.
Als een Baliër niet weet waar zijn *kawitan* is, weet hij niet wie zijn stamvader is en dus eigenlijk ook niet wie of wat hij zelf is. Zijn plaats in de rangorde is geheel onduidelijk. Hij weet niet hoe hij met anderen mag omgaan, hoe hij ze moet aanspreken en waar hij moet gaan zitten. Omdat zijn positie niet in het verleden is verankerd, voelt hij zich volslagen stuurloos en nauwelijks meer in staat behoorlijk te functioneren.
In veel gevallen bezitten grote familieverbanden een geschreven kroniek waarin de herkomst en het aanzien van de familie worden verklaard. Uitvoerig wordt daarin verslag gedaan van de vele heldendaden van de stamvader, waarna door een uitgebreide genealogie de verbinding tussen die stamvader en het huidige nageslacht wordt aangetoond.

De kawitan vergeten

Een voorbeeld maakt duidelijk welke dynamiek er achter dit systeem van voorouderverering schuilgaat. De kroniek van een van de vorstelijke dynastieën van Bali begint met het verhaal over de eerste grote heerser die na vele oorlogen het halve eiland in zijn macht had gekregen. Hij leefde rond 1730 en was een succesvol strijder die alom werd gevreesd. Toch worstelde hij met een probleem: hij wist niet wie zijn voorvaderen waren en dus eigenlijk ook niet wie hij zelf was. Daarom riep hij zijn hofpriester bij zich en droeg hem op een kroniek te schrijven. Pas toen kwam de vorst te weten dat hij een verheven stamvader had aan wie zijn familie groot aanzien kon ontlenen. Aldus rechtvaardigde de vorst zijn verworven macht door deze stevig in het verleden te verankeren.
Ruim 250 jaar later: de dynastie heeft turbulente tijden doorgemaakt. Na de stormachtige opkomst wisselden perioden van bloei en crisis elkaar in snel tempo af, totdat het vorstendom aan het einde van de negentiende eeuw door een fatale samenloop van omstandigheden ten onder ging. De dynastie werd uiteengeworpen en verloor veel van haar vroegere macht.
Er volgden nieuwe tijden: in de eerste helft van de twintigste eeuw heerste het Nederlands koloniaal bewind en sinds 1945 maakt Bali deel uit van de republiek Indonesië. Vooral de jaren tussen 1945 en 1965 werden gekenmerkt door snelle veranderingen die met grote spanningen gepaard gingen. In deze periode verloor de oude dynastie haar laatste samenhang.
Een onomstreden lid van de familie achtte daarop de tijd voor actie gekomen. Onder zijn leiding ging men op zoek naar de *kawitan*, die sinds het einde van de negentiende eeuw was verwaarloosd. "We hadden het kunnen weten", hield hij zijn familieleden voor, "wie zijn *kawitan* niet eert en zijn voorouders vergeet, zal door onheil worden achtervolgd." Uiteindelijk vond in april 1983 de hereniging van de dynastie plaats in de oude tempel waar de *kawitan* staat. Toen werd niet alleen de band met de voorouders hersteld, maar ook het gevoel van onderlinge saamhorigheid. De dynastie mocht dan haar vroegere macht hebben verloren, ze had haar identiteit tenslotte weten te bewaren.

*Na aankomst op de crematieplaats wordt het lichaam van de ▶ gestorvene uit de **bade** gehaald en in een sarcofaag gelegd om te worden verbrand. De sarcofaag heeft vaak de vorm van een stier of een koe, maar kan ook een eenvoudige kist zijn. Een crematie vindt niet altijd meteen na het overlijden plaats. De nabestaanden moeten soms vele jaren sparen voordat zij het verbrandingsritueel kunnen bekostigen.*

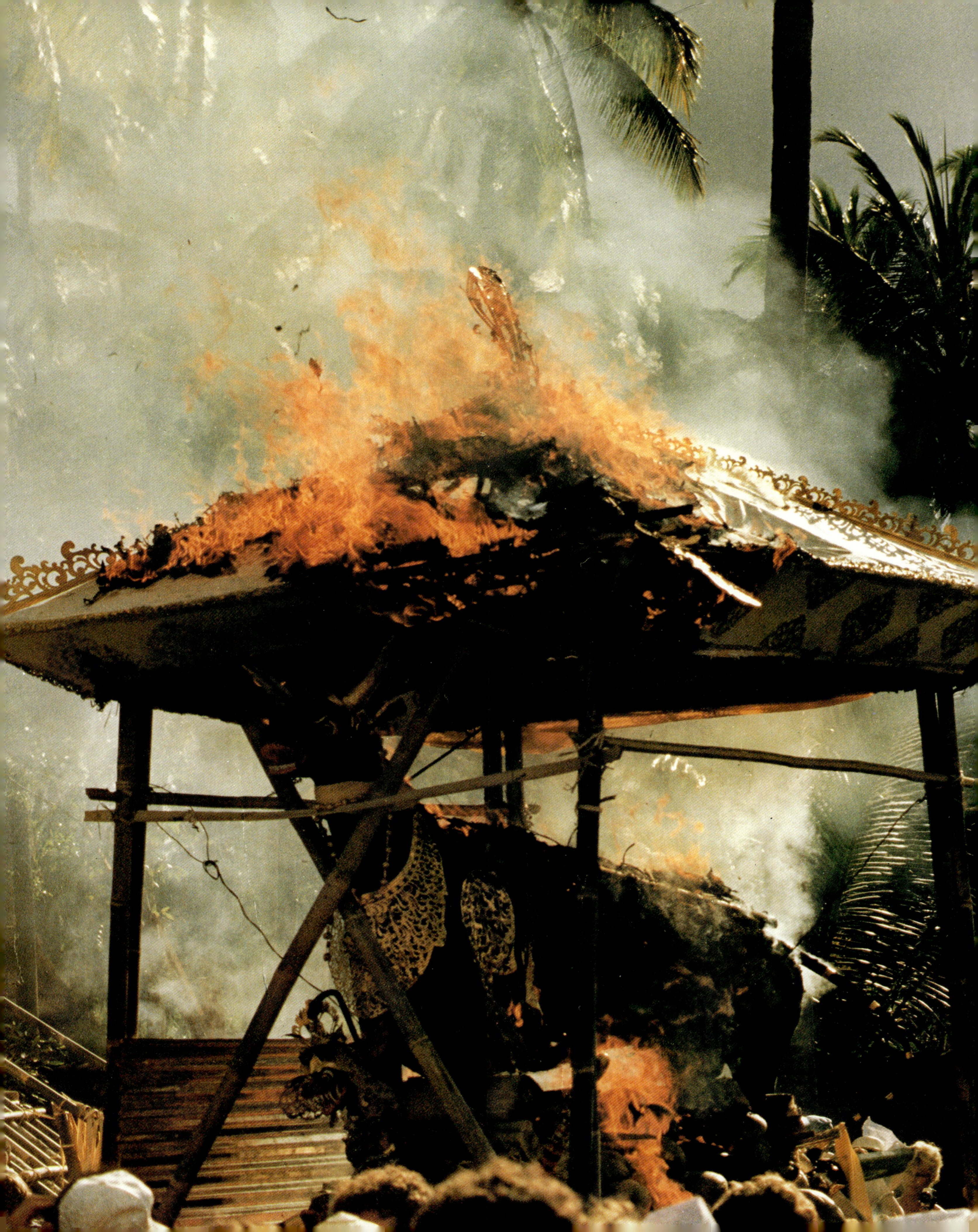

Bali kawitan kasten

Status en stamvaders

De inwisselbare stamvader

Veranderende politieke en economische omstandigheden hebben altijd invloed gehad op de omvang en het aanzien van familiegroepen. Hoewel dit in het bijzonder voor de adel gold, kenden ook niet-adellijke groepen dergelijke fluctuaties. Machtige families die respect wisten af te dwingen, voerden in de regel een verheven stamvader op ter rechtvaardiging van hun positie. Zulke families oefenden vaak grote aantrekkingskracht uit op buitenstaanders die er graag bij wilden horen. Hierdoor namen machtige families in omvang toe en veranderden eigenlijk in een soort van allianties. Omgekeerd kon zo'n 'familie' ook ineenschrompelen als zij haar macht verloor. De Baliër zat in feite dus niet zo heel erg vast aan één bepaalde stamvader. Al naar gelang de politieke verhoudingen veranderden, beproefde hij zijn geluk bij een andere *kawitan*.

In het oude Bali moesten macht en aanzien worden bevochten. Dat veranderde toen het eiland aan het begin van deze eeuw onder koloniaal bestuur kwam. De Nederlandse bestuursambtenaren konden nauwelijks wijs worden uit de wirwar van standsverschillen die zij bij aankomst aantroffen. Daarom trachtten zij enige orde te scheppen door de veelheid aan afstammingsgroepen in één uniform 'kastenstelsel' onder te brengen. Een tamelijk star systeem was het gevolg, waarbij de oude adel in hoge mate werd beschermd. Eenmaal in een bepaalde kaste ingedeeld, hoorde een familie daar te blijven. En, eenmaal uitgesloten van een hogere kaste, bleef de weg naar een betere positie en meer aanzien geblokkeerd.

▲ *Voor een verbrandingsritueel dat aan alle normen moet voldoen, is een grote verscheidenheid aan offers nodig. De hoge, cylindervormige offers worden* **pisang jati** *genoemd. Een hoofdbestanddeel hiervan is een jonge scheut van een bananenboom, symbool van een nieuw leven. Ook wordt er een stukje sandelhout in verwerkt met een gestyleerde afbeelding van de dode. De* **pisang jati** *gaat eveneens in vlammen op en moet een goede wedergeboorte van de gestorvene bevorderen.*

▲ *Alleen na bevrijd te zijn uit het stoffelijk omhulsel, het lichaam, kan de ziel van de dode terugkeren naar zijn oorsprong, de wereld der goden. Het uitvoeren van een crematie is daarom voor de nabestaanden een heilige plicht.*

Status en stamvaders

Bali partijvorming kawitan

▲ De Gunung Agung sluimert, gehuld in nevelen: hemel en aarde lijken elkaar te raken boven het tempelcomplex te Besakih.

▲ In een feestelijke processie worden de goden, die naar de aarde zijn afgedaald om een tempelfeest bij te wonen, naar zee gedragen voor een reinigingsritueel. Op de achtergrond de bergen, de verheven zetels der goden die nu tijdelijk verlaten zijn. Links de Gunung Batukau (2276 meter), de meest westelijke van Bali's drie grote vulkanen.

Deze strenge kastenindeling kwam aan het begin van de jaren vijftig ter discussie te staan. Bali behoorde inmiddels tot de republiek Indonesië en er ontstond een krachtige beweging die met het 'feodale' tijdperk wilde afrekenen. Kastenbarrières moesten worden geslecht, want verschillen in aanzien behoorden voortaan tot het verleden.
Woelige tijden braken aan. Politieke partijen verschenen op het toneel en partijpolitieke conflicten drongen diep door in de samenleving. De identificatie met een politieke partij werd belangrijker dan de oriëntatie op een stamvader. Stamvaders boden geen politiek onderdak en deelden geen gunsten uit, politieke leiders wel. De *kawitan* moest tijdelijk wijken voor het lidmaatschapsbewijs van een partij.
Een keerpunt volgde in de eerste helft van de jaren zestig toen, na de eruptie van de vulkaan Agung, de hoogopgelopen maatschappelijke conflicten tot uitbarsting kwamen, terwijl tegelijkertijd oude vetes tussen families (en ook vaak conflicten binnen families) werden beslecht. Na 1965 brak er onder het nieuwe bewind van Generaal Suharto een periode van rust aan. Partijpolitieke tegenstellingen werden naar de achtergrond gedrongen en onder de bevolking voltrok zich een heroriëntatie op de *kawitan*. Er ontstond een ware 'run' op 'vergeten' stamvaders en er vormden zich geheel nieuwe 'familie'-verbanden, waarvan het bestaan door middel van nieuw geschreven kronieken werd verklaard. De hernieuwde identificatie met de *kawitan* leek volkomen a-politiek.

Macht vereist een voorouder

Toch laat het volgende voorbeeld zien dat vooroudervering soms een politiek karakter kan hebben. Een welgesteld man in een van de dorpen op Bali oefent een aanzienlijke invloed uit op de lokale aangelegenheden. Hij bezit naar verhouding veel grond en is daarnaast betrokken bij diverse handelsactiviteiten. Bovendien bekleedt hij in de stad een hoge ambtelijke functie.

◄ Na de lijkverbranding brengen de nabestaanden de asresten in een processie naar zee of naar een rivier. Door de as daar over het water uit te strooien, zorgen zij ervoor dat niets van het stoffelijk overschot op aarde achterblijft. Pas dan is de ziel geheel vrij en kan zij naar de wereld der goden ▼ terugkeren.

Bali macht offers   Status en stamvaders

Een gedeelte van een ▶
***merajan gede**, een*
huistempel van
een adellijke familie.

Aan het begin van deze eeuw was zijn grootvader nog tamelijk arm en behoorde zijn familie tot de anonieme marginale adel. Daarin kwam echter verandering. Naarmate de rijkdom toenam groeide de lokale macht van de familie en wenste zij ook haar aanzien te verhogen. En dat lukte, want momenteel tooien de gezinsleden zich met uitbundige adellijke titels en bezit de familie een fraaie kroniek waaruit moet blijken dat men 'eigenlijk' van vorstelijke bloede is. Ironisch genoeg heeft de maatregel uit de jaren vijftig, die de kastenbarrières slechtte en de privileges van de adel wilde beknotten, momenteel tot gevolg dat vooral in de stad steeds meer rijke families zich tot de hogere adel gaan rekenen. Daarbij verwijzen zij naar een verheven stamvader en doen zij het voorkomen alsof zij altijd al tot de hoge adel hebben behoord. "Laatst nog sprak een van de nieuwelingen mij zomaar als gelijke aan!", klaagde een verarmde erfgenaam van een oud adellijk geslacht, waarna hij verzuchtte: "maar wat kun je er aan doen?
Zij zijn rijk en ik niet meer".
De relatie tussen levenden en doden, tussen families en hun *kawitan*, is op Bali voortdurend aan verandering onderhevig. Nieuwe politieke en economische omstandigheden dwingen de Baliërs hun identiteit telkens weer te definiëren om deze vervolgens met offers omgeven tot uitdrukking te brengen.

*Een **tukang banten**, maakster van offers,*
is gereed met haar werk. ▼

Een 'grond'-offer,
bedoeld om de demonen
▼ *tevreden te stellen.*

78

Status en stamvaders

Offers

*Het vervaardigen van offers, **banten**, is op Bali een typische vrouwenaangelegenheid. Al in hun prille jeugd worden meisjes door hun volwassen vrouwelijke huisgenoten in deze kunst ingewijd.*

*Uit repen palmblad maken de vrouwen en meisjes allerlei constructies, **jejaitan**, die als basis, maar ook als zeer kunstige versiering van de offers dienen. Naast het vervaardigen van **jejaitan** behoort ook het boetseren van koekjes van rijstdeeg, **sesamuhan**, tot de offerbereiding. Deze veelkleurige koekjes zijn soms abstract van vorm, soms worden er planten, dieren of mensen mee uitgebeeld. Steeds weten de offermaaksters bijzonder fraaie taferelen te creëren. Bloemen, vruchten, rijst, suikerriet, kokosnoten, eieren of vlees maken de offers tenslotte compleet.*

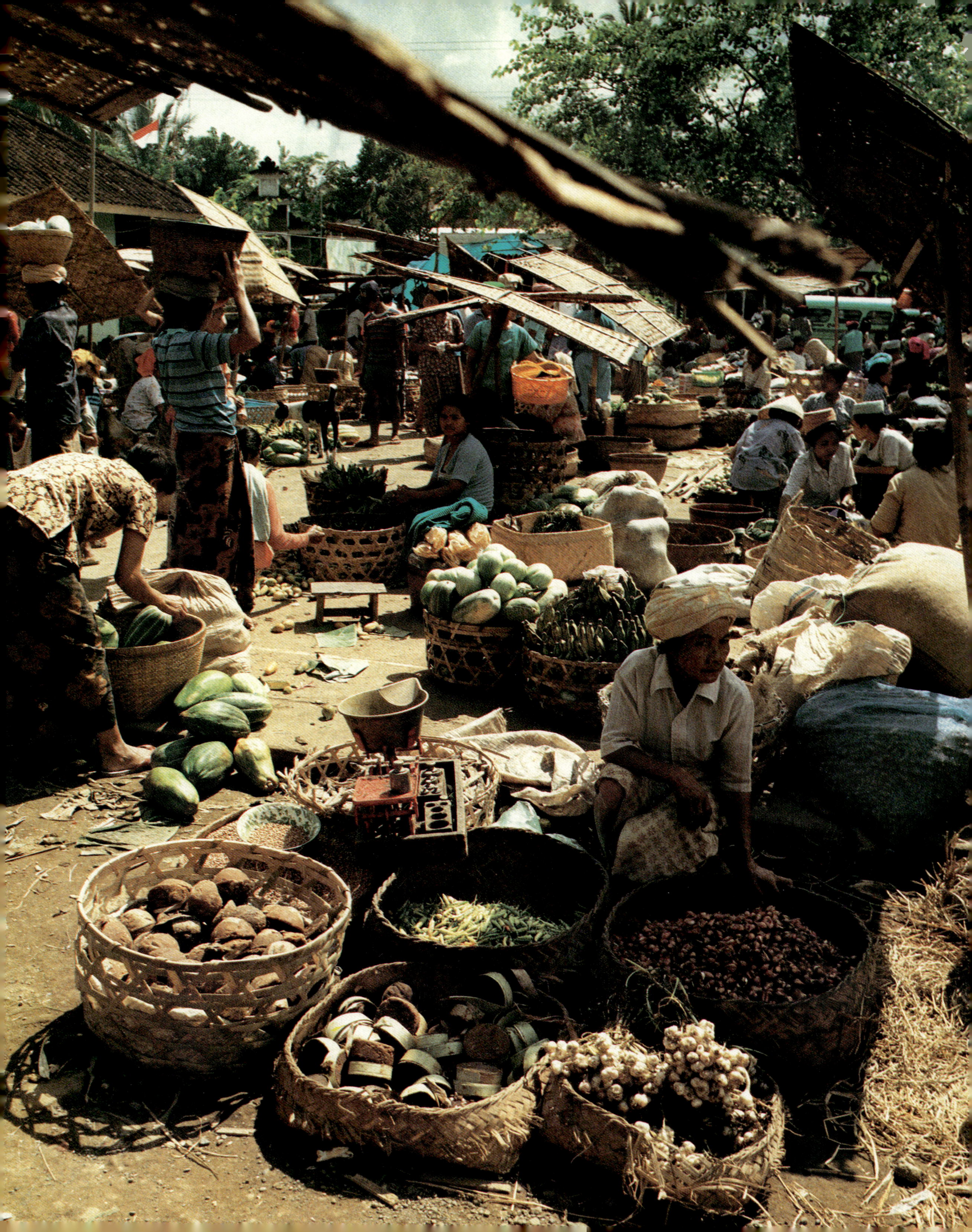

Bali reïncarnatie balian taksu

De balian taksu: schakel tussen het zichtbare en onzichtbare

Een voorouder keert terug

"Wie is het, die opnieuw geboren is?"
"Ik, uw grootmoeder. Nu ben ik uw kleinkind. Gelooft u dat?"
"Ja, ik geloof het."

"Vader, vader!"
"Ja, hier ben ik."
"Ik ben I Kadek, uw tweede kind. Eigenlijk wilde ik niet opnieuw geboren worden. Maar ik ben gehoorzaam aan de wil der goden. Nu ben ik naar huis teruggekeerd."
"Maar wij bezitten helemaal niets!"
"Doe nu maar uw best, dan zullen de goden u hun gunst betonen. Dan zal I Kadek een mens worden. Maar doet u dat niet, dan is I Kadek vergeefs geboren."

Ook al verblijven zij in twee verschillende werelden, op Bali zijn de levenden en de doden nauw met elkaar verbonden. Hoe nauw blijkt uit de opvattingen die Baliërs hebben omtrent de reïncarnatie van de zielen der gestorvenen. Het kenmerkende hiervan is het geloof, dat wedergeboorte altijd binnen de eigen familiekring plaatsvindt. De geboorte van een kind betekent voor een Balische familie niet alleen de uitbreiding van de verwantengroep met een nieuwe nakomeling, maar tevens de terugkeer van een van de voorouders naar zijn afstammelingen.
De positie die de ziel in het lichaam van de pasgeboren baby inneemt, is echter nog niet stabiel: net teruggekeerd uit het rijk der goden, bevindt de ziel zich nog zo dicht bij de goddelijke sfeer, dat zij daar gemakkelijk naar terug kan keren. Daarom moet alles in het werk worden gesteld de ziel aan het aardse bestaan te binden. De familie dient daarvoor in de eerste plaats te weten, wie van de voorouders de grens tussen de zichtbare en de onzichtbare wereld heeft overschreden. Wie wil op aarde een nieuw leven beginnen: een grootouder, een overgrootouder of misschien een betovergrootouder?
Belangrijker nog dan het kennen van de identiteit van de voorouder is te weten welke wensen deze eventueel heeft voor de ceremonie op de dag waarop de baby 105 dagen oud wordt. Dat is het moment, waarop het kind voor het eerst in het voorouderheiligdom mag komen; een gebeurtenis, waarmee zijn status als nakomeling, behorende tot de levende verwantengroep, officieel wordt bevestigd. Het is mogelijk, dat de voorouder wenst dat er speciale offers worden gebracht of dat er een bepaalde muziek- of dansvoorstelling wordt gegeven. In het belang van het kind moet de familie deze wensen kennen en inwilligen. De ziel zou anders, ontevreden en teleurgesteld in het aardse bestaan, wel eens kunnen besluiten terug te gaan naar waar zij vandaan is gekomen, waarbij het kind zou sterven.
Om een antwoord op deze vragen te krijgen, wendt de familie zich tot iemand, die als contactpersoon tussen levenden en doden kan fungeren. Zo iemand is de *balian taksu*, soms een man, meestal een vrouw, die in trance als spreekbuis van de goden of voorouders dient en hun wensen en raadgevingen aan de stervelingen meedeelt.

◀ Overal op Bali vindt men markten, **pasar**, waar men net zo goed voor voedsel en offerbenodigdheden, als voor kleding en huisraad terecht kan. Deze vrouw verkoopt onder andere grote brokken suiker.

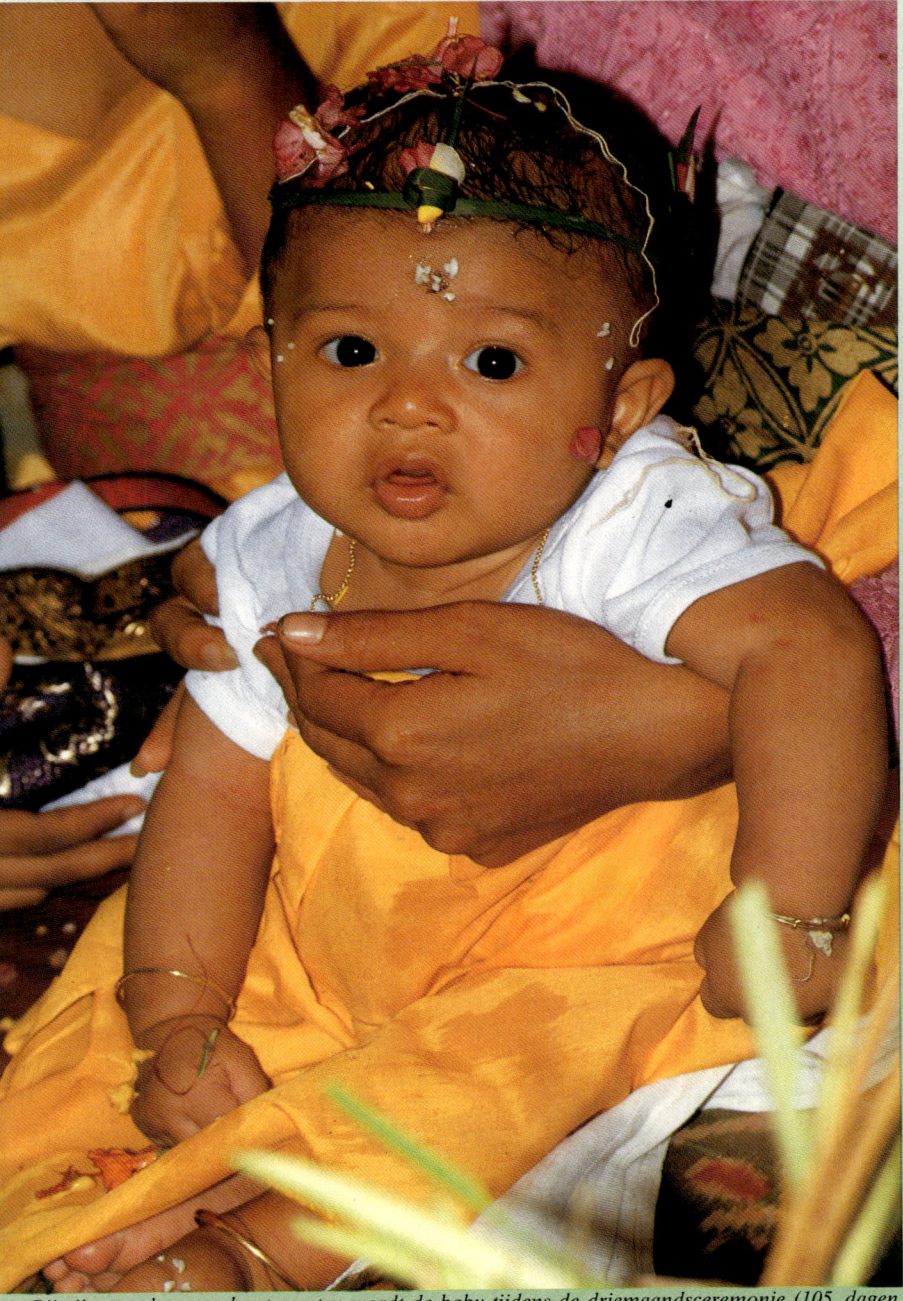

▲ Bij zijn moeder op schoot gezeten wordt de baby tijdens de driemaandsceremonie (105 dagen na de geboorte) door de brahmaanse priester, de **pedanda**, besprenkeld met wijwater.

Bali   balian taksu   barang suci

De balian taksu: schakel tussen het zichtbare en onzichtbare

Rein van ziel

Trance is op Bali een veel voorkomend en algemeen geaccepteerd verschijnsel. Er zijn verscheidene soorten trance, die van elkaar verschillen in uiterlijke vorm. Alle trance wordt echter beschouwd als een teken dat een bovennatuurlijk wezen is binnengedrongen in het lichaam van een mens. Dit wezen kan een godheid of voorouder zijn, maar ook een demon.

Terwijl bezetenheid door een demon op Bali als ongunstig wordt opgevat, heeft bezetenheid door een goddelijk wezen een gunstige betekenis. Het is daarom niet verwonderlijk, dat de *balian taksu* in de Balische samenleving een bijzondere positie inneemt en door de meeste Baliërs met eerbied tegemoet wordt getreden. De goden en voorouders, bij uitstek volmaakte wezens, zullen immers niet zomaar een willekeurige sterveling als hun werktuig gebruiken? Uiteraard kiezen zij daar iemand voor uit, die volkomen rein van ziel is en daardoor als het ware zeer dicht bij de goddelijke wezens staat.

Het mediumschap van de *balian taksu* is geen beroep, dat men uit eigen vrije wil kiest of waarin men zich gedurende een bepaalde periode kan bekwamen. Zij die deze functie uitoefenen, zijn min of meer van de ene op de andere dag trance-medium geworden, omdat zij daartoe door de goden geroepen werden. De goddelijke wil openbaart zich aan hen op verschillende manieren: bij voorbeeld door middel van een droom of een visioen, waarin de uitverkorene een ontmoeting met een godheid of voorouder heeft.

Een *balian taksu* wordt in de meeste gevallen echter niet volkomen onverwachts met het mediumschap geconfronteerd. Meestal doen zich gedurende kortere of langere tijd in zijn of haar leven gebeurtenissen voor, die als voortekenen kunnen worden opgevat. Zo kondigt het naderend mediumschap zich bijvoorbeeld aan door een periode van lichamelijke en/of geestelijke ziekte, waardoor behalve het medium zelf, in sommige gevallen ook de naaste familieleden worden getroffen. Anderen komen plotseling in het bezit van bepaalde voorwerpen, *barang suci*, die zij als geschenken van de goden opvatten. Deze 'heilige voorwerpen', soms een steen van een opvallende kleur of vorm, dan weer een ring of een oude Chinese munt, vinden zij bijvoorbeeld in hun huistempel, al dan niet na een voorspellende droom.

De *balian taksu* behoort niet tot een speciale bevolkingsgroep, noch tot een bepaalde leeftijdsklasse. Zowel kaste- als niet-kasteleden kunnen *balian taksu* worden en hun leeftijd varieert van zeer jong, ongeveer zestien jaar, tot hoogbejaard. Vaak hebben zij geen of nauwelijks enige schoolopleiding genoten.

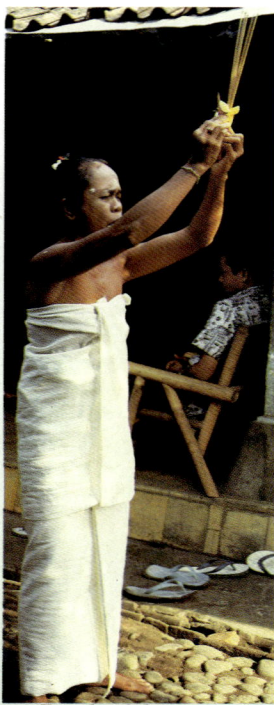

▲ *Een dagelijks terugkerend ritueel ten huize van Made Suti, een bekend en drukbezocht trance-medium: vroeg in de ochtend, alvorens met de consulten te beginnen, roept zij op luide toon de goden aan.*

Balian worden: gehoorzamen aan de wil der goden

Ook al zijn er duidelijke voortekenen van het naderend mediumschap, het kan soms lang duren voordat men zich bij de wil van de goden neerlegt. Met alle gevolgen van dien.
Hiervan getuigt het verhaal van I Wayan Serdaka, onderwijzer van beroep:

"Ik ben **balian taksu** sedert 1980, maar vanaf 1969 waren er al voortekenen. Telkens wanneer ik in een tempel tot de goden had gebeden, vond ik heilige voorwerpen, **barang suci**. Maar het was mij niet duidelijk, waarvoor zij dienden. Ik borg ze op en bekommerde er mij verder niet om. Daarna overkwam mij groot onheil: tussen 1976 en 1980 werd ik ernstig ziek. Ik zocht genezing bij verscheidene dokters, maar zonder resultaat. Toen raakte mijn hele gezin bezeten door een kwade geest. Tenslotte ben ik naar een **balian taksu** gegaan. Hij raadde mij aan ook een medium te worden. Hij zei: "In uw huis zijn enkele **barang suci**: stenen en een kris. Als u wilt, zal het u goed gaan. Maar als u de goden niet gehoorzaamt, dan durf ik niet voor uw leven in te staan." Nu gaat het mij en mijn gezin goed. Sinds ik in 1980 **balian taksu** ben geworden, ben ik nog maar één keer wegens ziekte absent geweest op school."

*Bij vele ceremoniën zijn de diensten van de brahmaanse priester, de **pedanda**, onmisbaar. Hij is namelijk in staat om met de juiste gezangen en spreuken tijdelijk een eenheid met Siwa, de hoogste godheid, te bewerkstelligen.* ▶

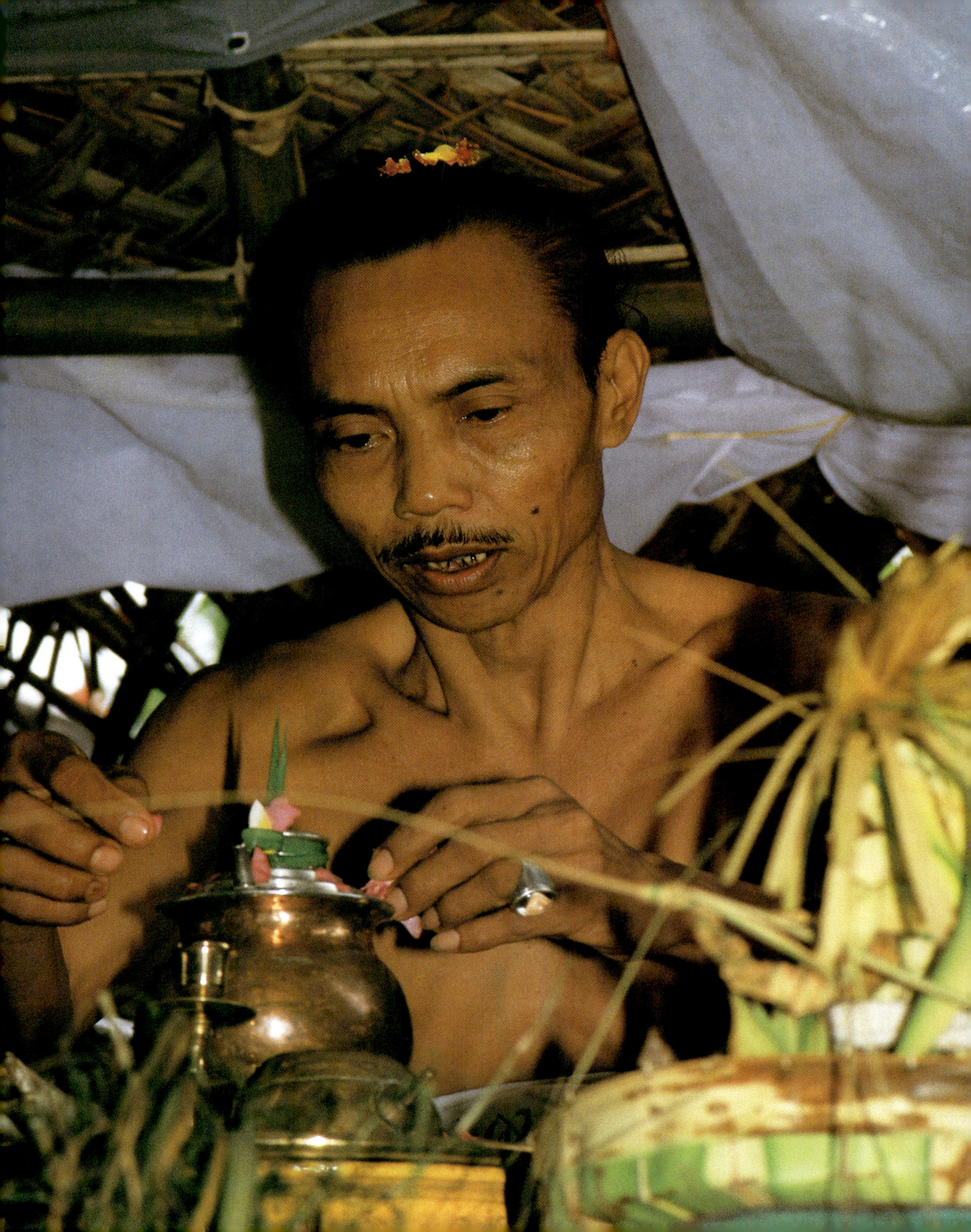

Bali balian taksu barang suci consult

De balian taksu: schakel tussen het zichtbare en onzichtbare

Angst en onzekerheid

De geboorte van een kind is niet de enige reden om een trance-medium te raadplegen. Er zijn nog meer aangelegenheden, waarvoor de Baliërs het noodzakelijk achten de wensen van hun voorouders te leren kennen. Zo kan ook de crematie van een familielid de aanleiding vormen tot een consult bij een *balian taksu*. Daarbij wordt de overledene dan naar zijn of haar wensen voor de uitvoering van het lijkverbrandingsritueel gevraagd. Op Bali worden de doden gecremeerd met als doel de ziel van de gestorvene te verlossen uit het stoffelijk omhulsel (het lichaam), zodat zij vrij is om naar de wereld der goden terug te keren. Indien tijdens het consult zou blijken, dat de overledene nog een schuld heeft aan de goden, kunnen de nabestaanden ervoor zorgen dat deze alsnog wordt afgelost. Op die manier kan voorkomen worden, dat de dode een later leven met een schuld moet beginnen of dat, als gevolg van de onafgeloste schuld, de ziel de totale vergoddelijking wordt ontzegd.

Behalve als contactpersoon tussen de stervelingen en hun voorouders, kan de *balian taksu* ook optreden als bemiddelaar tussen mensen en goden. Dat kan van belang zijn na een ongelukkige gebeurtenis, die de orde en het bestaan heeft verstoord en waarvoor de betrokkenen geen oplossing weten. Zo'n gebeurtenis kan een hevige ruzie tussen verwanten zijn, waardoor een scheuring in de familie dreigt te ontstaan. Daarnaast komt het regelmatig voor, dat de Baliërs zich tot een trance-medium wenden omdat een familielid lijdt aan een ziekte, waarvoor (soms na vele vergeefse pogingen met zowel traditionele als moderne medicijnen) geen genezing is gevonden. Ook gaat men naar een *balian taksu*, als zich een vroegtijdig of gewelddadig sterfgeval in de familie heeft voorgedaan. De Baliërs zijn zich terdege bewust van de verantwoordelijkheid die de mens zelf draagt voor het veilige verloop van zijn bestaan. Wie zijn religieuze verplichtingen verwaarloost of zich op een andere manier misdraagt, loopt het risico de bescherming van de goden te verspelen en zich bloot te stellen aan allerlei onheil. Daarom zijn de Baliërs voortdurend bezig de kwade krachten die hen omringen (belichaamd door demonen) op een afstand te houden en de goede krachten (de goden en de voorouders) aan zich te binden. Maar hoe toegewijd de mens ook is in zijn streven de goddelijke wezens niet te ontstemmen, toch lukt het hem niet altijd van ongeluk gevrijwaard te blijven. Wie door onheil wordt getroffen, weet zich door de goden gestraft voor een misstap, ook al is hij zich van de misstap niet bewust. Is de mens immers niet een onvolmaakt wezen, dat gemakkelijk afdwaalt van het goede pad?

Om verlost te kunnen worden van het kwaad, moet de band met de goden zo snel mogelijk worden hersteld. Dat is echter alleen mogelijk, indien men de oorzaak én de oplossing van het onheil kent. Maar hoe komt iemand te weten, waarmee hij de toorn van de goden over zich heeft afgeroepen? En vooral: wat moet er gedaan worden om weer bij hen in de gunst te komen? Slechts de goden zijn in staat deze vragen te beantwoorden. Daarom zoekt de Baliër zijn toevlucht tot een *balian taksu*, die hem met de onzichtbare wezens in contact kan brengen.

Het gebruik van barang suci

*Vaak hebben de voorwerpen die de **balian taksu** van de goden ontvangen een bepaalde functie. Zo kunnen stenen en ringen worden gebruikt om zieken te genezen. Mensen die door een schorpioen gestoken of een slang gebeten zijn, wordt bijvoorbeeld water te drinken gegeven dat zijn genezende werking ontleent aan een daarin liggende ring, één van de **barang suci**. Heilige voorwerpen kunnen ook worden gebruikt om met een goddelijk wezen in contact te komen. Een voorbeeld is de sprekend op een kippeëi lijkende witte steen, die ooit door een **balian taksu** in een tempel werd gevonden en nu voor communicatie met een godin dient. Nadat de **balian taksu** de godin heeft toegezongen, kan het medium de goddelijke stem via de steen tot zich horen spreken.*

Het consult

Wil een Baliër een *balian taksu* raadplegen, dan doet hij dit gewoonlijk in gezelschap van tenminste één familielid. Een groepje familieleden dat gezamenlijk een trance-medium bezoekt, bestaat meestal uit meerdere generaties. Gaan zij naar de *balian taksu* in verband met de crematie van een ouder of grootouder, dan komen vaak zowel de kinderen en kleinkinderen, als de echtgenoot of echtgenote van de overledene mee. Wordt een medium geraadpleegd naar aanleiding van de geboorte van een kind, dan zullen zo mogelijk de ouders en grootouders bij het consult aanwezig zijn. Of een *balian taksu* veel of weinig klanten heeft, hangt voornamelijk af van de bekendheid die het trance-medium geniet. Maar ook het scala van vaardigheden dat de *balian taksu* beheerst, is bepalend voor de omvang van zijn of haar klantenkring. Sommigen behandelen uitsluitend ziektegevallen, terwijl men bij anderen voor vrijwel iedere kwestie terecht kan. Er zijn trance-mediums die zó bekend zijn, dat iedere dag weer de mensen in groten getale (en dikwijls van heinde en verre) naar hen toekomen. Bij sommige mediums

▲ *Demonen, de **buta** en **kala**, bewoners van de onderwereld, vormen een niet aflatende bedreiging voor de stervelingen. Gevaarlijker nog zijn echter de **leyak**, vrouwen in heksengedaante die niet in de onderwereld thuishoren maar met hun zwarte magie wel de orde van het bestaan verstoren. Niet alle vertegenwoordigers van de onderwereld zijn overigens slecht. De slangen Antaboga en Basuki hebben juist tot taak de schildpad Bedawang, die het eiland Bali torst, in evenwicht te houden en zo aardbevingen te voorkomen.*

De balian taksu: schakel tussen het zichtbare en onzichtbare

Bali balian taksu kamar suci

moeten de klanten zelf een nummerkaartje van een haakje nemen om misverstanden over de volgorde te voorkomen.

Een consult bij een *balian taksu* verloopt volgens een vast ritueel, dat van medium tot medium kan verschillen. Bij een bekende *balian taksu* in Tabanan speelt zich bijvoorbeeld het volgende af. Nadat de bezoekers bij het huis van het medium zijn gearriveerd, nemen zij plaats op het erf. Daar wachten zij op hun beurt om naar binnen te mogen. De *balian taksu* houdt audiëntie in een speciale, meestal kleine, ruimte: de *kamar suci*. In deze 'heilige kamer' bevindt zich een altaar met daarop een bonte verzameling attributen: godenbeeldjes, potten met wijwater, stapeltjes witte en gele doeken, allerlei heilige voorwerpen, wierook en bloemen.

Het trance-medium, in witte kleding gehuld en op een verhoging voor het altaar gezeten, neemt voordat het consult begint, de offergaven en de geschenken van de klanten in ontvangst. Deze bestaan veelal uit enkele voor de goden bestemde offertjes. Dit zijn bakjes van palmblad met daarin wat bloemen, rijst, koekjes en geld. Ook worden meestal enkele vruchten, eieren of kokosnoten meegebracht. Nadat alles op het altaar is geplaatst, besprenkelt de *balian taksu* haar klanten met heilig water, opdat zij de goden of voorouders gereinigd van smetten tegemoet kunnen treden.

De *balian taksu* begint nu de goden aan te roepen. Zij sluit haar ogen en in haar rechterhand houdt zij een schaal, waarin hout ligt te smeulen. Zij deelt de goddelijke wezens mee, dat er mensen zijn gekomen die hen offers willen aanbieden. Dan richt zij zich tot haar *taksu*, de godheid die haar meestal bezielt. Hem wordt verzocht plaats te nemen in het lichaam van zijn dienares en zijn aanwezigheid kenbaar te maken. De *taksu* treedt op als woordvoerder van de goden, maar kan zonodig ook een voorouderziel bezit laten nemen van het medium om via haar mond te spreken.

Vanaf het moment dat de *balian taksu* bezeten is, ontwikkelt zich een dialoog tussen de bezoekers en de godheid of voorouder; een vraag- en antwoordspel, waarbij het niet zelden voor komt dat de klanten er flink van langs krijgen voor hun nalatigheid in religieuze zaken of ander laakbaar gedrag. Ook kan het er zeer emotioneel toegaan, bij voorbeeld als een oude man zijn onlangs overleden vrouw tot zich hoort spreken of als een kind van haar gestorven moeder te horen krijgt, dat zij niet brutaal mag zijn tegen haar vader. De sfeer in de *kamar suci* is echter niet altijd serieus: zo nu en dan wordt er hartelijk gelachen. Voorouders maken immers ook wel eens een grapje.

Omdat de deur van de *kamar suci* tijdens een consult gewoonlijk open staat, blijft niets van wat gezegd wordt verborgen. Zo kunnen ook degenen die buiten wachten, meeluisteren en eventueel hun voordeel doen met de lessen in sociale en morele waarden.

Wanneer de *taksu* of de voorouder zich terugtrekt, komt de *balian taksu* uit haar trance en is het consult afgelopen. Dan vraagt het trance-medium aan haar bezoekers of zij gevonden hebben wat zij zochten. Omdat de *balian taksu* zich gedurende haar bezetenheid van niets bewust is, kan zij zich na afloop van het consult ook niets meer herinneren van hetgeen er is gezegd. Het is daarom zaak, dat de klanten de adviezen en wensen van de goden en voorouders goed onthouden, om deze later stipt te kunnen opvolgen. Tegenwoordig wordt dit probleem vaak opgelost met behulp van de techniek: verscheidene trance-mediums zijn in het bezit van een cassetterecorder,

▲ *Om van kwade invloeden verlost te worden, ondergaat een jong echtpaar een reinigingsritueel bij een **balian taksu**. Het trance-medium hanteert daarbij een **lis**, een wijwatersprenkelaar van palmblad. Op het altaar liggen **barang suci**, heilige voorwerpen, en andere attributen die tijdens de seance nodig zijn.*

waarmee de raadgevingen worden vastgelegd. Het bandje mogen de klanten tegen een kleine vergoeding mee naar huis nemen, opdat zij het daar in de familiekring nog eens rustig kunnen beluisteren.

Nadat de *balian taksu* haar klanten nog wat heilig water heeft gegeven, vragen deze toestemming om te vertrekken. De echtgenoot van het trance-medium nodigt daarop de volgende bezoekers uit om de *kamar suci* binnen te gaan. Na het aanbieden van de offers kan een nieuw consult beginnen.

Een eenvoudige ▶
offergave als tegenprestatie
voor een consult bij een
balian taksu.

Bali trance Barong

De balian taksu: schakel tussen het zichtbare en onzichtbare

Trance

*Indien tijdens een tempelfeest op Bali een van de aanwezigen in trance gaat, gebruiken de Baliërs hiervoor de term **tedun**. Letterlijk betekent dit 'neerdalen'. Zij willen hiermee zeggen, dat de godheid van deze tempel is afgedaald in het lichaam van één van de gelovigen om zo zijn aanwezigheid kenbaar te maken. De omstanders schrikken niet van zo'n gebeurtenis. Integendeel, zij omringen de door de godheid bezeten persoon met zorg en brengen hem wierook en heilig water. Ook zullen de tempelpriesters soms van de gelegenheid gebruik maken om de godheid vragen te stellen over religieuze zaken.*

Bij sommige soorten trance treedt lichamelijke onkwetsbaarheid op. Een voorbeeld hiervan is de zogenaamde Sanghyang Jaran. Hierbij wordt met wierook en gezang een jongen of tempelpriester in trance gebracht. In deze sluimertoestand danst hij met een van bamboe en palmblad vervaardigd stokpaard, op blote voeten door een vuur, zonder daarbij ook maar de geringste verwonding op te lopen.

Barong

Ter gelegenheid van een tempelfeest of andere religieuze ceremonie wordt door twee mannelijke dansers vaak de Barong, een mythisch wezen, ten tonele gevoerd. De Barong heeft het uiterlijk van een sprookjesachtig fabeldier, maar voor de Baliërs betekent de verschijning veel meer. Voor hen is de Barong de vertegenwoordiger van het goede, die de mens beschermt tegen de vernietigende kracht van het kwade, gepersonifieerd door de heks Rangda.

De strijd die zich tussen beiden afspeelt, wordt verbeeld in het Calon Arangdrama. Op het hoogtepunt van dit gevecht mengen zich meestal enkele toeschouwers in de strijd om de Barong te helpen. Met krissen vallen zij Rangda aan, maar zij weert hen af met haar magische wapen, de *anteng*, een witte doek. Van hun zinnen beroofd richten de aanvallers hun wapens op zichzelf, het zogenaamde *ngurek*. Dank zij de bescherming van de Barong, die hen onkwetsbaar heeft gemaakt, kunnen zij zich echter niet verwonden.

De strijd eindigt altijd onbeslist: noch Rangda noch de Barong wordt verslagen. Het goede en het kwade blijven naast elkaar bestaan, zonder het ene kan het andere er niet zijn. Beide wezens worden door de Baliërs als zeer heilig beschouwd. De maskers van Rangda en de Barong worden in de tempel bewaard in speciale schrijnen, waar zij door de tempelpriester worden vereerd met offers. Lang niet iedereen mag de maskers dragen; dit voorrecht behoort vaak aan de Brahmana.

Naast de Barong die als de tegenstander van Rangda in het Calon Arang drama optreedt, de Barong Keket, komen op Bali verschillende andere Barong voor. Zo bestaat er ook de Barong Macan (de tijger-Barong), de Barong Bangkung (de zwijn-Barong), de Barong Gajah (de olifant-Barong) en de Barong Landung, twee reusachtige menselijke gestalten (een mannelijke en een vrouwelijke), die worden beschouwd als de beschermers bij uitstek tegen ziekten en epidemieën.

Op Bali worden dagelijks duizenden offers gebracht. De toerist die op het vliegveld van Denpasar landt, zal dat direct opvallen. In de taxi naar de stad ligt voor de chauffeur op het dashbord een offertje. De rit voert langs rijstvelden met offers in stenen zuiltjes of op bouwsels van bamboe. In de stad moet de taxi geregeld remmen voor honden die de restanten opeten van offers die 's morgens op kruisingen zijn neergelegd. Soms stuit de bezoeker op een kleurige processie van vrouwen, met fraaie offers op hun hoofd op weg naar een tempel. Bij de ingang van ieder hotel zijn kleine nissen aangebracht, waarin elke ochtend offertjes worden gelegd. En wie tenslotte nog even naar het strand loopt, moet niet vreemd opkijken als daar net een processie arriveert. Begeleid door het schelle geluid van slaginstrumenten worden de meegevoerde offers aan de zee toevertrouwd.

Offers geven vorm aan de voortdurende dialoog die de Baliërs met de onzichtbare wereld rondom hen voeren. Goden, voorouders en demonen worden zorgvuldig vereerd en te vriend gehouden. Wie zijn verplichtingen vergeet, loopt immers het risico onheil over zich af te roepen. Daarom kunnen op het eiland in de verschillende, vaak zeer oude tempels (Bangli, Tampaksiring), steeds weer plechtigheden worden aanschouwd. Op een hoogte van duizend meter, op de hellingen van de Gunung Agung (nog uitgebarsten in 1963), staat de grootste en meest heilige bergtempel van Bali: de *pura* Besakih. Als tegenhanger van de bergtempels kunnen de zeetempels worden genoemd. Voorbeelden zijn de *pura* Ulu Watu en de *pura* Tanah Lot. De ligging van beide soorten tempels weerspiegelt het verschil in functie: wordt in Besakih, in de bergen bij de goden, om goddelijke gunsten gevraagd, in Ulu Watu en Tanah Lot tracht de Baliër zich te beschermen tegen het kwaad van de demonen in zee.

Tussen de bergen en de zee wonen ruim 2,5 miljoen Baliërs. In de dorpen staan de ommuurde woonerven dichtbijeen. Het leven lijkt er zich binnen een zekere beslotenheid af te spelen. Toch zijn juist collectieve vormen van vermaak zeer populair. De vele vaste feestdagen zijn aanleiding voor het opvoeren van allerlei drama's en dansen. Vaak wordt hierin de strijd tussen goed en kwaad uitgebeeld. Bekend zijn het Calon Arangdrama met de Barong, de moderne Kebyar-dans, de Kecak, de Legong en de krijgsdans Baris.

Commerciële voorstellingen, gearrangeerd voor toeristen, vormen tegenwoordig voor veel Baliërs een aardige bron van inkomsten. Traditionele ambachten hebben om dezelfde reden een grote vlucht genomen. Schilders (in Ubud), houtbewerkers (in Mas), zilversmeden (in Celuk), en steenhouwers (in Batululan), werken als een magneet op de toeristen. Genietend van hun produkten, ver van de zware landbouwwerkzaamheden op het land, en zich niet bewust van het wankele kosmisch evenwicht, loopt de reiziger in deze dorpen rond als in een paradijs op aarde.

▼ *De pura Tanah Lot.*

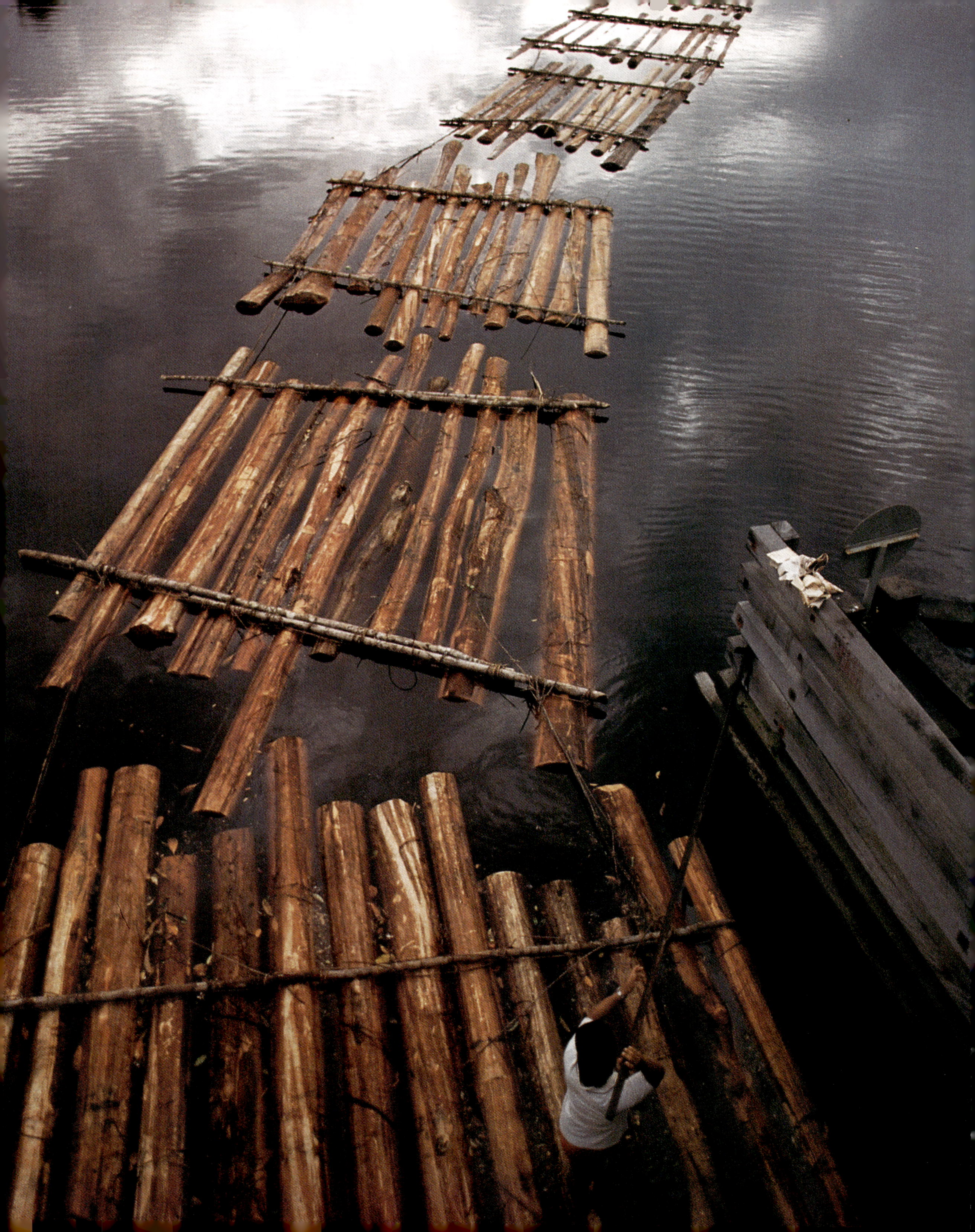

4 Kalimantan

*Vrijwel nergens ter wereld is de regenval groter en zijn de woudreuzen hoger.
Borneo. Eens een eiland zonder wegen waar
de waterstand in de rivier de actieradius bepaalde. Waar bovenstrooms,
in het groene hart, geïsoleerde volken leefden. Door de commerciële ontbossing
vertoont het bladerdak nu grote gaten en biedt het nauwelijks nog beschutting.
Borneo's laatste bosnomaden zullen spoedig op huis aan gaan.*

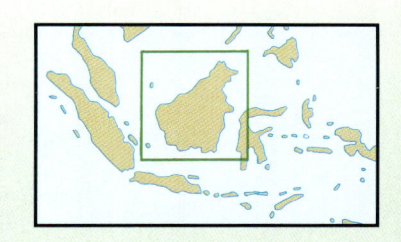

Anders dan de sedentaire Dayak maken de Punan, als jagers en verzamelaars, diep in Borneo's bossen al eeuwenlang hun tochten. In tegenstelling tot wat algemeen wordt aangenomen, kan redelijk ongehinderd worden rondgetrokken over de bodem van oorspronkelijk regenwoud. De kroonlaag neemt op grote hoogte het zonlicht weg en in plaats van een gordijn van plantengroei vormt zich op de grond een tapijt van afgevallen bladeren. Hier volgde Jenne de Beer de Punan op de voet. Hij laat ons kennis maken met hun trekkend bestaan, beschrijft de stroeve relatie met de Dayak en waarschuwt voor de gevolgen van een verdergaande verstoring van het evenwicht tussen mens en natuur in Kalimantan.

Het regenwoud als voorraadschuur

Oneindige regenwouden beheersten ooit het landschap van het eiland Borneo. De bevolking leefde en werkte in volmaakte harmonie met de natuur. Tot ruim twintig jaar geleden. Houtkapmaatschappijen namen bezit van het eiland en de vernietiging van de natuurlijke pracht zette in. De eerste woudreuzen gingen voor de bijl, in hun val een rijk en gevarieerd cultureel leven meeslepend.

De natuur

Nog is het eiland voor zeker driekwart bedekt met tropische regenwouden. Dergelijke eeuwiggroene bossen vormen de rijkste ecosystemen ter wereld. Het zijn ware schatkamers van genetisch materiaal; de dieren- en plantenrijkdom is er uniek.
Bijna de helft van alle ons bekende soorten planten en dieren, in totaal vijf miljoen species, leeft in deze wouden. Toch bedekken de regenbossen slechts twee procent van het totale aardoppervlak. De combinatie van beide factoren heeft tot gevolg, dat per hectare van iedere soort slechts weinig exemplaren voorkomen. De meeste soorten zijn sterk gespecialiseerd en hebben een zeer beperkt verspreidingsgebied. Ze zijn daarom al gauw zeldzaam.
Een belangrijke oorzaak van de grote diversiteit aan levensvormen, is de hoge ouderdom van de regenwouden in Zuidoost-Azië. Gedurende tientallen

◄ *De afvoer van tropisch hardhout. De stammen worden op vrachtwagens naar de rivieren gebracht, drijven dan als vlotten naar de kusthavens en vinden vandaar hun weg over de wereld.*

Eiland van sago

Borneo is in grootte het derde eiland van de wereld. Slechts Groenland en Nieuw-Guinea hebben een grotere oppervlakte. Ongeveer twee derde van Borneo behoort tot het grondgebied van Indonesië. Gewoonlijk wordt alleen dit zuidoostelijke deel, met een bevolking van acht miljoen zielen, Kalimantan genoemd. De naam is mogelijk afgeleid van de oude, inheemse term voor pas gewonnen sago, *lamanta*.
Het noordelijke Sabah en Sarawak maken deel uit van de federatie Maleisië. Eveneens ten noorden van Kalimantan ligt Brunei, het kleine maar schatrijke oliesultanaat.

▼ *De sago wordt op Borneo vaak in een beekje gewassen.*

miljoenen jaren is het klimaat er stabiel en gunstig gebleven voor levende organismen, namelijk warm en vochtig. Zo heeft de evolutie van het bos alleen al op Borneo geresulteerd in meer dan tweeduizend boomsoorten.

Hoewel de uitbundige plantengroei anders doet vermoeden, is de bodem van tropische regenwouden dun en zeer arm. De meeste voedingsstoffen bevinden zich niet in de aarde, maar in de zogeheten biomassa, het geheel van levende planten en dieren. Dit is een gesloten systeem, waarin de aanwezige voedingsstoffen voortdurend opnieuw worden gebruikt. De cyclus functioneert zo efficiënt, dat vrijwel niets verloren gaat. Hoog boven de bosbodem breekt het dichte bladerdak de kracht van zelfs de zwaarste tropische buien. Dat verandert echter radicaal als het woud door menselijk ingrijpen is uitgedund. Het hemelwater spoelt de dunne laag humus dan spoedig weg. Daarnaast maken dergelijke stortregens de grond veel compacter: de lucht wordt uit de aarde geperst, waardoor de vruchtbaarheid verder afneemt.

Het regenbos beschermt niet alleen de eigen bodem, het zorgt ook voor een gelijkmatig klimaat. Gedurende de overvloedige regens houden de bladeren en de wortelmat een deel van het vocht vast, terwijl in drogere perioden dit water geleidelijk weer vrij komt. Waar evenwel het woud verdwijnt, worden droge en natte tijden extremer. Dat heeft onder meer al geleid tot ernstige overstromingen.

De Sumatraanse neushoorn

De Sumatraanse neushoorn (Dicerorhinus sumatrensis), de kleinste der neushoorns, wordt op dit moment ernstig in zijn bestaan bedreigd. Op Sumatra komen nog enkele honderden exemplaren voor; op Borneo – in Sabah, Sarawak en wellicht in enkele zeer afgelegen gebieden van Oost-Kalimantan – leven naar schatting nog enkele tientallen. Rond de eeuwwisseling was de neushoorn in deze streken vrij algemeen. Een intensieve jacht met vuurwapens in de jaren twintig en dertig deed hun aantal echter snel afnemen.

De hoorn is nog steeds een gewild artikel in de traditionele Chinese apotheek. Fijngemalen tot poeder of verwerkt in pillen en drankjes, zou het een koortswerend middel zijn en bovendien impotentie ongedaan kunnen maken. Ook andere delen van deze neushoorn, zoals de huid en de teennagels, worden hiervoor gebruikt. Een gram hoorn is meer waard dan een gram goud.

De bevolking aan de kust

In de stadjes aan zee en de dorpen langs de grote rivieren, de verbindingswegen tussen de kust en het binnenland, wonen Maleiers, Buginezen en Chinezen. Met hun platbodems, *tempel*, en de van krachtige buitenboordmotoren voorziene 'longboats', beheersen zij de handel in dit deel van de wereld. Zij vervoeren zout, benzine, gereedschappen en andere benodigdheden stroomopwaarts. Eenmaal boven de stroomversnellingen in een rivier als de Mahakam, brengen deze goederen fabelachtige prijzen op. Op hun weg terug naar de kust nemen de handelaren bosprodukten als rotan, sandelhout en zwaluwnestjes mee.

De handel in deze produkten is eeuwenoud; handelsbetrekkingen met India en China gaan mogelijk terug tot voor het begin van de christelijke jaartelling. In een Chinese tekst uit de late Mingtijd, aan het einde van de vijftiende eeuw, worden als handelswaren uit Brunei genoemd: rhinoceroshoorn, papegaaienveren, stofgoud, neushoornvogelivoor, rotan matten, spaanse pepers en drakenbloed (een soort hars).

Op verschillende strategische plaatsen langs de kust ontwikkelden zich in de loop der eeuwen diverse zelfstandige staatjes. Moslimhandelaren introduceerden hier de Islam, en aan het begin van de zestiende eeuw presenteerden de lokale vorsten zich overal als Sultan. Hoewel hun invloed niet tot ver in het binnenland reikte, wisten sommige sultanaten dank zij een monopolie op de handel in bosprodukten tot grote bloei te komen. Brunei genoot destijds reeds een grote welvaart, evenals bijvoorbeeld Kutai aan de Boven-Mahakam en Banjarmasin in het uiterste zuiden.

Over de vroegste geschiedenis van de menselijke aanwezigheid op Borneo bestaat nog veel onduidelijkheid. In 1958 is in de grotten van Niah, in Sarawak, een schedel gevonden van de Homo sapiens. De ouderdom wordt geschat op veertigduizend jaar. Mogelijk heeft de schedel toebehoord aan een voorouder van een der bevolkingsgroepen die momenteel op Borneo leven. Waarschijnlijk is hij echter afkomstig van een representant van de inmiddels in Indonesië verdwenen negritobevolking. Aan deze jagers en verzamelaars met de donkere huidskleur is in de Inleiding al aandacht besteed.

De bevolking van het binnenland

De huidige bewoners van het binnenland zijn de Dayak en de Punan. Dayak is een verzamelnaam voor een groot aantal volken, waaronder de Kenya, Kayan, Iban, Ngaju, Ot Danum en Kelabit. Zij verschillen vooral van elkaar in taal en sociale organisatie. Zo hebben de Kenya en Kayan een sterk gelaagde maatschappij met klassen van aristocraten, vrijen en slaven, maar kennen de Iban een meer egalitaire samenleving. De Dayak hebben echter ook een aantal zaken gemeen. Ze bedrijven allen droge rijstbouw, wonen in hun typische 'lange huizen' bij voorkeur aan de oever van een rivier, en hebben wereldbeschouwingen die in grote trekken overeenkomen.

Hun methode van landbouw is veldwisselbouw, in Indonesië gewoonlijk *ladang*-bouw geheten. De Dayakboer hakt een niet te groot stuk uit het woud. Enkele grote bomen en de bomen aan de rand van het veld laat hij staan. Deze dienen om de groei van onkruid tegen te gaan, om het branden beter in de hand te houden en om het herstel van de bosvegetatie na de

Het regenwoud als voorraadschuur

Kalimantan — veldwisselbouw — Dayak

▲ Prenten gebruikt voor de verbreiding van het Christendom in de jungle van Kalimantan. Links: een niet-christelijke man rent, opgejaagd door een tijger, voor zijn leven. Naast hem een loodrechte rotswand, voor hem een ravijn. Midden: de angstige man laat zich aan een touw naar beneden zakken. In het ravijn wacht hem een krokodil met opengesperde muil. Boven is de tijger een geduldig toeschouwer. Rechts: de man aan het touw lijkt verloren als ook twee knaagdieren verschijnen. Dan verschijnt plotseling een rood brandend kruis. De boze dieren druipen af en de man is gered.

De zending

Op Kalimantan is onder de naam KINGMI een federatie van fundamentalistische zendingsgenootschappen werkzaam. In bepaalde gebieden, zoals in de Apoh Kayan, heeft deze federatie met een vloot van kleine vliegtuigen bijna een monopolie op het vervoer. De bekeringswerkzaamheden van de zendelingen zijn vooral gericht op de sedentaire Dayak.

De traditionele wereldbeschouwing van deze **ladang**-bouwers verschilt weliswaar per groep, maar toch zijn ook enkele wezenlijke overeenkomsten waar te nemen. Het meest uitgediepte thema van alle Dayakreligies vormt de avontuurlijke tocht die de ziel van een overledene moet ondernemen naar het zieleland, meestal een moeilijk bereikbare berg, gesitueerd in het oorsprongsgebied van het betreffende volk. Hier leeft en werkt de ziel van de overledene, totdat de tijd rijp is om weer als mens geboren te worden. Van de gevaarlijke reis en het leven na de dood wordt, meestal tijdens belangrijke ceremoniële bijeenkomsten, meeslepend verhaald door de sjamanen, **belian**. Over het algemeen kennen alle Dayak daarnaast een opperwezen, ofschoon ook de mindere goden in hun drukbevolkte pantheon een belangrijke rol spelen.

De KINGMI-zendelingen gaan ervan uit dat door dit polytheïstische karakter de godsdiensten van de Dayak geen volwaardige religies zijn. Met veel ijver en inzet richten de zendelingen zich vooral tegen de **belian**. Deze religieuze specialisten en traditionele genezers zijn meestal vrouwen en zij worden door de zendelingen gezien als vertegenwoordigsters van de duivel.

Een ander voorwerp van hun belangstelling vormen de **hampatong**, de schrikbeelden, waarvan er gewoonlijk een aantal rond een Dayakgemeenschap staan. Deze houten beelden stellen ruw uitgesneden, menselijke figuren voor, die zijn voorzien van sterk vergrote geslachtskenmerken. Dit laatste heeft tot doel kwade geesten, die zelf geslachtloos zijn, af te schrikken. De zendelingen beschouwen de beelden evenwel als een teken van immoraliteit. Zij zetten de bevolking er toe aan het houtsnijwerk te verbranden of dit, tijdens een laatste ritueel, in de rivier te werpen. Na de bekering zijn alle traditionele dansen en liederen, die betrekking hebben op de oude godsdienst, eveneens taboe. De zwervende Punan zijn doorgaans minder gemakkelijk bereikbaar voor de KINGMI-zendelingen. Tot nu toe zijn daarom betrekkelijk weinig van hen gekerstend.

occupatieperiode te bevorderen. Vervolgens verbrandt hij het gekapte hout en verspreidt de as, ter verrijking van de zure bosgrond, over de *ladang*.

Een Dayak beplant zijn zo geopende akker één of tweemaal. Daarna laat hij het veld braak liggen om elders een nieuw stuk uit het woud te kappen. Na verloop van tijd, als een *ladang* weer tot bos is geworden, keert hij er terug. De regeneratieperiode beslaat zo'n tien tot twintig jaar.

Bij velen heerst het hardnekkige misverstand dat veldwisselbouw een verwoestende vorm van landbouw is. Recent onderzoek heeft echter aangetoond dat de traditionele *ladang*-cyclus, zoals uitgevoerd door vakkundige boeren als de Dayak, ecologisch volkomen verantwoord is. Zolang de bevolkingsdruk niet toeneemt, zodat de occupatietijd kort en de braakperiode lang kan blijven, zal het natuurlijk milieu geen enkele schade ondervinden.

▲ Dayakgemeenschap aan een rivier; deze moderne 'lange huizen', met golfplaten van zink als dakbedekking, vormen een relatief grote nederzetting.

Kalimantan omenvogels jacht Punan

Het regenwoud als voorraadschuur

De Punan

Diep in de wouden van Borneo leven de Punan, een volk van jagers en verzamelaars. Verspreid over een groot gebied in Kalimantan, Sarawak en Brunei, bedraagt hun aantal ongeveer twintigduizend. Ze trekken rond in groepen van dertig tot veertig personen. Een groep blijft enkele weken op één plaats, bij voorkeur op een heuvel in de buurt van een beek. Indien de natuurlijke voedselbronnen in de omgeving uitgeput raken, breken ze het kamp op, om ergens anders een nieuw op te slaan. Binnen een dag zijn de hutten gereed. Ze worden gebouwd op palen, hoog boven de grond, om vocht, kruipend ongedierte en honden buiten te houden.

Materiële bezittingen beperken de Punan tot een minimum, alles moet tenslotte meegedragen worden. Ook houden ze vrijwel geen voorraden aan; het bos dient hen als voorraadschuur. Daar zijn de bladeren van de *nipah*-palm om het eetgerei en de dakbedekking van te maken. Daar ook zijn rotan, bamboe en andere bouwmaterialen en daar is eveneens een grote variëteit aan voedsel. Het bos levert alles.

De Punan jagen met behulp van blaasroer en pijltjes die in *ipoh*, een aan strychnine verwant plantengif, zijn gedoopt. Bovendien gebruiken de jagers een grote verscheidenheid aan vallen; een enkeling hanteert alleen de lans. Op jacht gaat altijd een meute honden mee. Hun taak is het wild tot staan te brengen. Bijna alles wat vliegt, loopt, klimt of kruipt levert een mogelijke jachtbuit.

Een algemene uitzondering maken de Punan voor enkele soorten vogels. Niemand zal ooit een zogenaamde 'omenvogel' schieten. De vlucht van zo'n vogel vertelt een Punan of de tijd gunstig is om iets te ondernemen, bijvoorbeeld om een reis te maken. Het doden van een dergelijke boodschapper zou groot onheil kunnen brengen. Daarnaast heeft iedere Punan een bijzondere band met één bepaalde diersoort. Het vlees van dat dier mag hij of zij niet eten.

Wilde zwijnen vormen het favoriete voedsel. Deze dieren vertonen echter een grillig, onvoorspelbaar gedrag en vooral buiten het fruitseizoen laten ze zich niet makkelijk vangen. Dragen de bomen evenwel vruchten, dan verloopt de jacht voorspoedig. De varkens eten zich dik en rond en verplaatsen zich nauwelijks. Voor de Punan is dit een tijd van overvloed. In het seizoen waarin de vruchten schaars zijn, worden de zwijnen rusteloos. Op zoek naar voedsel leggen ze grote afstanden af, steken rivieren over en vormen een moeilijk doelwit voor de jager.

Ofschoon sommige vrouwen er heel bedreven in zijn, jagen bij de Punan toch vooral de mannen. Indien een succesvol jager terugkeert met zijn buit, wordt het vlees onmiddellijk en zonder discussie verdeeld naar alle huishoudens. Dan is het feest en iedereen eet zoveel hij kan. Eeuwenoude verhalen en gedenkwaardige gebeurtenissen worden opgehaald, kinderen en volwassenen zingen liederen of spelen mondharp en neusfluit. Na het feestmaal worden de schedels van het geschoten wild op staken rond de hutten gezet. Deze schedels dienen hun vrienden en familieleden naar het kamp te lokken. Na een paar dagen, wanneer er van de jachtbuit alleen nog stukjes *krotong* – zwartgeblakerde huid – over zijn, trekt 's ochtends, lang voor de dageraad, het eerste ploegje jagers er weer op uit.

Sago is voor de Punan de belangrijkste bron van ▶
koolhydraten. Een kamp wordt bij voorkeur in de nabijheid
van een beekje en enkele wilde sagopalmen opgeslagen.

Omenvogels

Alle volken van Borneo hechten groot belang aan de voortekenen die men afleest uit het gedrag van bepaalde dieren. Dat kan het gedrag van insecten of reptielen zijn, maar veel belangrijker is de vlucht (en ook de roep) van sommige vogels. Deze vogels worden beschouwd als goddelijke gezanten, die zich nooit zonder goede reden aan de mensen vertonen.

De Punan zullen de richting waarin zij gaan jagen mede laten afhangen van de voortekenen die zij onderweg aflezen uit de vlucht van een omenvogel. De Dayak zoeken gunstige tekenen voor het begin van de opeenvolgende stadia van de rijstcyclus. Zo'n teken geeft de Dayakboer vertrouwen in de toekomst en zet hem aan om zich met volle overgave aan zijn arbeid te wijden.

Bij de vlucht wordt er op gelet of de vogel van links naar rechts of van rechts naar links vliegt. Een andere betekenisvolle beweging is het van de toeschouwer afvliegen of juist naar de waarnemer toe. Ook bewegingen als duiken en bidden hebben een betekenis. Bekende omenvogels zijn de havik (Haliastur indusintermedius), de bruine specht (Blythipicus rubiginosus) en de hier afgebeelde gestreepte ijsvogel (Lacedo pulchella).

Blaasroer en pijlgif

Het blaasroer waarmee de Dayak en de Punan jagen, is een lange holle pijp van hardhout. Hiermee worden kleine, giftige pijltjes afgeschoten. Het gif dat de Punan gebruiken, *ipoh*, is afkomstig van plantensoorten als de Antiaris toxicaria en Derris elliptica. Uit de stam van de Antiaris toxicaria en uit de wortels van de Derris elliptica wordt een melkachtig sap gewonnen. Dit wordt door vermenging met water en andere bestanddelen, alsook door indikking, op de juiste sterkte en vloeibaarheid gebracht. De jager heeft altijd twee kokers bij zich. In de ene bevinden zich pijlschachten met een lengte van ongeveer twintig centimeter, in de andere pijlpunten met een dosis gif van verschillende sterkte. Welke pijlpunt gebruikt wordt hangt af van de grootte en het gewicht van het te schieten dier. Nadat de pijl doel heeft getroffen breekt de schacht af, zodat het gewonde dier zich niet van de pijlpunt kan bevrijden. Het *ipoh* werkt binnen enkele minuten verlammend op het centrale zenuwstelsel van het getroffen wild. Het stuk vlees rond de pijlpunt snijdt men weg. De rest is gewoon eetbaar.

Voor vogels worden stompe pijltjes zonder gif gebruikt.

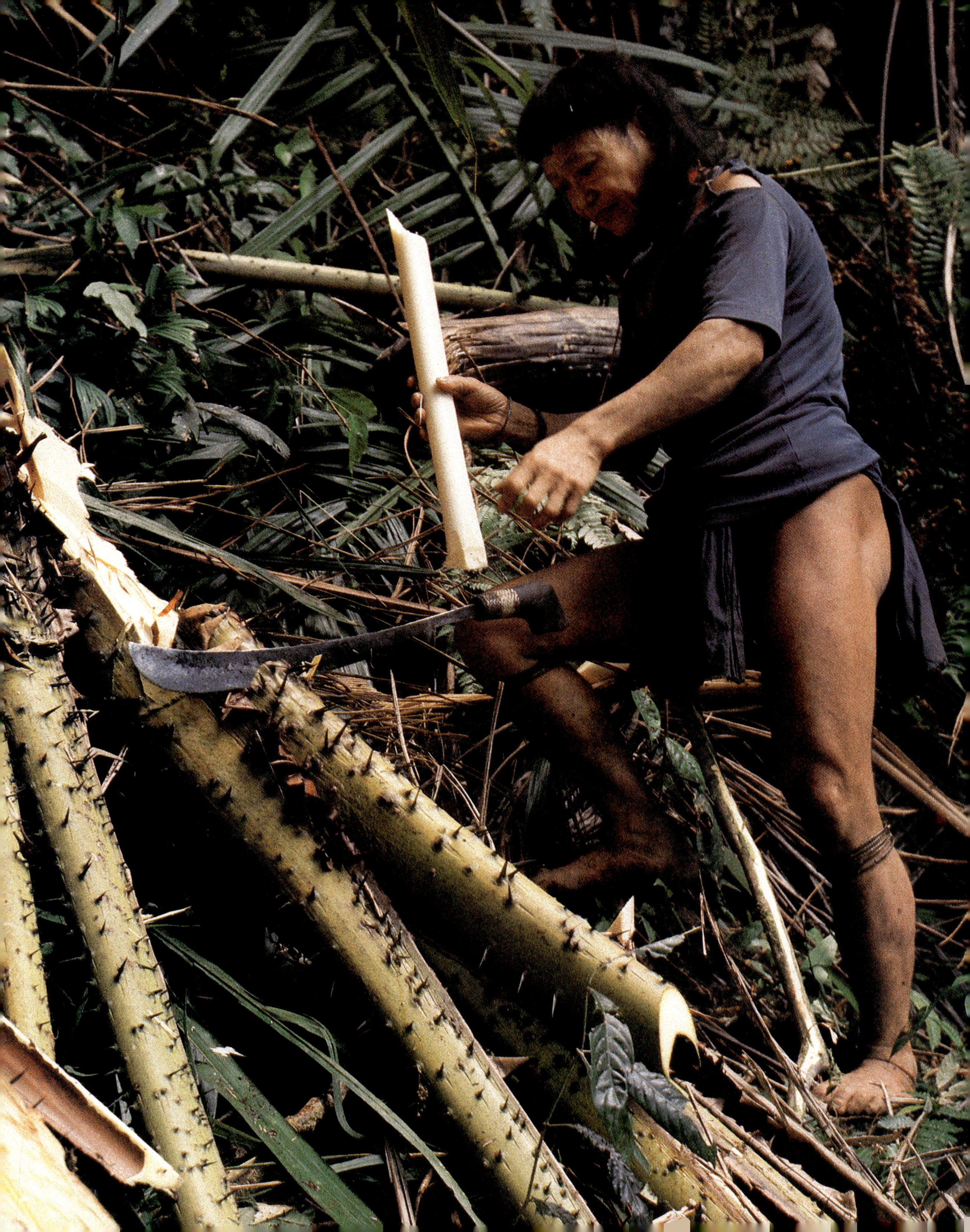

Kalimantan neusaap noah ruilhandel

Het regenwoud als voorraadschuur

De neusaap

Een opvallende verschijning in de bossen van Kalimantan is de neusaap. Deze bosbewoner is in het bezit van een buitengewoon ontwikkeld reukorgaan en heeft enigszins menselijke gelaatstrekken. De latijnse naam voor het dier is Nasalis larvatus. In Indonesië noemt men hem echter **orang Belanda**, *Hollander...*

Het verzamelen van bosprodukten is voor het bestaan van de Punan even belangrijk als de jacht. Sago, het merg uit de stam van de wilde sagopalm, is het hoofdbestanddeel van de dagelijkse kost. Hiervan maken zij *noah*, een gelatine-achtige brij. Dit voedsel levert de benodigde koolhydraten op. Daarnaast wordt naar paddestoelen en allerlei vruchten gezocht; honing is voor de Punan een speciale lekkernij.
Een aantal bosprodukten wordt niet verzameld voor eigen consumptie, maar voor de ruilhandel. Aan de bovenloop van een rivier, in een naburige Dayaknederzetting, ontvangen de Punan voor hun bosprodukten, rotan manden en matten, wat zout, tabak, ijzer en textiel. Vanuit het Dayakdorp vinden de goederen vervolgens hun weg naar de kust, waar zij vele malen de prijs opbrengen die de verzamelaar er voor heeft gekregen.
Hoewel in principe beide partijen voordeel hebben van hun handelsrelatie, is de verhouding tussen de Punan en Dayak niet altijd even vriendschappelijk. Een Dayak voelt zich doorgaans superieur aan zijn rondtrekkende handelspartner en een Punan heeft, vaak niet ten onrechte, het idee dat hij wordt afgescheept met een beroerde prijs voor zijn handelswaar.
Bovendien ligt bij menige Punan nog vers in het geheugen dat de Dayak in het nabije verleden (tot aan het begin van deze eeuw), op sneltocht graag de in kleine groepen levende Punan als slachtoffer uitkozen.

◀ *De Punan zijn befaamd om hun fraaie rotan manden. Het vlechten wordt vooral door de vrouwen gedaan. De kinderen kijken toe en helpen een handje. Zo leren ze de nodige vaardigheden spelenderwijs. Het vlechtwerk is grotendeels bestemd voor de ruilhandel.*

Het regenwoud als voorraadschuur

Kalimantan mobiliteit neushoornvogel

Het ritme van jagers en verzamelaars

De Punan leven volmaakt aangepast aan de natuur om hen heen. Ze gebruiken het natuurlijk milieu, zonder dit aan te tasten. Ook in gebieden waar de Punan al generaties lang leven, is weinig te bespeuren van een degradatie van het bos. Meestal wijst niets op menselijke aanwezigheid.

Dat de Punan zich zo goed kunnen handhaven, hebben zij vooral te danken aan hun kennis van de flora en fauna van de verschillende microzones van het tropisch regenwoud. Zo zijn ze onder meer goed op de hoogte van de geneeskrachtige werking van tal van wilde plantensoorten.

Voorts houden ze het kindertal per huishouden beperkt. De vrouwen gebruiken een anticonceptiemiddel, het sap van de *lengsat*-wortel, dat hen onvruchtbaar maakt. Dit middel wordt vaak ingenomen na de komst van het vijfde kind. Een te grote kinderschare belemmert de ouders in hun noodzakelijke mobiliteit.

De wijze waarop de Punan met een sterfgeval omgaan, correspondeert eveneens met het trekkend bestaan. Als een groepslid overlijdt, wordt het kamp opgebroken en laat men de dode in zijn hut achter. Op een verafgelegen plek wordt een nieuw kamp gebouwd; nooit keert men meer naar de oude hutten terug. De vrees bestaat dat de ziel van de overledene in de buurt van het sterfhuis zal blijven. Overmand door eenzaamheid zal deze proberen een tweede ziel over te halen om gezamenlijk af te reizen naar het dodenrijk.

De laatste decennia is het beleid van de Indonesische overheid er op gericht, de zwervende Punan op één plaats te vestigen en hen aan te zetten tot landbouw. Het uitgangspunt daarbij is, dat zij een duwtje in de rug nodig hebben om een hogere trap van beschaving te bereiken. Inmiddels hebben de meeste Punan officieel ergens een vast adres, maar daar is zelden iemand thuis... Als rijstboeren zijn de Punan overigens maar matig succesvol. Gewoonlijk levert een jaaroogst ternauwernood genoeg op om drie maanden van te leven. Jagers en verzamelaars voelen zich niet prettig in de hitte van een open *ladang*; in veel gevallen beginnen ze pas laat op de dag met de landarbeid. Het ritme van de Punan sluit niet aan bij het boerenbestaan en de planning op langere termijn, die in de landbouw is vereist, maken ze zich niet gemakkelijk eigen. Ook de weinige sedentaire Punan halen nog steeds een belangrijk deel van hun voedselpakket uit het bos.

▲ *Het woud levert de Punan vrijwel alles. De bladeren van de* **nipah**-*palm dienen niet alleen tot dakbedekking of eetgerei, maar ook tot paraplu.*

Tijdens het oogstfeest van de Iban Dayak, naar hun belangrijkste rituele dier 'Neushoornvogelfeest' genoemd, wordt de hoogste godheid dank gezegd. Allen versieren zich zo mooi mogelijk met neushoornvogelveren of, zoals deze man, met de
▼ *huid van een nevelpanter.*

De neushoornvogel

De neushoornvogel (Bucerotidae) is de meest tot de verbeelding sprekende vogel van Borneo. Kenmerkend is de naar verhouding enorme snavel. Bij één soort, de gehelmde neushoornvogel, bevindt zich hierop een massief hoornen uitstulpsel. Daarvan werd vroeger het zogeheten neushoornvogelivoor gewonnen. Dit 'ivoor', met zijn wonderlijk rossige gloed, werd eeuwenlang geëxporteerd naar China, waar er fijn snijwerk uit werd gemaakt. Het was kostbaarder dan jade.

Het wijfje van de neushoornvogel legt haar eieren in een holle boom. Al broedend metselt zij samen met het mannetje de toegang tot het nest dicht. Als het werk klaar is blijft er slechts een smalle spleet open, net genoeg voor de snavel. Het wijfje is nu een gevangene en dat blijft ze gedurende de hele broedperiode. Het mannetje voedt haar. Door haar gevangenschap wordt het wijfje erg dik en vuil, en zo stijf dat ze na de broedtijd nauwelijks nog kan vliegen. Pas als de jongen groot genoeg zijn, wordt de ingang van het nest opengebroken. Niet zonder reden is de neushoornvogel het symbool van dood en wederopstanding in de mythologie van de Dayak.

Kalimantan houtkap transmigratie zwerflandbouw

Het regenwoud als voorraadschuur

Een dreigende ramp

De regenbossen van Kalimantan met hun unieke flora en fauna, hun economische betekenis voor de inheemse bevolking en hun functie als klimaatregelaar, staan op dit moment aan een grote bedreiging bloot. Deze bedreiging komt enerzijds van commerciële houtkapmaatschappijen en anderzijds van grootschalige transmigratieprogramma's. Ten gevolge hiervan zijn de laatste twintig jaar in een beangstigend hoog tempo grote arealen bos neergeslagen. Als deze vernietiging met de huidige snelheid wordt voortgezet, zullen voor het eind van deze eeuw de regenwouden in Kalimantan zijn verdwenen. Dat zou een ecologische ramp van de eerste orde betekenen.

Jaarlijks kappen de houtondernemingen tenminste 423.000 hectare primair, oorspronkelijk oerwoud. Een cijfer dat alleen de officiële concessies weergeeft. Daarnaast verdwijnt ieder jaar een onbekende hoeveelheid bosland op illegale wijze, zelfs in een natuurpark als Kutai. De houtondernemingen passen het systeem van selectieve kap toe: voor een paar bomen van een waardevolle houtsoort worden grote vernielingen aangericht. De schade ontstaat grotendeels door het geweld van bulldozers en ander zwaar materieel, waarmee de wegen worden aangelegd om de gevelde woudreuzen af te voeren. Het tropisch hardhout gaat vooral naar Japan en de landen van de Europese Gemeenschap en eindigt daar in kranten, eetstokjes, deuren en kozijnen.

De huidige transmigratieprogramma's werden, als een experiment, reeds gestart in de Nederlandse koloniale tijd. Vanaf 1953 is echter een enorme schaalvergroting opgetreden, en is in het zelfstandige Indonesië een massale verhuizing op gang gekomen. Van het overbevolkte Java zijn grote aantallen landloze boeren, maar ook daklozen uit de steden, overgebracht naar dunbevolkte eilanden als Borneo.

De Indonesische overheid is zich inmiddels bewust geworden van de milieuproblematiek in Kalimantan en tracht nu te komen tot een zorgvuldig beheer van het schaarse resterende regenwoud (in geheel Indonesië nog 144 miljoen hectare). In het voor de toekomst ontwikkelde beleid is maximaal een derde deel bestemd voor commerciële houtkap (verbonden aan een stringent herbebossingsbeleid), een derde deel zal als natuurreservaat fungeren en een derde deel zal in cultuur worden gebracht ten behoeve van transmigratie-doeleinden.

Met dit laatste voornemen blijft echter een groot probleem bestaan. De nieuwe bewoners worden geacht in gebieden die nu nog bedekt zijn met tropisch regenwoud permanente akkerbouw te bedrijven, een vorm van landbouw die op de arme grond doorgaans niet leidt tot de gewenste resultaten. De migranten gaan daarom in veel gevallen al snel over tot een soort van *ladang*-bouw, die met recht 'zwerflandbouw' kan worden genoemd. In tegenstelling tot de Dayak hebben de nieuwkomers geen ervaring met veldwisselbouw, waarbij het bos de kans krijgt zich te herstellen. Door deze onkunde raakt de bodem na korte tijd volledig uitgeput; wat overblijft is een onbruikbaar soort grasland. De boer rest niets anders dan een nieuw stuk bos open te leggen, waar het proces zich herhaalt: nieuwe zwervers bevolken Kalimantan.

▲ *Niet alleen het natuurlijk milieu is in Kalimantan aan verandering onderhevig. Door het bekeringswerk van de zending zijn deze ruw gesneden schrikbeelden - (hampatong) nog slechts rond een enkele Dayakgemeenschap te vinden.*

Bulldozers maken de weg vrij voor de afvoer van ▼ *gevelde woudreuzen.*

Kalimantan toerisme

Wie in het begin van de jaren zestig over Borneo vloog, zag één groen vlak in honderden tinten. Tegenwoordig lijkt het eiland, vooral in Oost-Kalimantan, meer op een lappendeken. In plaats van op oerbos, stuit de toerist hier op kampen van houtkappers. Toch heeft een reis naar het hart van Borneo nog steeds het karakter van een expeditie.

Hoewel het binnenland erg bergachtig is, zijn er geen uitgesproken toppen en actieve vulkanen. Centrale ketens zijn het Kapuasgebergte, dat de scheiding vormt tussen Sarawak en Kalimantan, en het Müllergebergte, genoemd naar George Müller, de Europeaan die – in 1825 – op weg naar Borneo's hart, door Dayak werd vermoord.

Nog steeds bepaalt de waterstand in de rivieren in veel gevallen hoever iemand komt; een vliegtuigje huren is namelijk kostbaar. Gelukkig is de regenval overvloedig: tussen de 2500 en 4500 millimeter per jaar. De regentijd verschilt per regio; nergens bestaat een echt droog seizoen. Globaal valt de meeste regen evenwel tussen de maanden september en mei.

Wie in deze periode vanuit Tenggarong, aan Kalimantan's oostkust, de Mahakam opvaart, kan doordringen tot dichtbij de grens van Sarawak. Soms opent het oerbos zich op een plaats langs de oevers, waar Dayak een 'lang huis' hebben gebouwd: een meterslange paalwoning, evenwijdig aan de rivier, waarin de hele gemeenschap woont. Na een moeizame voettocht naar de bovenloop van de Kayan, is via deze rivier een terugkeer naar de kustplaats Tarakan mogelijk. Wilde dieren laten zich onderweg zelden zien. Het blijft meestal bij het waarnemen van een zich snel verwijderende schim en luid gekraak. Kalimantan's natuurparken bieden betere kansen. Zo is het Kutai wildpark, bereikbaar vanuit het aan de oostkust gelegen Samarinda, ondanks de houtkap nog steeds rijk aan orang-oetangs.

Wel is de oorspronkelijke apenpopulatie aanzienlijk verminderd door de enorme vuurzee die Oost-Kalimantan, in 1982 en 1983, maandenlang teisterde. Een gebied ter grootte van Nederland bleef verkoold achter. De rook gaf overlast tot in de straten van Singapore. In het najaar van 1987 woedden in hetzelfde gebied opnieuw hardnekkige bosbranden. Weer ging een onvervangbaar stuk regenwoud in vlammen op; een nog geringer aantal dieren overleefde deze laatste ramp. De oorzaak van de branden ligt waarschijnlijk in de grootschalige afname van het bosareaal. Regenwouden heten te 'transpireren', ze houden het vocht lang vast; de vernietiging ervan heeft onvermijdelijk een proces van uitdroging tot gevolg. Het primaire bos heeft de branden in ieder geval aanmerkelijk beter doorstaan dan de gekapte delen, waar het resterende hout het vuur alleen maar verder deed oplaaien.

Voor de houtindustrie zijn Zuid- en West-Kalimantan van veel minder betekenis. Moerasvlakten en mangrovebossen domineren hier het landschap en waardevol tropisch hardhout wordt slechts verspreid aangetroffen. Wie durft kan via de Kapuas, de langste rivier van Indonesië, of de Barito de oude handelsposten in het binnenland aandoen. Voorbij het laatste zendingsstation, bereikt men het hart van Borneo.

Iban Dayak met karakteristieke tatouages. De muts behoort tot de dagelijkse dracht.

Neushoornvogelveren vormen vaak de schitterende tooi van Iban Dayak op het oogstfeest in juni.

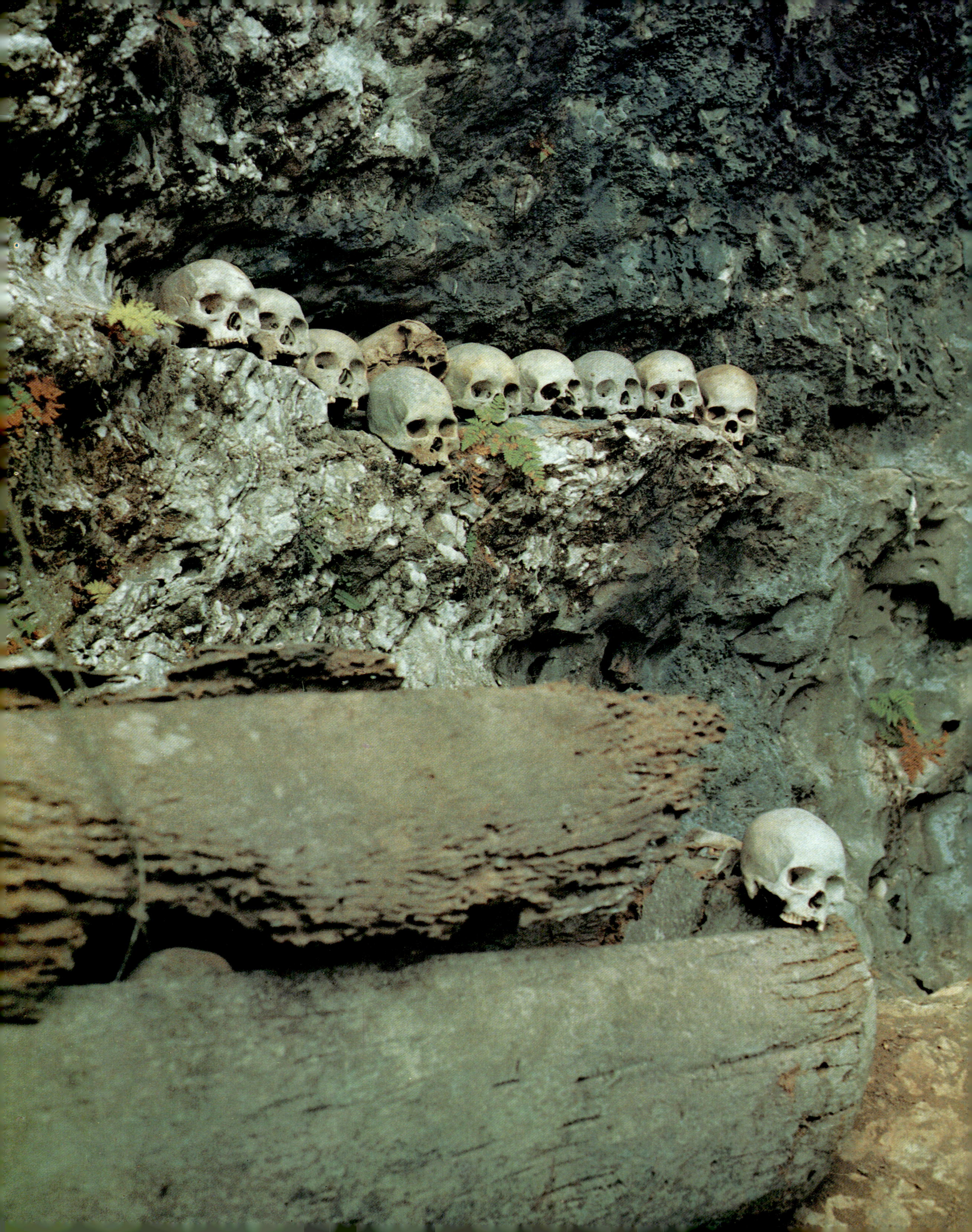

5 Sulawesi

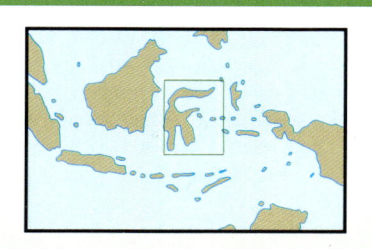

Sulawesi - ooit de uitvalsbasis van beruchte zeerovers, nu een land van gerespecteerde handelaren. Koopmansgeest bracht de Toraja tot de teelt van koffie, de Minahasers tot een kruidnagelcultuur en de Buginezen tot de bouw van vrachtzeilers uitzwermend naar alle hoeken van de archipel. Thuis spreidde ieder volk de vergaarde rijkdom anders ten toon; overal op Sulawesi raakten culturen op drift.

Als handelspartners van de Toraja wisten de Buginezen al snel de wegen te vinden naar de hoogvlakten in het binnenland van Sulawesi. Met baten uit de koffiehandel legden de Toraja hier de basis voor spectaculaire dodenrituelen, ter meerdere glorie van de feestgevende families. Hetty Nooy-Palm beschrijft het verloop van een traditionele begrafenisplechtigheid en geeft aan hoe deze ceremoniële rijkdom tegenwoordig wordt gefinancierd.

Veel Buginese handelslui vestigden zich in Kendari, het thuisland van de Tolaki in Zuidoost-Sulawesi. Opgenomen in een 'grotere wereld' is de *adat* van de oorspronkelijke bewoners van dit gebied onder druk komen te staan. Hoe bij de Tolaki nu oude tradities worden doorbroken, illustreert Dinah Bergink aan de hand van het 'vluchthuwelijk'.

Leidden handelsactiviteiten bij de Toraja tot statusfeesten voor familiegroepen, in de Minahasa mondden economische successen uit in zeer individueel gericht uiterlijk vertoon. Mieke Schouten legt de wortels van de samenleving in Noordoost-Sulawesi bloot en signaleert dat de rivaliteit in het aardse leven er ook na de dood wordt voortgezet.

Een rotsgraf als laatste rustplaats voor de Sa'dan Toraja

Toraja is een algemene benaming voor de etnische groepen die wonen in het bergachtige binnenland van Sulawesi. In het zuidelijke deel van dit gebied, in het district Tana Toraja, wonen de Sa'dan Toraja. De oppervlakte van hun woongebied is slechts een tiende van die van Nederland, maar door het geaccidenteerde terrein maakt het een grotere indruk. De Sa'danrivier doorsnijdt de vlakte van noord naar zuid en de steil oprijzende kalkrotsen geven het landschap het uiterlijk van een canyon; het doet denken aan de werken van Chinese landschapsschilders.

De verspreid liggende dorpen zijn onderling verbonden door smalle bergpaden; een geasfalteerde weg verbindt de twee stadjes Makale en Rantepao. Op marktdagen is het op alle wegen bijzonder druk: de *pasar* van Rantepao behoort tot de grootste markten van Indonesië. Vrouwen, met brede bamboe hoeden op het hoofd en zware manden op de rug, brengen hier hun marktwaar aan.

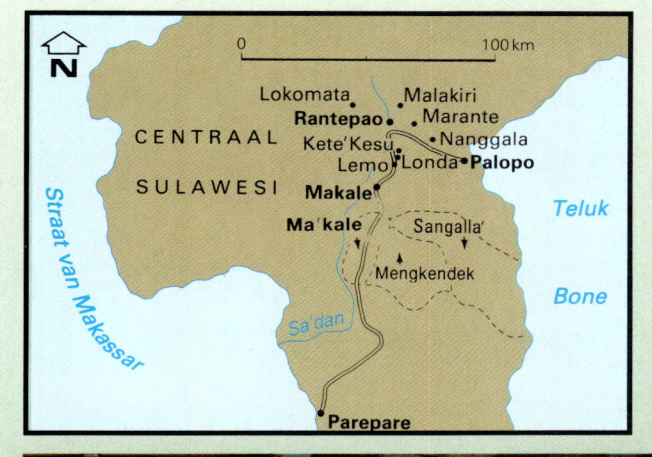

▼ *Op de pasar van Rantepao bieden Torajavrouwen hun koopwaar aan.*

◄ *Toraja hebben wel angst voor de zielen van voorouders, doch niet voor hun schedels. Doodskisten, zoals hier op een oude bijzettingsplaats in Marante, zijn ruim tien generaties geleden in onbruik geraakt; sinds die tijd houwen de Toraja, vermoedelijk om grafroof tegen te gaan, hun graven uit in de rotsen.*

Sulawesi economie politiek

Een rotsgraf als laatste rustplaats voor de Sa'dan Toraja

Mannen dragen de handelswaren aan een stok over de schouder. Van lastdieren wordt – met uitzondering van enkele paarden – weinig gebruik gemaakt. Autobusjes winnen weliswaar in populariteit, maar de meeste goederen worden nog steeds door de mensen zelf vervoerd. In snelle tred gaat men, achter elkaar, bergop- of bergafwaarts. Veel aandacht voor het landschap hebben de Toraja niet.

Toeristen tonen die belangstelling wel. In steeds grotere getale bezoeken ze het binnenland van Sulawesi. Hun aandacht gaat uit naar de fraai in het landschap gelegen, met houtsnijwerk versierde *adat*-huizen, de *tongkonan*, en ook naar de bijzondere, in de rotswanden uitgehouwen graven. De indrukwekkende dodenfeesten vormen voor hen een grote attractie.

De onderwerping

De ongeveer driehonderdveertigduizend Toraja leven grotendeels van de landbouw. Zo'n tien procent vindt een bestaan in overheidsdienst, in het uitoefenen van een kerkelijk ambt of, als kleine neringdoende, in de toeristische sector. In diverse dorpen houden boeren zich, als bijverdienste, bezig met ambachtelijke nijverheid, voornamelijk het vervaardigen van houtsnijwerk, en in bepaalde streken weven boerenvrouwen doeken voor de toeristenmarkt. Rijst, het voedsel dat veel aanzien verschaft, wordt het meest verbouwd. Arme mensen eten mais, cassave en knolvruchten.

Hoewel de export van kruidnagelen en peper gestadig toeneemt, is koffie het belangrijkste handelsgewas van de Toraja. Deze struik wordt al geteeld sinds het einde van de vorige eeuw, een tijd waarin het volk bij de Hollandse overheersers nog volslagen onbekend was. De zuidelijk van Tana Toraja wonende Buginezen echter, dreven toen reeds eeuwen handel met hen. Evenals Arabische handelaren vervoerden zij koffie, bestemd voor de wereldmarkt, uit Tana Toraja naar de kusthavens van Sulawesi.

Tot aan het begin van deze eeuw was de handel in slaven een andere belangrijke bron van inkomsten. Slaven vormden bij de Toraja vroeger de laagste stand. Boven hen stonden de vrijen, dan volgden de adel en, als hoogste stand, de prinsen (Puang) van de drie ministaatjes in het zuiden van Tana Toraja. In de slavenhandel vond het Nederlandse koloniale bestuur in 1906 een aanleiding om het gebied reeds te onderwerpen. Het traditionele koppensnellen werd door de nieuwe heersers verboden en het door hen ingevoerde onderwijs werd al spoedig populair.

De introductie van het Christendom verliep veel moeizamer. Bepaalde maatregelen van de zijde van de kerk, zoals het afschaffen van hanengevechten, stuitten op veel weerstand. In 1950 was nog geen tien procent van de Toraja bekeerd. Een situatie die, als gevolg van de politieke onrust in het zelfstandige Indonesië, snel veranderde. Islamitische groepen trokken in het begin van de jaren zestig Tana Toraja binnen en daarmee kwam de bevolking voor de keuze te staan islamiet of christen te worden. Velen kozen voor de laatste religie; het oude geloof wordt tegenwoordig nog door ongeveer een kwart van de Sa'dan Toraja beleden.

▲ *Als bijverdienste vervaardigen Torajaboeren gedecoreerde bamboekokers; sommige motieven, zoals 'de zon met stralen' op het rechter deksel, zijn kosmologisch van aard.*

De hoofdstraat van Rantepao. Een man brengt zijn marktwaar, bamboekokers met palmwijn, naar de ▼ *drukbezochte pasar.*

Om een feest op gepaste wijze te vieren, zijn aan de rand van Rantepao de nodige varkens bijeengebracht. ▶

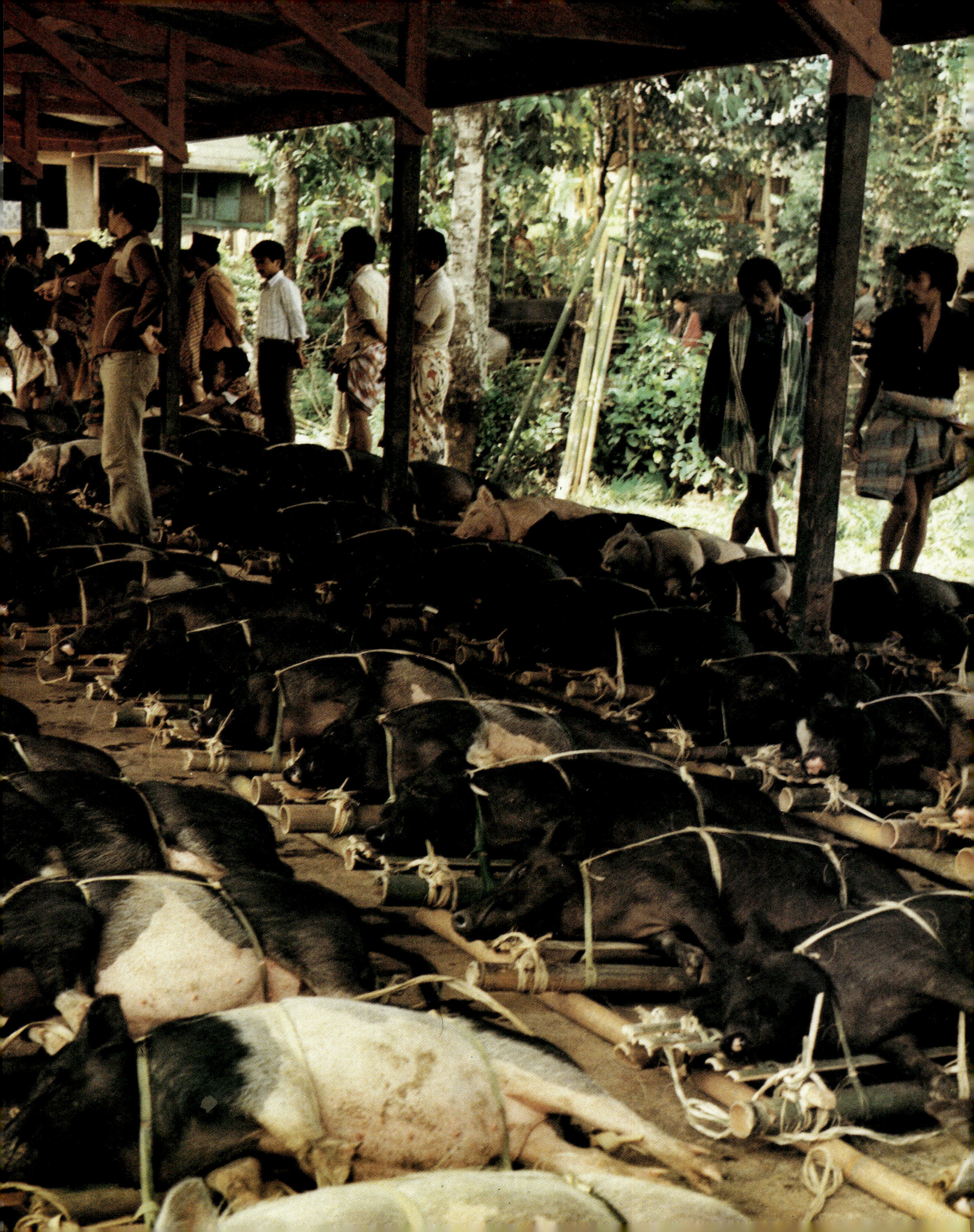

Sulawesi — religie — tongkonan

Een rotsgraf als laatste rustplaats voor de Sa'dan Toraja

Aluk To Dolo

De Toraja noemen hun religie *Aluk To Dolo*, de 'Riten van de mensen van Weleer', ofwel het geloof van de voorouders. Voorouders zijn belangrijk. Zij zorgen vanuit de hemel voor het welzijn van de gemeenschap en voor de vruchtbaarheid van de velden. De eerste mens werd in de bovenwereld geschapen door de oppergod Puang Matua (de Oude Heer), te zamen met de karbouw, het hoen, het varken en enkele planten. Een nakomeling van deze voorouder begon zich in de bovenwereld te vervelen: hij opende het hemelvenster en zag de oceaan onder zich. Hij vond dit alles heel interessant en vroeg Puang Matua of deze niet een kluit aarde naar beneden kon gooien, waarop hij (met huis, gezin, karbouwen, slaven, enzovoorts) neergelaten kon worden. Aldus geschiedde. De neergedaalde mens werd de eerste To Manurun, 'Hij, die op Aarde is Neergedaald'. Nadien kwamen nog meer To Manurun naar beneden. Ze 'landden' op de rotsen en bergen in Tana Toraja. Daar ook bouwden ze hun eerste huis, een *tongkonan*. De in de hemel gebruikelijke rituelen werden op aarde gehandhaafd; zo werd het kosmisch evenwicht bewaard. De kosmos van de Toraja bestaat uit drie lagen: de bovenwereld, de aarde (de wereld van de mensen) en de onderwereld. De bovenwereld is het gebied van Puang Matua, die samen met enkele andere belangrijke goden en godinnen, en de vergoddelijkte voorouders troont in het zenit. De aarde wordt gedragen op het hoofd en de handpalmen van Pong Tulakpadang, de 'Aardstutter'. De vrouw van deze godheid kan, als zij een slecht humeur heeft, aardbevingen veroorzaken. Een tunnel verbindt de onderwereld met het dodenrijk, Puya geheten. De doorgang wordt bewaakt door Pong Lalondong, 'Heer Haan', de rechter van het dodenrijk die de levensdraad van de mensen afsnijdt. Het dodenrijk ligt overigens op aarde, ergens ten zuiden van Tana Toraja. Deze windrichting wordt daarom te zamen met het westen, de richting van de ondergaande zon, geassocieerd met de dood. Noord en oost, de richting van de opkomende zon, worden in verband gebracht met het leven. Op overeenkomstige wijze delen de Toraja hun ceremoniën in: alle rituelen die op de levenden betrekking hebben, vallen in de oostelijke sfeer en plechtigheden die met de dood te maken hebben, zijn 'west'.

Tongkonan: verheven zetels

Enkele huizen van de Toraja hebben een zeer bijzondere status. Dit zijn de *tongkonan*, ofwel 'zetels'. Ze vormen het centrum, de 'zetel', van een familiegroep, **pa'rapuan** of kortweg *rapu* geheten. Genealogische experts onder de Toraja weten precies te vertellen door welke voorouders de *tongkonan* zijn gesticht en ook hoeveel generaties geleden dat is gebeurd. Zo heeft de stammoeder van de geslachten in het dorp Kesu', Lai' Ambun ri Kesu' (Vrouw Dageraad van Kesu'), samen met haar echtgenoot de *tongkonan* Kesu' gebouwd op de gelijknamige berg. Van sommige *tongkonan* wordt verteld dat ze door de voorouders uit de hemel zijn meegenomen.
Vroeger werden de *tongkonan* meestal bovenop een berg gesitueerd; dit paste goed bij de verheven status van de huizen. Later, na de komst van de Nederlanders, werden vele naar de vlakte verplaatst. Enkele *tongkonan* zijn echter ook nu nog in de bergen te vinden.

▲ *Gezicht op Ke'te' Kesu', een Torajanederzetting die thans tot monument is verklaard.*

Een rotsgraf als laatste rustplaats voor de Sa'dan Toraja

Sulawesi tau-tau bijzetting

De dodenfeesten

Binnen de Torajacultuur staat het dodenritueel momenteel in het middelpunt van de belangstelling. Van alle plechtigheden heeft het de meeste weerstand geboden aan moderne invloeden en daardoor is het naar verhouding steeds belangrijker geworden: grote dodenfeesten zijn nu zelfs een culturele manifestatie par excellence. In de vorige eeuw verliep de dodenbezorging veel minder spectaculair. Als een gevolg van de koffieteelt en de baten die hieruit voortvloeien, ging men pas tegen de eeuwwisseling de bijzetting van familieleden met meer ritueel omgeven. De Pax Neerlandica, bevorderde vervolgens deze ontwikkeling en tegenwoordig besteedt men alle mogelijke aandacht aan de begrafenis van dierbare familieleden.

De dodenrituelen die nu voor de gekerstende Toraja worden uitgevoerd, zijn vaak even pompeus als de feesten voor overleden 'heidenen'. Ook de christenen offeren karbouwen en ook zij zingen op de aloude wijze de (soms van andere woorden voorziene) dodenliederen. Omstreden is wel het gebruik van de *tau-tau*, een houten pop die de overledene voorstelt en bij zijn graf wordt geplaatst. Sommige kerkelijke functionarissen menen dat deze pop "riekt naar een afgodsbeeld". Volgens anderen is de *tau-tau* niet meer dan een grafbeeld. Over de aanwezigheid van de traditionele dodenpriester zijn de christenen minder verdeeld: zijn optreden wordt niet op prijs gesteld.

De rituelen waarmee de 'heidense' bijzettingen worden omgeven, vertonen een bepaalde rangorde. Zeer simpel zijn die van babies en kleine kinderen, van arme mensen en (vroeger) van slaven. De meer gecompliceerde bijzettingen zijn gebaseerd op een indeling in nachten; afhankelijk van de status van de overledene variëren ze van *sang bongi*, het feest van één nacht, tot *pitung bongi*, een zeven nachten durend ritueel. Men rekent in nachten (en niet in dagen), omdat het donker in verband wordt gebracht met de dood: zwart is de rouwkleur. Vele riten vinden ook 's nachts plaats. Alleen als de dode van prinselijke bloede (een Puang) is, wordt gedurende de laatste fase van het dodenfeest de rouwkleur wit, gelijk de kleur van het bloed dat door de vorstelijke lichamen zou stromen. De bijzetting van prinsen geschiedt eveneens op bijzondere wijze. Een overleden Puang valt een ceremonie hoger nog dan *pitung bongi*, het feest van zeven nachten, ten deel; een prins heeft recht op een bijzetting verdeeld over twee fasen, een *dirapa'i*, het dodenfeest waarbij een rusttijd in acht wordt genomen.

▲ *Een trieste ontwikkeling in beeld. Tussen 1981 en 1987 zijn de meeste tau-tau van deze eertijds zeer belangrijke galerij in Lemo verdwenen. Malafide kunsthandelaren bieden schatten voor de dodenpoppen, artefacten die een belangrijke functie vervullen in de Torajacultuur. Hoe misplaatst staat een tau-tau* ◄ *in een museum.*

103

Sulawesi dirapa'i karbouw

Een rotsgraf als laatste rustplaats voor de Sa'dan Toraja

Dirapa'i in Sangalla'

Toen in 1968 de laatste prins van Sangalla', Puang Lasok Rinding, was gestorven, vond conform zijn positie een *dirapa'i*, het ritueel van de hoogste orde, plaats. Een zeer kostbaar dodenfeest, dat pas werd gevierd nadat de prins twee jaar lang opgebaard had gelegen in de zuidelijke kamer van een voorname *tongkonan* in het rijkje.
Puang Lasok Rinding, wiens officiële titel Palodang de Twaalfde was, had gedurende vele jaren over Sangalla' geheerst. Door zijn persoonlijkheid oefende hij daadwerkelijk gezag uit en genoot hij veel aanzien bij zijn onderdanen. Hij was een groot kenner van de *adat*. Omdat Puang Lasok Rinding, in tegenstelling tot de beide andere prinsen (van de ministaatjes Mengkendek en Ma'kale) in Tana Toraja, nog niet was overgegaan tot het christelijk geloof, was zijn bijzetting tevens de laatste die volgens het oude ritueel voor een Puang werd gehouden.
Voordat de eerste fase, *aluk pia* ofwel het 'kindheidsritueel', een aanvang kon nemen, moesten allerlei geld- en tijdrovende voorbereidselen worden getroffen, zoals het inrichten van de gastenverblijven en het gereed maken van twee feestterreinen. De eerste feestplaats betrof het erf rondom het sterfhuis, het tweede de slachtplaats van de karbouwen. Op dit laatste terrein staan ook de menhirs opgesteld, de herinneringstekens voor reeds overleden Puang. Hieromheen werden de verblijven van de gasten zodanig opgesteld, dat het geheel de indruk wekte van een dorp met een dorpsplein; de Toraja spreken dan ook van een 'dodendorp'.
Vanaf de aanvang van het eerste ritueel mocht de weduwe, die dag en nacht naast de dode verwijlde, geen rijst meer eten. Belangrijke versierselen werden in gereedheid gebracht en op de feestplaats bij het sterfhuis werd een tweetal karbouwen gedood. De ene buffel wordt 'het Aanhangsel van de Ziel' genoemd; deze wordt geacht de ziel van de overledene naar het hiernamaals te vergezellen. De dood van de andere vergelijkt men met het daadwerkelijk overlijden van degene voor wie het ritueel wordt uitgevoerd. Tot het tijdstip waarop deze tweede buffel wordt gedood, heet de overledene namelijk 'ziek' te zijn. Na de dood van de buffel beschouwt men de zieke als overleden en wordt het lijk, dat tot aan dat ogenblik (in het geval van Puang Lasok Rinding twee jaren) oost-west was gesitueerd, noord-zuid gekeerd. Zeven dagen lang werden de riten voor de dode Puang voortgezet. Men voerde rouwdansen en dodenzangen uit en slachtte karbouwen en varkens. In die tijd stroomden ook de gasten toe: in het dodendorp werden ze ondergebracht in de feestloodsen. Op de zevende dag tenslotte werd de Puang tijdelijk 'herbegraven'. Dat wil zeggen: de overledene, die door de dodenpriester in repen stof was gewikkeld tot het geheel er uitzag als een groot rolkussen, werd door een klamboenet van de buitenwereld afgeschermd. De dodenzangen hielden op en zij, die dat wensten, konden weer rijst eten. Puang Lasok Rinding mocht rusten, tot hij opnieuw zou worden gewekt bij de aanvang van het tweede gedeelte van het dodenfeest: *mantunu*, 'het slachten van de karbouwen'.

De Puang gewekt

Met de viering van de tweede fase van het dodenritueel kon om voornamelijk financiële redenen pas twee jaar later, in 1972, worden begonnen. Heel vroeg in de morgen van de eerste dag werd op een gong en twee speciaal voor dit ritueel bestemde trommen geslagen, ten teken dat de rusttijd voorbij was. De Toraja noemen dit *matundan*, het 'wekken uit de slaap'. Diezelfde ochtend nog werd een varken geslacht en in de loop van de middag een karbouw. De dodenpriester schonk de overledene stukjes vlees van deze offerdieren en het zingen van de rouwliederen werd hervat.
De eerstvolgende belangrijke rite, waarbij weer een varken werd geofferd, bestond uit het opnieuw inwikkelen van het stoffelijk overschot. Een speciale kunstenaar begon nu met het vervaardigen van de *tau-tau*, de houten pop die de overledene moet voorstellen, en die later bij de andere poppen voor het familiegraf zou worden opgesteld. Tegelijkertijd werd aan de *saringan* gewerkt, de baar waarop de in doeken gewikkelde dode in optocht zou worden vervoerd, eerst naar het feestterrein in het dodendorp, en daarna naar het complex van de familiegrafkamers. De prinselijke graven bevinden zich in Suaya, een steile rots in het prinsdom Sangalla'. Daar, in enkele loodrechte wanden, zijn tientallen grafkamers uitgehouwen, naast en boven

▲ Aan een staak voor een **tongkonan** zijn de horens van alle karbouwen, geslacht tijdens een dodenfeest, bevestigd. Een dergelijke expositie geeft status aan het huis én aan zijn **pa'rapuan**.

De karbouw

De karbouw is het voornaamste dier van de Toraja: het is een offerdier, een statussymbool en speelt een rol in vele mythen. De horens van het dier waren (en zijn dat nog) het embleem van koppensnellers. Vroeger spiegelden krijgers zich aan de sterke, moedige stieren; het snellen van hoofden diende als bewijs van viriliteit en vergrootte de vruchtbaarheid van de rijstvelden.
Bij de waardering van een karbouw wordt gelet op de houding en omvang van het lichaam, de vorm van de horens (liefst puntig en sikkelvormig als de nieuwe maan of, bij ossen, heel lang) en de kleur. Een diepzwarte kleur wordt hoog geprezen, maar bonte buffels, die men in Indonesië vrijwel alleen vindt in Tana Toraja, zijn meestal duurder. Het kostbaarst zijn de witte karbouwen met vlekken, gespikkeld als kievitsei. Deze vlekken worden geassocieerd met overvloed: de vele korrels van de rijst, de sterren aan het firmament. En geheel witte buffels? Die zijn niets waard. Zij worden, zeggen de Toraja, blind geboren.

Een in rouwkleding gehulde Toraja voert tijdens een ▶ *dodenritueel een zwarte buffel aan. Familieleden of vrienden van de overledene geven vaak zo'n karbouw ten geschenke.*

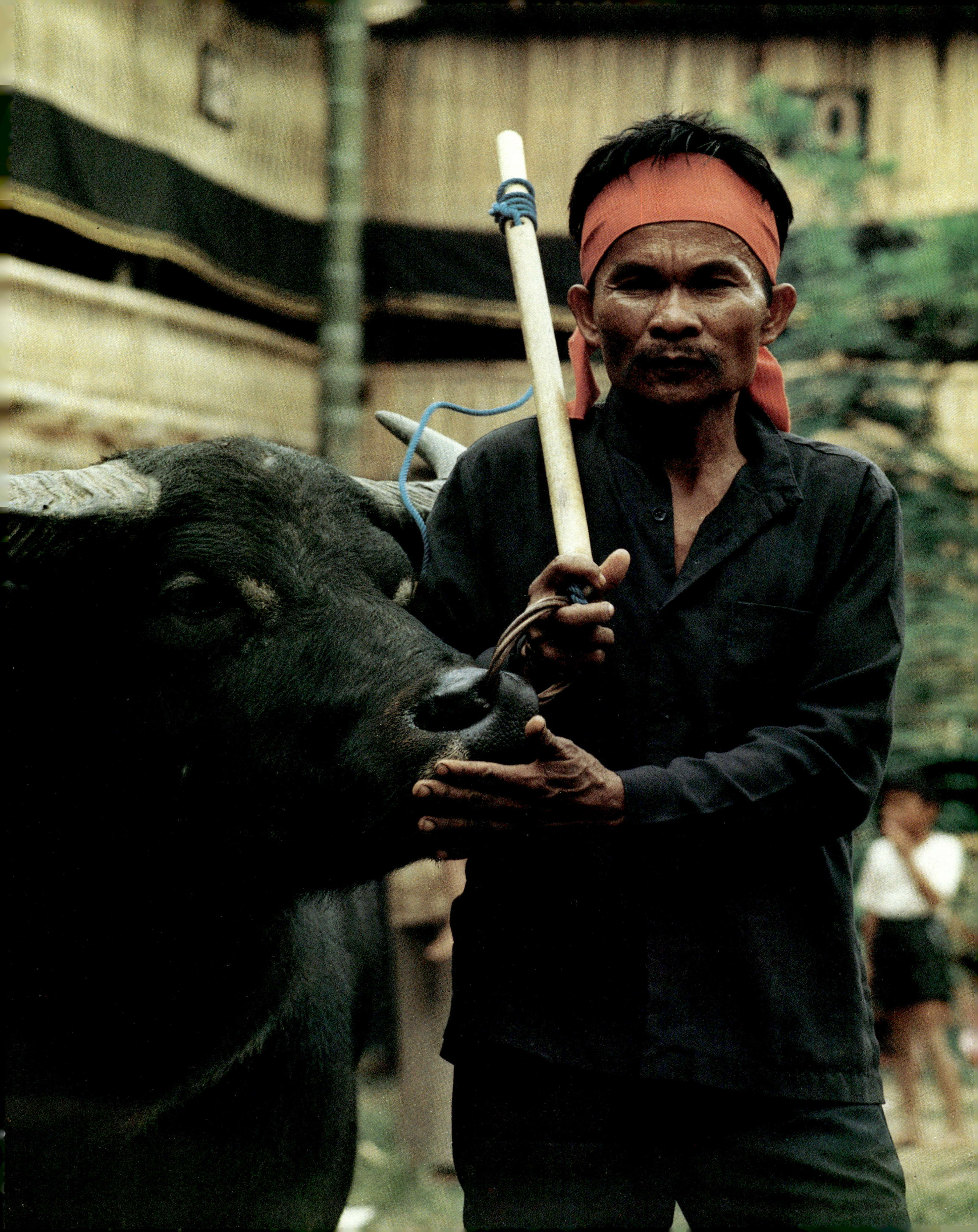

Sulawesi dodendorp tau-tau

Een rotsgraf als laatste rustplaats voor de Sa'dan Toraja

De versierde voorgevel van een tongkonan. *De kip representeert de mythische Lando Kollong, 'Zij, met de Lange Nek'; de buffelkop stelt een aardse karbouw voor, geslacht tijdens een dodenfeest.*

De door familie en vrienden naar het dodendorp meegebrachte karbouwen worden geslacht. Uit statusoverwegingen wordt bij ieder dodenfeest het aantal gedode karbouwen precies bijgehouden. ▼

elkaar. Hoe hoger een rotsgraf is gesitueerd, des te groter het aanzien van de daarin bijgezette doden. De 'begrafenisondernemer' werkt geheel voor eigen risico en iemands bijzetting kan de oorzaak zijn van de dood van vermetele lijkbezorgers: het overbrengen van de dode naar zijn graf vereist soms een staaltje van waar alpinisme.

Met het overbrengen van het stoffelijk overschot vanuit de *tongkonan* naar de daar tegenover liggende rijstschuur werden de ceremoniën voortgezet. De vrouwelijke familieleden hervatten het wenen en de *tau-tau* kreeg een plaats voor de rijstschuur. Iedere avond slachtte men een varken en steeds werden aan de dode en de *tau-tau* kleine stukjes vlees geofferd. De aanwezigen verdeelden, naar rang en stand, de restanten. De rol waarin de dode was gewikkeld, werd nu versierd met een omhulsel van rood weefsel, waarop figuren, uitgeknipt uit goudblad, werden geplakt. Deze figuren hebben alle een eigen betekenis: op de uiteinden van de rol plakt men bij voorbeeld het *pa'barre allo*-motief, de 'zon met stralen', een motief uit de bovenwereld.

Na een drietal dagen werd het stoffelijk overschot van de rijstschuur in optocht overgebracht naar het dodendorp. Een dergelijke processie kent een vaste volgorde. Voorop lopen met (namaak) buffelhorens getooide krijgsdansers, gevolgd door mannen die 'het sieraad van de buffel' dragen. Dit is een driehoekige, prachtig versierde constructie van bamboe, die waarschijnlijk het topstuk van de voorgevel van een *tongkonan* voorstelt. Vroeger verliet een voorname dode het *adat*-huis door dit deel van de gevel: op weg naar het dodenrijk Puya, nam de dodenziel zo als het ware plaats op de rug van een karbouw. In de optocht voert de karbouw die 'de dodenziel draagt', met op zijn rug een heilige doek, de meelopende buffels aan. Hierna volgt de draagstoel met

De tau-tau *die de overleden vorst van Sangalla', Lasok Rinding, voorstelt. De pop is gekleed als een notabele; aan de* ▼ *voeten liggen offeranden.*

de weduwe, die door een tentachtige constructie geheel aan het oog is onttrokken, want men acht haar besmet met de sfeer van de dood. Dit geldt eveneens voor de andere vrouwen die bij de overledene de wacht hebben gehouden: ook zij worden verhuld in de stoet meegevoerd. Dan volgt de *tau-tau*, in vol ornaat gezeten op een prachtig versierde draagstoel. Het beeld is wèl voor iedereen zichtbaar: luidt de officiële benaming van de pop immers niet *bombo dikita*, 'de dodenziel die gezien wordt'? Hierna volgt de dode zelf.

De lijkrol van Puang Lasok Rinding was getooid met krissen en rustte op een prachtig versierde bank. Een dak als dat van een Torajahuis, bedekt met een heilige doek (een van de sacrale voorwerpen van Sangalla') overhuifde het geheel. Familieleden, vrienden, hoogwaardigheidsbekleders, dorpelingen en andere bewoners van Sangalla' liepen mee in de optocht. Met de baar van de dode werd zoals gebruikelijk flink gehost. Hiervoor bestaan verschillende verklaringen. Beweerd wordt dat door het hossen de ziel van de overledene het spoor bijster raakt, zodat deze de weg terug naar het dorp niet meer kan vinden. Anderen menen dat kwade geesten op deze manier wordt belet de overledene te achtervolgen. Soms lijken de activiteiten rondom de dodenbaar zelfs op een gevecht.

Op het feestterrein in het dodendorp werd de Puang naar een speciale, huisachtige constructie overgebracht, de *lakkean*. De weduwe en andere vrouwen die met een taak in het rouwritueel waren belast, stapten uit hun draagstoelen en voegden zich bij de dode. Daartoe beklommen ze een lange ladder naar het bovenste platform. Op de verdieping daaronder werd de versierde *tau-tau* geplaatst. Tot diep in de nacht zongen en dansten hier de rouwenden. Bij het aanbreken van de dag werden daarna karbouwgevechten georganiseerd en slachtte men alle aanwezige buffels.

Een rotsgraf als laatste rustplaats voor de Sa'dan Toraja

Sulawesi   kosmologie   architectuur

Een kosmisch symbool

Een Torajahuis wekt de indruk groter te zijn dan het in werkelijkheid is. Het bestaat vaak uit niet meer dan drie kamers. Evenals dat het geval is bij vele andere Indonesische volken, is ook bij de Toraja het traditionele huis meer dan een plaats van onderdak. Het huis is het zichtbare symbool van de familiegroep, de *rapu*, en daarnaast verwijst zijn ruimtelijke structuur naar de opbouw van de kosmos: de ruimte onder het huis stelt de onderwereld voor, de woonruimte de aarde (de tussenwereld) en het dak de bovenwereld. De offerplaats voor de goden in deze bovenwereld is het driehoekige topstuk van de voorgevel; het is tevens de plaats waarlangs de dodenziel van een adellijke Toraja geacht wordt het huis te verlaten.
De woonruimte zelf is ook ingedeeld conform de kosmische oriëntatie. De zuidelijke kamer wordt geassocieerd met de dodenrituelen, want het dodenrijk Puya ligt zuidelijk van Tana Toraja. Het westen, de richting van de ondergaande zon, wordt ook vereenzelvigd met de dood. In het middenvertrek worden bij de aanvang van het dodenfeest in het westelijke deel de doden opgebaard. Het oostelijke gedeelte van het middenvertrek, de kant van de zonsopgang, wordt evenals het noorden in verband gebracht met het leven: hier zijn de voorraden en de keuken te vinden. Het noordelijk deel van de woonruimte in het huis fungeert als ontvangstruimte voor gasten.

◄ *De rijstschuur is als het ware een verkleinde uitgave van het woonhuis en evenals de* **tongkonan** *een statussymbool.*

Sulawesi bijzetting diaspora verbondenheid

Een rotsgraf als laatste rustplaats voor de Sa'dan Toraja

Uiteindelijk ging men over tot de bijzetting van de Puang van Sangalla' in het voorouderlijke rotsgraf. Generaties van heersers zijn hierin al bijgezet. In dezelfde volgorde als die, welke bij het vertrek van de rijstschuur naar het dodendorp in acht werd genomen, bewoog de stoet zich voort naar de familiegraven in Suaya. Eenmaal ter plekke werd de zware rode rol met de overledene binnen tien minuten via bamboeladders in de grafkamer, ruim veertig meter boven de begane grond gehesen. Spannende minuten voor de toeschouwers, want zoals al eerder opgemerkt, het bijzetten van een voorname dode is een zwaar en levensgevaarlijk werk. De *tau-tau*, het beeld van Puang Palodang de Twaalfde, kreeg vervolgens zijn plaats in de vooroudergalerij van de elf overleden Palodangs en evenals bij het eerste gedeelte van het dodenfeest werden de plechtigheden besloten met hanengevechten.
De honderden buffels die tijdens de rituelen werden geslacht hebben, volgens het oude geloof, de Puang vergezeld op zijn verdere tocht naar het hiernamaals. Ook in die andere wereld geldt namelijk: hoe meer buffels, hoe meer status. Het dodenritueel liep hiermee ten einde. Het was grootser en kostbaarder geweest dan alle plechtigheden, die de eenvoudige vorst tijdens zijn leven ten deel waren gevallen.

Offers voor Tana Toraja

Dodenrituelen met een vertoon zoals uitgevoerd voor Puang Lasok Rinding zijn ook voor de Toraja zeer uitzonderlijk. Toch zijn ook de feesten voor overledenen van een minder hoge stand vaak van een pracht die elke buitenstaander verbaast. Of het daarbij gaat om christelijke of om *Aluk To Dolo*-rituelen maakt geen verschil: in beide gevallen wordt het aanzien van de feestgevende familie er door verhoogd. De kosten die aan de plechtigheden zijn verbonden, gaan echter de draagkracht van eenvoudige boeren vaak ver te boven. In veel gevallen kunnen de feesten dan ook alleen worden georganiseerd dank zij de bijdragen van weggetrokken familieleden.
Een groot aantal Sa'dan Toraja, ongeveer zeventigduizend, bevindt zich thans buiten Tana Toraja. Een belangrijk deel woont in de hoofdstad van Zuid-Sulawesi, Ujung Pandang, in de gebieden in Midden-Sulawesi waar nikkelerts wordt gewonnen, in de oliewingebieden van Kalimantan, in Irian Jaya en in de hoofdstad van Indonesië, Jakarta. In de grote stad strijkt men eerst neer bij familie, vrienden of ex-dorpsgenoten; Toraja wonen in bepaalde wijken daarom veelal als voormalige dorps- of streekgenoten bijeen.
Ondanks deze saamhorigheid en de grote mate van welstand die vele Toraja in de nieuwe woongebieden hebben bereikt, houden velen in de 'diaspora' toch een gevoel van onzekerheid. Tana Toraja blijft voor hen de vertrouwde omgeving waar men zich thuis voelt en waar men in geval van nood altijd weer zijn toevlucht zal zoeken. Evenals de weggetrokken Toba Batak de band met hun stamland in Sumatra gestalte geven door bij te dragen aan grafmonumenten als de *tugu* (zie hoofdstuk 1), zal een gemigreerde Toraja daarom zelden negatief reageren op een verzoek om financiële bijstand van famllieleden uit het gebied van herkomst. Zo draagt hij geregeld bij aan de kosten van het dodenritueel voor een overleden bloedverwant. Deze participatie verhoogt niet alleen zijn status, zij geeft hem ook een gevoel van etnische geborgenheid en garandeert hem een blijvende verbondenheid met Tana Toraja.

▲ *De rol met het stoffelijk overschot wordt in het rotsgraf gedragen. Omdat de overledene een man is, zijn de uiteinden van de lijkrol versierd met het* pa'barre allo-*motief, 'de zon met stralen'.*

Een rotsgraf als laatste rustplaats voor de Sa'dan Toraja Sulawesi pa'rapuan inwijding

Kostbare familiebanden

Zoals uit de status verhogende dodenfeesten blijkt, is het familiebesef bij de Toraja sterk ontwikkeld. Het bijhouden van alle familiebanden is voor een Toraja echter geen eenvoudige zaak. Het verwantschapssysteem is niet eenlijnig, doch bilateraal: men is zowel lid van vaders als van moeders **pa'rapuan**, *en daardoor ook verbonden met twee* **tongkonan**. *Ook de* **tongkonan** *van de grootouders zijn echter van belang, evenals die van de overgrootouders, enzovoorts... Men verwerft aanzien door een binding met vele, liefst voorname* **tongkonan**. *Genealogische experts helpen de Toraja de weg te vinden in dit doolhof van huizen en families. Met het 'lidmaatschap' van meerdere* **tongkonan** *is tegenwoordig echter veel, vaak te veel, tijd en geld gemoeid. Zo moet men bij alle ceremoniën waarbij een huis het centrum is van de feestelijkheden, een bijdrage leveren in de vorm van bij voorbeeld een varken of een karbouw. De bij de* **tongkonan** *horende rijst- en andere velden leveren namelijk niet voldoende op om het onderhoud van het huis en de daarmee verbonden inwijdingsrituelen te bekostigen. En feesten ter ere van de* **tongkonan**, *het territorium van de* **pa'rapuan**, *waarbij het door de voorouder gestichte huis het sacrale centrum is, móeten gehouden worden, opdat het de familiegroep en het dorp goed zal gaan.*

▲ *Bij huisinwijdingsfeesten wordt door meisjes en jonge vrouwen vaak de* **ma'gellu'** *gedanst. De danseressen zijn getooid met de kostbare sieraden van de* **pa'rapuan**, *zoals de in hun gordels gestoken heilige krissen en* **kandaure**, *fuikvormige kralen sieraden die op de rug worden gedragen.* ▼

Sulawesi infrastructuur

Het vluchthuwelijk bij de Tolaki

Zacht landt de F-28 van Garuda op het vliegveld Wolter Monginsidi bij Kendari, de hoofdstad van Zuidoost-Sulawesi. Evenals de meeste andere Indonesische luchthavens draagt ook dit vliegveld de naam van een vrijheidsheld: Wolter Monginsidi vocht in de jaren veertig tegen de Hollandse kapitein Westerling. Eenmaal per dag arriveert en vertrekt er een vliegtuig dat Zuidoost-Sulawesi verbindt met het grote Ujung Pandang (het vroegere Makassar), de transithaven voor Sulawesi, de Molukken en Irian Jaya. Dan is het druk, de komende en gaande reizigers ontmoeten elkaar hier.

In veel gevallen kan men met een dienstauto van een provinciaal departement of met de jeep van een particulier meerijden naar Kendari. En anders is er altijd plaats in één van de minibusjes, bestelwagentjes waarin twee banken in de lengte staan. Over een veilige, brede weg gaat het zo'n veertig kilometer richting hoofdstad. Aan het eind van de rit vangt de reiziger een glimp op van de prachtige baai, door sommigen vergeleken met het Tobameer in Noord-Sumatra. De reeks dorpen die hier langs de kust ligt, vormt het eigenlijke Kendari, een 'lintstad' met een lengte van ongeveer vijftien kilometer. Tot voor kort was de haven het belangrijkste handelscentrum van de stad. Hier woonden, als zeevarende handelaren, de Buginezen en ook, als oudgedienden van het Koninklijk Nederlandsch-Indisch Leger, vele Manadonezen en Molukkers. De gestage toeloop van migranten uit allerlei andere delen van Indonesië heeft onlangs meer landinwaarts een nieuwe kern doen ontstaan, gecentreerd rond de bestuursgebouwen en huizen voor ambtenaren. Veel Chinezen die nu nog winkels exploiteren in het oude havengebied, hebben reeds grond gepacht om hun bedrijven te kunnen verplaatsen naar deze nieuwe stadswijk.

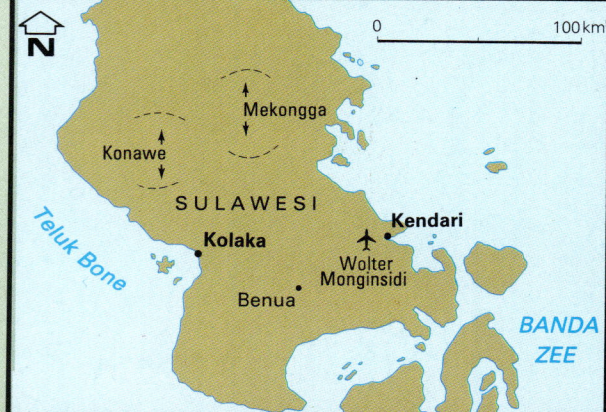

Dappere mensen

De Tolaki behoren tot de oorspronkelijke bewoners van het schiereiland Zuidoost-Sulawesi. De naam van het volk betekent 'dappere mensen'. Sinds een aantal jaren wordt hun woongebied overstroomd door migranten afkomstig uit de gehele Indonesische archipel. In de districten Kendari en Kolaka vertegenwoordigen de Tolaki, wier aantal momenteel wordt geschat op 250.000, nog maar de helft van de bevolking.
De eenheid van de cultuur is hierdoor aangetast en veel tradities dreigen te verdwijnen. Door het ontbreken van enig gevoel van etnische trots wordt dit proces op veel plaatsen versneld. In de steden schamen veel jongelui zich er tegenwoordig voor Tolaki te zijn; ze begrijpen nauwelijks nog de eigen taal, laat staan dat zij deze kunnen spreken.

▲ *Tolakimeisjes worden trouwrijp geacht na de eerste menstruatie. Vroeger volgde het huwelijk vrijwel aansluitend (rond het veertiende levensjaar), maar tegenwoordig wordt meestal eerst een langdurige schoolopleiding voltooid.*

Het vluchthuwelijk bij de Tolaki

Sulawesi standen huwelijk

Van de oorspronkelijke bewoners van dit deel van Sulawesi, de Tolaki, zijn nauwelijks mensen in de handelsbranche te vinden; zij prefereren over het algemeen administratieve en bestuurlijke functies. Deze voorkeur kan niet los worden gezien van de indeling in standen die de traditionele Tolakimaatschappij kenmerkte. Als inwoners van de vroegere vorstendommen Konawe en Mekongga hadden de adellijke Tolaki slaven die voor hen de arbeid op het land verrichtten. Ook de vrijen werkten op de akkers, terwijl de adellijken zelf doorgaans druk waren met zaken als politiek. Momenteel worden de slaven niet meer als zodanig beschouwd en maken de Tolaki slechts een onderscheid tussen adel en niet-adel, en binnen de eerste categorie tussen adellijken mét en zonder politieke functie. Het meeste aanzien genieten de adellijke Tolaki die werkzaam zijn op bestuursniveau.

In Kendari blijkt het gesprek van de dag de vlucht van een dochter van een hooggeplaatste overheidsfunctionaris te zijn. Het kind van deze ambtenaar, een adellijke Tolaki, zou gevlucht zijn met een Buginese jongen, de zoon van een lid van de Provinciale Raad van Zuidoost-Sulawesi. De ouders van het meisje gedogen niet dat hun dochter met deze Buginees trouwt: hij is geen Tolaki en bovendien niet van adel. Omdat het meisje besloot de keuze van haar hart te volgen, heeft zij zich verzet tegen de wil van haar ouders en is samen met haar broer en een vriendin met de bus naar Kolaka vertrokken. Vandaar varen ze met de nachtboot naar BajoE, waar ze de volgende ochtend de bus naar Ujung Pandang zullen nemen. Hier zal het meisje haar Buginese geliefde ontmoeten. Samen vliegen ze vervolgens naar Jakarta, waar ze zullen onderduiken in de anonimiteit van de grote stad. Niemand weet dan waar ze zijn, het moderne vluchthuwelijk is een feit: de *adat* van de Tolaki is buiten spel gezet.

Doorbroken grenzen

Bij de Tolaki is het vluchthuwelijk op zich geen onbekend verschijnsel. De *adat* biedt van oudsher de mogelijkheid om het betalen van een hoge bruidsprijs te ontduiken, of om een huwelijk met iemand, uitgekozen door de ouders en verwanten, te voorkomen. Het *adat*-recht voorziet in een regeling die tot doel heeft de spanning, die na een 'vlucht' binnen de gemeenschap is ontstaan, zo spoedig mogelijk te neutraliseren; de gerezen problemen worden zo op een voor iedereen aanvaardbare wijze opgelost. De laatste decennia is de gemeenschap van het schiereiland echter steeds meer in de greep geraakt van de 'grote wereld', het moderne Indonesië, en deze traditionele *adat*-richtlijnen, toegesneden op de plaatselijke samenleving, zijn onder een zekere druk komen te staan. De aantrekkingskracht die de grote Indonesische steden uitoefenen op hedendaagse vluchters, voor wie lokale grenzen niet meer tellen, veroorzaakt problemen waarop niemand is ingesteld: de oude, vertrouwde *adat*-procedures om een vluchthuwelijk af te wikkelen, lijken eensklaps nutteloos en voor de lokale gemeenschap zijn de gevolgen vaak verstrekkend.

Vooral bij adellijke jongelui wint dit moderne vluchthuwelijk aan populariteit. Om een sterke eenheid te vormen, worden van oudsher in de hoogste stand huwelijken bij voorkeur binnen de eigen verwantengroep gearrangeerd. In beide vroegere vorstendommen van de Tolaki was het bestuur in handen van de adel, en hechtte men zeer aan deze eenheid. Zuidoost-Sulawesi is in de loop van de tijd evenwel bevolkt door velen afkomstig uit andere delen van Indonesië, en het komt nu steeds vaker voor, dat een Tolaki een niet-Tolaki als partner wenst en dat iemand van adel een niet-adellijk persoon wil huwen. Om op lokaal niveau aanzien en invloed te verkrijgen zoeken niet-Tolaki ambtenaren tegenwoordig zelfs bewust hun vrouw binnen de plaatselijke adel, want deze speelt nog steeds een belangrijke rol in tal van bestuursaangelegenheden.

Als bezwaren uitblijven zal een huwelijk tussen een Tolaki en iemand die niet tot het volk behoort, in de regel worden gesloten volgens de plaatselijke tradities, al dan niet aangevuld met moderne gebruiken, zoals het versturen van trouwkaarten en het geven van een receptie. Een belangrijk element van de traditionele huwelijkssluiting is de bruidsprijs. Ook nu nog dient de aanstaande echtgenoot deze te betalen aan de ouders en verwanten van zijn toekomstige bruid. De bruidsprijs bestaat uit een aantal voorwerpen en een geldbedrag. De hoogte hiervan hangt samen met de sociale status van de bruid; haar mogelijke adellijke afkomst kan, zeker in

Stad en platteland verenigd in Kendari: een haan aan het stuur van een moderne ▼ motorfiets.

Sulawesi — adat-recht — kalo

Het vluchthuwelijk bij de Tolaki

de stad, leiden tot astronomische bedragen en een dergelijke prijs is voor veel paren dan ook alsnog aanleiding over te gaan tot een vluchthuwelijk.
In de ogen van de samenleving breekt het meisje hierdoor met een oude *adat*-regel: het initiatief tot een huwelijk behoort uit te gaan van de man (en zijn verwanten), en níet van de vrouw. De ouders van het meisje zullen de jongen daarom de schuld geven: immers, als hij hen en de *adat* zou hebben gerespecteerd, zouden zij hun dochter niet zijn kwijtgeraakt. Zij voelen zich zwaar beledigd. Indien het gevluchte paar binnen de grenzen van de gemeenschap is gebleven, en aldus is overgegaan tot een traditioneel vluchthuwelijk, wordt nu zo snel mogelijk gestart met de door de *adat* voorgeschreven procedure, die beide partijen de mogelijkheid biedt zich weer met elkaar te verzoenen. Hoe dit in zijn werk gaat, blijkt uit de volgende beschrijving; de consequenties van de moderne variant en het uitblijven van zo'n regeling worden tegelijkertijd duidelijk. Dit vluchthuwelijk vond plaats in het begin van de jaren tachtig in het achterland van Kendari.

De kalo

Een voorwerp dat een centrale plaats in de cultuur van de Tolaki inneemt, is een eenvoudige ring, de **kalo sara**, gemakshalve meestal **kalo** genoemd. De ring is gemaakt uit drie, als een touw in elkaar gedraaide stukken rotan, waarvan de uiteinden aan elkaar zijn geknoopt. De knoop symboliseert het hoofd van de mens; de drie ineengestrengelde delen symboliseren de eenheid van het volk. Sommigen vergelijken de stukken rotan met de drie standen; volgens anderen verwijzen ze naar de *adat*, het bestuur en de godsdienst. Hoewel de Tolaki *kalo* van verschillende grootte kennen, zijn nog maar twee soorten in gebruik: voor de adel 'een die past om de schouders', en voor de gewone mensen 'een die past om het hoofd'. Welk type gehanteerd wordt, hangt af van de sociale status van degene aan wie de ring wordt aangeboden. De *kalo* wordt gebruikt in tal van situaties; hij is onmisbaar bij een huwelijkssluiting, onderhandelingen om conflicten op te lossen, een uitnodiging voor een bijeenkomst, en de aankondiging van een sterfgeval. Het aanbieden van de *kalo* behoort te geschieden op een schaal van gevlochten rotan of pandanusbladeren, maar tegenwoordig is een modern presenteerblad even gebruikelijk. Afgedekt met een witte doek, als symbool van reinheid, toont de schaal de eerlijke en oprechte bedoelingen van de Tolaki die de *kalo* komen brengen.
Bij het aanbieden wordt binnen de ring soms geld gelegd. "De *kalo* heeft inhoud" zegt men dan; het geld is een teken dat serieus zal worden gepraat. Tijdens een huwelijksceremonie legt men, als symbool van de eenheid van man en vrouw, een *pinang*-noot en een *sirih*-blad in de ring. Het 'hoofd van de *kalo*', de rotanknoop, moet altijd gericht zijn naar degene tot wie men spreekt. De schaal met de ring moet tijdens onderhandelingen dan ook regelmatig gedraaid worden.
Lang niet iedereen mag de *kalo* gebruiken; het beheer ervan is vastgelegd in de erfelijke functie van *paabitara*. Een door de *paabitara* aangeboden *kalo* zal niemand durven weigeren: voor iedere Tolaki vormt deze ring de basis van het *adat*-recht.

Labio en Mburi

Omdat Labio bang is dat Mburi's ouders een bruidsprijs zullen eisen die zijn familie niet kan opbrengen, besluit hij samen met Mburi te vluchten. 's Morgens in alle vroegte, als het nog schemert, vertrekt het paar met stille trom. Urenlang lopen beiden van dorp tot dorp, tot ze uiteindelijk het huis bereiken van Labio's oudere broer. Na hem verteld te hebben dat ze samen zijn gevlucht, brengt deze onmiddellijk het dorpshoofd ter plaatse op de hoogte, want het is zaak dat delicate kwesties als deze zo spoedig mogelijk uit de wereld worden geholpen. Het dorpshoofd hoort Labio's broer aan en geeft hem opdracht het paar nog dezelfde dag terug te brengen naar het dorp waaruit ze die ochtend zijn vertrokken, de woonplaats van Mburi. Hier, in het dorp van de betrokken vrouw, behoort volgens de *adat* een vluchthuwelijk zijn beslag te krijgen.
Laat in de middag keren Labio en Mburi terug in het dorp, dat ze zo heimelijk hadden verlaten. Zonder omwegen wordt het paar naar het huis van een oom van Labio gebracht; zijn vader leeft niet meer. Labio's broer vertelt hier in geuren en kleuren wat er is gebeurd en even later maakt een familie-afvaardiging zich op om de ouders van Mburi het nieuws mede te delen. De *paabitara* van het dorp (dé kenner van de *adat*-rechtspraak) wordt verzocht de verwanten van Labio te vergezellen. De *paabitara* brengt de *kalo*, een ring van gevlochten rotan mee, opdat Mburi's familie zich ondanks alles beleefd tegenover het gezelschap zal gedragen. Immers, de *kalo* symboliseert de *adat* en deze moet geëerbiedigd worden. Desalniettemin zijn de ouders van Mburi woedend; ze beschouwen het gebeurde als een soort roof van hun dochter. Besloten wordt dat de zaak over een week zal worden geregeld.

Rond de kalo

Op de avond van de afgesproken dag verzamelen zich zo'n zestig tot zeventig mensen, verwanten van beide partijen, in het huis van een oom van Mburi. De gemoederen zijn nog steeds verhit. De vrouwen zitten in het slaapvertrek, de mannen in het woongedeelte. Ook kenners van de *adat* (de *adat*-oudsten) en leden van het dorpsbestuur zijn aanwezig. Als vertegenwoordiger van Mburi treedt haar oudere broer op, Labio wordt vertegenwoordigd door zijn oom. Bovendien is de *paabitara* met de *kalo* er weer; hij is de man die de besprekingen op gang zal brengen en in goede banen zal trachten te leiden.
De *paabitara* richt zich eerst, om toestemming te vragen voor het schikken van de zaak, op de door de *adat* voorgeschreven wijze tot het dorpshoofd. Hij gaat tegenover hem op de grond zitten; voor zich legt hij een presenteerblad met daarop een witte doek. Met de knoop, het 'hoofd van de *kalo*', naar zichzelf gericht, legt de *paabitara* de rotanring op deze smetteloze ondergrond. Vervolgens deponeert hij vijfhonderd *rupiah* (circa anderhalve gulden) in de ring en draait het presenteerblad zo rond, dat het hoofd van de *kalo* gericht is naar het dorpshoofd. Dan houdt hij het presenteerblad even op zijn rechter en even op zijn linker knie, heft het blad met beide handen op tot buikhoogte, daarna tot hoofdhoogte, houdt het in de richting van het dorpshoofd en zet het blad tenslotte voor deze op de grond. Nu spreekt de *paabitara* tot het dorpshoofd. Hij zet hem de ontstane situatie omstandig uiteen en vraagt zijn goedkeuring om de kwestie tot een goed einde te brengen. Het dorpshoofd reageert op deze woorden door

Het vluchthuwelijk bij de Tolaki

met twee vingers het presenteerblad te beroeren, instemmend te antwoorden en het blad zo te draaien, dat het hoofd van de *kalo* weer naar de *paabitara* is gericht. De vijfhonderd *rupiah* stopt hij onder de witte doek. Opnieuw legt de *paabitara* geld binnen de rotanring, nu honderd *rupiah*, en herhaalt zorgvuldig de handelingen met de *kalo* en het presenteerblad. Deze keer wordt de *kalo* een *adat*-oudste aangeboden; het door Labio getoonde gebrek aan respect voor de *adat* moet, voordat van verdere onderhandelingen ook maar sprake kan zijn, door boetedoening aan deze *adat*-oudste worden gecompenseerd. Labio's vertegenwoordiger betaalt de *adat*-oudste vijfduizend *rupiah*. Het is de vastgestelde boete voor Labio's 'roof' van Mburi, de hoogte ervan is gebaseerd op het aantal van negen dorpen dat het paar tijdens de vlucht is gepasseerd. Hoe meer dorpsgrenzen men overschrijdt, hoe verder men vlucht, des te hoger wordt de te betalen boete.

Om daadwerkelijke besprekingen over een huwelijk mogelijk te maken, herhaalt de *paabitara* het ritueel met de *kalo* nog twee keer: Labio's vertegenwoordiger betaalt, om gevoelens van boosheid weg te nemen, eerst vijftienhonderd *rupiah* aan de familie van Mburi, en daarna wordt, om de reputatie van haar ouders te herstellen, naast een sarong, nog eens duizend *rupiah* overgedragen. Deze betalingen worden noodzakelijk geacht om de verstoorde relatie tussen beide partijen zodanig te verbeteren, dat niets de onderhandelingen over de bruidsprijs meer in de weg staat.

In een iets minder verhitte sfeer wordt nu gesproken over de hoogte van de bruidsprijs, en de plaats en tijd waarop die zal moeten worden betaald. De *paabitara* leidt ook deze onderhandelingen, en weer doet de *kalo* zijn bemiddelende, bindende werk. De woordvoerders van beide partijen vinden elkaar, na uitvoerige betogen, in een bedrag dat slechts een kwart van een 'normale' bruidsprijs is. De *paabitara*, het dorpshoofd en de *adat*-oudste besluiten het officiële deel van de vergadering door het geld, dat door de sprekers onder de witte doek op het presenteerblad is gelegd, samen te delen. Inmiddels komen de jonge geliefden, die zich gedurende de onderhandelingen elders in huis geschuild hebben gehouden, te voorschijn. Om zich te verontschuldigen voor het overtreden van de *adat* drukt Labio eerst Mburi's broer de hand, dan het dorpshoofd en vervolgens alle verdere aanwezigen. Mburi volgt hem hierin, maar wordt al snel naar de keuken gedirigeerd om de gasten van thee en koekjes te voorzien. Tenslotte verwijdert een familielid van Labio de *kalo* van het dienblad; de eenheid binnen de samenleving is hersteld, de rotanring heeft zijn werk gedaan. In plaats van de *kalo* worden op

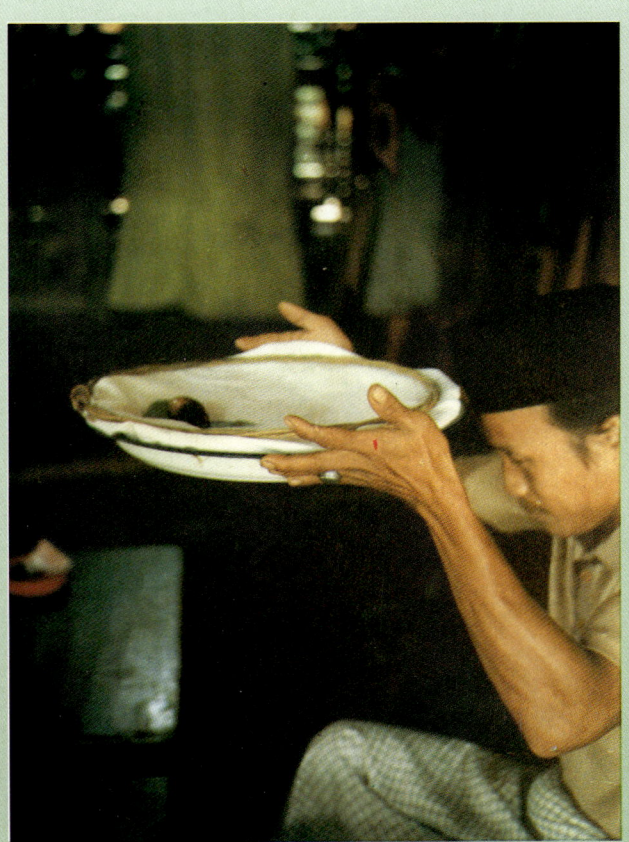

▲ *Het overhandigen van de bruidsprijs. Naast de* **kalo** *liggen een stapel sarongs en een waskom, bestemd voor de moeder van de bruid.*

▲ *Tolakibruidspaar in traditionele kledij.*

Bruidsprijs

De bruidegom en zijn familie zijn verplicht een bruidsprijs te betalen aan de bruid en haar verwanten. Voor een deel bestaat deze vergoeding uit een bedrag dat wordt uitgedrukt in de vroegere Spaanse munteenheid **real**; *daarnaast wordt tegenwoordig, in plaats van met karbouwen, gongs en rijst, betaald met Indonesische* **rupiah**. *De hoogte van het bedrag hangt samen met de stand waarin de bruid is geboren; bij de adel zijn – voor Indonesische begrippen – onvoorstelbaar grote bedragen geen uitzondering. Naast het bijeenbrengen van de bruidsprijs behoort de bruidegom voor zijn huwelijk een aantal voorwerpen te verzamelen, bestemd voor de moeder van zijn bruid. Zo dient deze vrouw van haar schoonzoon een sarong te ontvangen als vergoeding voor het feit, dat haar dochter als klein kind haar schoot heeft nat geplast. Ook moet haar een lampje worden overhandigd, omdat ze vroeger iedere nacht een lampje brandend hield om over haar kind te waken. Voorts behoren haar, voor het baden van de toekomstige kleinkinderen, een waskom en waterscheppen ten deel te vallen. De bruidegom en zijn verwanten draaien bovendien op voor alle kosten van de bruiloft.*

Sulawesi evenwicht dans

Het vluchthuwelijk bij de Tolaki

Alleen in de boerengemeenschappen is nog een enkele traditionele paalwoning van de Tolaki te vinden. Aan de bouw van een dergelijk huis kwam ▼ geen spijker te pas.

het blad de schuldbewijzen gelegd, betaald door Labio's familie om de relatie met Mburi's verwanten te herstellen. Tot vier keer toe wordt het blad omhoog geheven, opdat de belaste relatie definitief van kwade invloeden verschoond zal zijn. Na het nuttigen van de versnaperingen keert iedereen opgelucht huiswaarts. Men is erin geslaagd beide partijen tot overeenstemming te brengen.

Tussen Kendari en Jakarta

Tegenwoordig krijgen steeds minder vluchthuwelijken op deze wijze hun beslag. De laatste decennia is de horizon van de Tolaki aanzienlijk verruimd en geregeld vluchten geliefden die aan een hoge bruidsprijs of een opgelegd huwelijk willen ontsnappen, naar gebieden die niet 'bestreken' worden door de lokale *adat*; de grote steden van Indonesië zijn ideale wijkplaatsen. De goede naam van het meisje en haar ouders blijven hierdoor aangetast en de sociale relaties tussen beide betrokken families kunnen niet worden hersteld. Een onhoudbare toestand, zeker in het achterland van Kendari, waar binnen de boerengemeenschappen iedereen aan elkaar is verwant. Maar ook in de lintstad zelf zullen contacten tussen de leden van twee in onmin met elkaar levende partijen niet vermeden kunnen worden. Het gevoel van vijandschap dat is ontstaan, kan echter niet ongedaan worden gemaakt, het verstoorde evenwicht in de samenleving kan niet worden hersteld. De achterblijvenden is de kans ontnomen tot elkaar te komen, de *kalo* kan niet worden rondgedraaid.

De *adat* van de Tolaki moet het juiste antwoord nog vinden op deze hedendaagse vorm van interactie met het moderne Indonesië. Haar voortbestaan wordt sterk op de proef gesteld, maar haar taaiheid is bekend. Zolang de *adat* niet opnieuw wordt vormgegeven en aanpassing uitblijft, zullen de ouders van het naar Jakarta gevluchte adellijke Tolakimeisje hun 'schoonzoon' waarschijnlijk niet de hand kunnen drukken. De traditionele regeling zal deze Buginees ongetwijfeld te duur zijn: de weg van Kendari naar de hoofdstad van Indonesië voert langs vele, vele dorpen!

Bij bruiloften en andere feestelijke gelegenheden vormen de Tolaki een kring en dansen zij schouder aan schouder. Evenals de **kalo** *symboliseert de kring, zoals hier tijdens de* **lulo-ngganda** *op het jaarfeest, de eenheid van het volk: alles wat de deelnemers scheidt – stand, bezit of leeftijd – wordt vergeten en alleen ▼ voor wie de dansers van 'binnenuit' nadert, wordt een plaatsje ingeruimd.*

Het vluchthuwelijk bij de Tolaki

Sulawesi landbouw ritueel

Het jaarfeest

*Ter afsluiting én heropening van de landbouwcyclus werd vroeger door alle Tolaki het **monahu-ndau**, het jaarfeest, gevierd. Tegenwoordig wordt dit eens zo belangrijke ritueel nog slechts in enkele dorpen uitgevoerd.*
*In Benua, een van deze dorpen, speelt bij de ceremonie de **kanda**, een heilige trommel die uit de hemel afkomstig is, een grote rol. Juist voor volle maan, in de maand september, haalt de beheerder de **kanda** van zijn zolder en brengt deze naar een speciaal gebouwd **kanda** huisje. Alleen hier mag de trommel bespeeld worden.*
*Drie avonden lang dansen de dorpsbewoners bij dit huisje de **lulo-ngganda**. Deze dansen, die in verband staan met de landbouw, mogen slechts éénmaal per jaar worden uitgevoerd.*
*Na de derde dansavond vindt 's morgens in alle vroegte het eigenlijke landbouwritueel plaats. Alle dorpelingen brengen hun zaaigoed naar het **kanda** huisje, om hier hun zaad te laten zegenen. Vóór het huisje worden zeven schalen met gekookte rijst en zeven bamboekokers met rijstwijn neergezet. Door gebeden roept een priester de goden en voorouders aan, terwijl hij hen een offer van **sirih** (Piper betle) en **pinang** (Areca catechu) aanbiedt. Zo hopen de Tolaki de onzichtbare machten gunstig te stemmen, opdat in het komende jaar de oogst rijk zal zijn, de mensen gezond en de gemeenschap welvarend. Ook offert de priester een ei, in de hoop dat alle zonden, door de dorpsbewoners in het afgelopen jaar begaan, vergeven zullen worden. Tot slot worden weer de **lulo-ngganda** gedanst.*
*Na afloop van de ceremonie nemen jong en oud deel aan volksspelen, terwijl ook de **umoara** wordt uitgebeeld, een krijgsdans die vroeger werd uitgevoerd als dappere Tolaki op sneltocht gingen.*

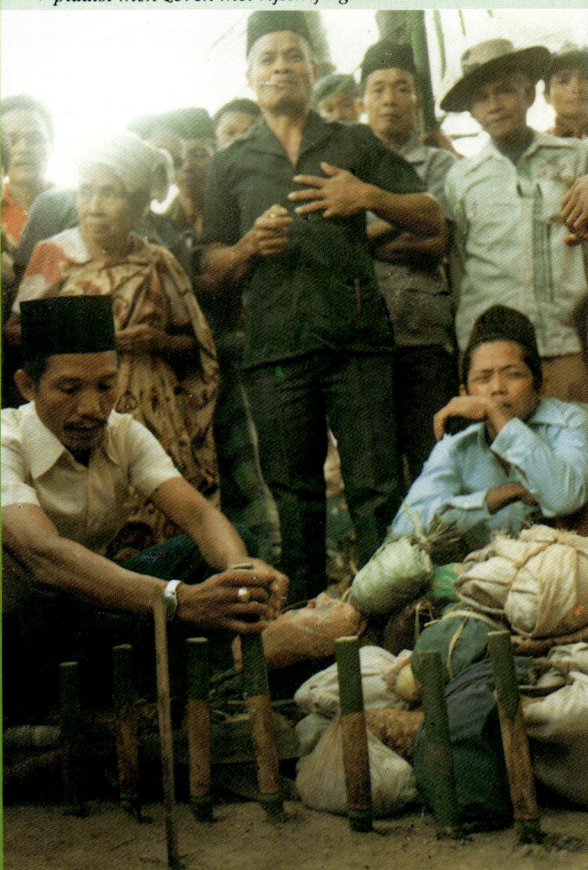

▲ *Naast de opgehangen **kanda** ligt het zaaigoed van de dorpelingen gereed om door goden en voorouders gezegend te worden. Na afloop van het jaarfeest bekwaamt de jeugd zich in het uitvoeren van de **umoara**, de krijgsdans van de Tolaki.* ▼

*Voor het **kanda** huisje*
▼ *plaatst men zeven met rijstwijn gevulde bamboekokers.*

115

Sulawesi · kerkhof · bevolking

▲ *Grafinscriptie van een, mede om zijn heldhaftigheid in de Java-oorlog, vermaarde Minahaser.*

▲ *De ornamenten geven aan, dat degene die hier ligt begraven, zijn rijkdommen heeft vergaard met de kruidnagelteelt.*

▲ *Praalgraf van een echtpaar, van wie de man als eerste in het dorp een transportbedrijf oprichtte.*

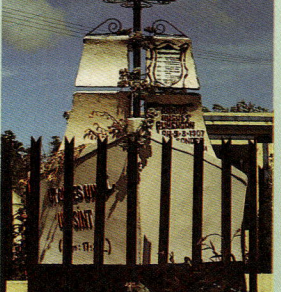

▲ *Tal van Minahasers zochten heil en welstand buiten het stamland, bij voorbeeld in dienst van een rederij.*

▲ *Een* **waruga**-*deksel, gedecoreerd met menselijke figuren.*

De Minahasa: eeuwigdurende rivaliteit

Slenteren over een begraafplaats in de Minahasa is een boeiende ervaring. De meeste voornamen die in de grafstenen gebeiteld zijn, klinken een Nederlander vertrouwd in de oren: Drikus, Jans, Deetje... De Nederlandse inscripties op de oudere zerken, vaak ontleend aan bijbelteksten, zijn evenzeer zwijgende getuigen van de eens zo sterke Hollandse invloed. En wat te zeggen van de bijzonderheden die soms over de levensloop worden vermeld, zoals 'inlandsch leeraar' en 'klerk eerste klasse Koninklijke Pakketvaart Maatschappij'.

Bij een bezoek aan een willekeurig Minahasisch kerkhof, valt het oog echter toch allereerst op een aantal pompeuze, meestal vrij nieuwe grafmonumenten. De vormgeving laat vaak niets te raden over aangaande de bron van hun weelderigheid. Sommige monumenten zijn versierd met gipsen kruidnagelen, andere hebben de vorm van een vrachtauto. Kennelijk had de overledene daarmee goed verdiend en wilde hij zich daarop tot in eeuwigheid laten voorstaan. Soms is de tombe tevens de laatste rustplaats voor de echtgenote, soms voor nog een broer of zus. Een echt familiegraf is het echter zeker niet; het aantal personen dat er begraven ligt, is zelden meer dan drie. Anders dan bij de Toba Batak in Noord-Sumatra, waar bijzondere graftomben (de *tugu* en *tambak*) dienen om de roem van een hele afstammingsgroep te benadrukken (zie hoofdstuk 2), gaat het in de Minahasa om de status van één persoon, door bijzondere verdiensten tijdens diens leven verworven.

Waruga: pre-koloniale status

In of nabij oudere dorpen zijn vaak ook geheel andersoortige praalgraven te vinden, graven die duidelijk uit een heel ver verleden stammen. Zij vallen op door hun omvang en vormgeving: een grote rechthoekige zandstenen urn waarop een tweede, schuin toelopende steen is geplaatst. Het geheel doet denken aan een huisje met een puntdak.

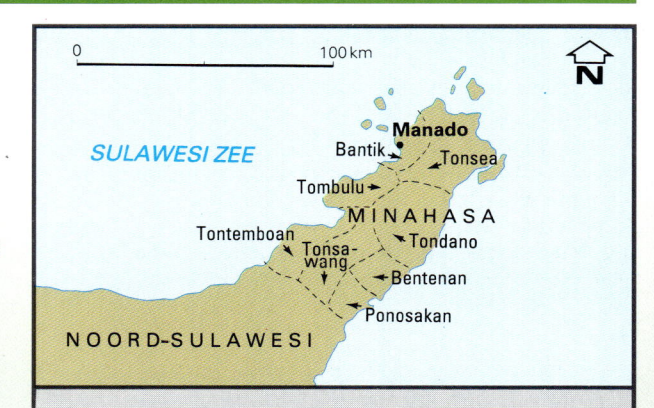

Orang Minahasa

De Minahasa is het meest noordoostelijke deel van het noordelijke schiereiland van Sulawesi. Soms wordt het gebied wel Manado genoemd, naar de naam van de hoofdstad van de provincie Noord-Sulawesi; aan de mensen die wonen in de Minahasa refereert men dan met 'Manadonezen' ofwel *orang* Manado. Beter kan echter van Minahasers, *orang* Minahasa, worden gesproken. Toch is ook het gebruik van deze laatste term enigszins misleidend, omdat wordt gesuggereerd dat sprake is van een homogene bevolkingsgroep. Het 'volk' bestaat evenwel uit acht verschillende etnische groepen, die elk een eigen taal spreken: de Tontemboan, Tombulu, Tondano, Tonsea, Tonsawang, Bantik, Bentenan, en de Ponosakan. De eerste vijf vertonen onderling overeenkomsten in taal en tradities, maar toch heeft elke groep een eigen, oorspronkelijke cultuur.

In recente tijden zijn door migratie, huwelijksrelaties en culturele invloeden van buitenaf de onderlinge verschillen weliswaar geringer geworden, maar wie in de dorpen komt, zal merken dat de oude talen nog wel degelijk worden gesproken. Meestal worden ze vermengd met zinnen en uitdrukkingen uit het 'Manado-Maleis', de in de Minahasische gemeenschap gangbare variant van het *bahasa Indonesia*, de officiële Indonesische taal. Het kent vele typische uitdrukkingen en is rijk aan termen ontleend aan het Nederlands, Portugees, Spaans, en de acht lokale Minahasische talen.

▲ *De Minahasische praalgraven worden omgeven door vele minder pompeuze grafmonumenten. Op de voorgrond het graf van twee broers, beiden op dezelfde dag in 1961 overleden tijdens de 'Permesta', de burgeroorlog die onder meer een zelfstandiger Minahasa tot doel had.*

De Minahasa: eeuwigdurende rivaliteit

Sulawesi   waruga   kracht

Deze *waruga*, zoals hun Minahasische naam luidt, dateren in de meeste gevallen van vóór de eerste contacten met de Europeanen, dus van vóór de zestiende eeuw. De iets nieuwere, uit de tijd van de Vereenigde Oost-Indische Compagnie, zijn soms versierd met afbeeldingen van menselijke figuren in westerse kledij: een halflange knoopjesjas en grote hoed, en met lange Goudse pijpen in de hand.

De laatste *waruga* werden in de tweede helft van de negentiende eeuw vervaardigd. Inmiddels hadden het Nederlandse bestuur en de zending besloten dat overledenen uitsluitend nog in houten kisten begraven mochten worden. Bovendien werd op gezag van deze overheersers in dezelfde periode een einde gemaakt aan de meeste uitingsvormen van de oude Minahasische religie en de tribale leefwijze, zaken waarmee het oprichten van *waruga* nauw verbonden was. In de pre-koloniale tijd had de *waruga* (en daarmee onderscheidden deze monumenten zich van eenvoudiger graven zoals uitgeholde boomstammen) dezelfde functie als nu de eigentijdse praalgraven hebben: ze benadrukten de uitnemende kwaliteiten van de overledene.

De tribale Minahasa kende geen strakke indeling in rangen en standen, en afkomst was van weinig belang voor de bepaling van iemands positie en status in de gemeenschap. Dit egalitaire karakter van de samenleving, en het feit dat de Minahasers leefden met en temidden van een weelderige natuur, roept bijna een idyllisch beeld op. De realiteit was echter grimmig. Het heersende systeem van veldwisselbouw betekende zware arbeid, in het bijzonder bij de ontginning van de akkers, terwijl de opbrengsten even wisselvallig waren als de weersomstandigheden. Voorts stond de voortdurende staat van oorlog eveneens een rustig leven in de weg; doorlopend waren er spanningen tussen de kleine politieke groepen waarin de Minahasische samenleving was georganiseerd. Onder dergelijke omstandigheden is het niet verwonderlijk dat veel waarde werd gehecht aan eigenschappen als moed, fysieke kracht en aan de bekwaamheid om medestrijders te vinden en aan te voeren. Ook succes bij de landbouw werd gewaardeerd als een bewijs van lichaamskracht en goddelijke zegen. Niet alleen tussen de verschillende groepen, maar ook binnen elke gemeenschap afzonderlijk heerste een chronische spanning. Juist omdat leiderschap niet erfelijk was, maar tot stand kwam op aanwijzing van andere groepsleden, moesten kandidaten veel moeite doen om hun kwaliteiten te etaleren ten einde aanhangers te winnen. Dit gebeurde door middel van de zogenaamde feesten van verdienste. Maar zelfs voor degenen die uiteindelijk de belangrijke posities binnen een gemeenschap mochten bekleden, lagen voortdurend kapers op de kust. Met niet aflatende ijver probeerden tegenstanders de bevoorrechten, niet in de laatste plaats via intriges, van hun voetstuk te stoten. Slechts leiders die de aanvallen voldoende hadden weten te pareren, alsmede Minahasers die door het organiseren van feesten van verdienste een exclusieve status hadden verworven, kregen een bijzonder graf: een *waruga*.

▲ *Vroeger waren de* waruga *verspreid gesitueerd over diverse erven van een dorp. Nu zijn ze vaak, zoals hier in het Tonseagebied, samengebracht op één plaats.*

De kracht van een kop

Menselijke schedels hadden voor de Minahasers een intrinsieke waarde: ze representeerden kracht, en werden als een garantie voor vruchtbaarheid en voorspoed beschouwd. Bij de stichting van een nieuw dorp bijvoorbeeld, werden gewoonlijk eerst enkele koppen gesneld. Ze werden begraven bij de watu tumotowa, *de 'heilige stenen van het dorp'. In het Tontemboan, een van de Minahasische talen, heette deze plek* keter in do'ong, *'de kracht en het heil van het dorp'.*

Van de kracht die gesnelde hoofden in zich hadden, kon ieder individu zich iets eigen maken door ze te koken en ze vervolgens ten dele te eten, of het kookvocht te drinken. Dit gebeurde ook in 1829, toen de Minahasische manschappen die zouden deelnemen aan de Java-oorlog (om in de vorstenlanden Diponegoro te bestrijden – zie hoofdstuk 2) bij Manado op scheepsgelegenheid wachtten. Enkelen van hen waren plotseling verdwenen. Naar later bleek, hadden ze twee inwoners van nabijgelegen dorpen om het leven gebracht, hun hoofden afgehouwen, en zich daarmee op Minahasische wijze van extra kracht verzekerd.

Behalve als sacraal object dienden de hoofden als een bewijs van moed. Wie uit de strijd terugkwam met een schedel, mocht deze in de voorgalerij van zijn huis tentoonstellen; met de potten waarin de hoofden waren gekookt, werd het huis soms versierd.

Karate is een sport die op de Minahasische jeugd veel aantrekkingskracht uitoefent. Zou een voorzichtig verband gelegd kunnen worden met de waarde die de Minahasers vanouds hechtten aan
▼ *fysieke kracht?*

Sulawesi zending kolonisatie koffie

De Minahasa: eeuwigdurende rivaliteit

Feesten van verdienste

Een zeldzaam ooggetuigeverslag van een feest van verdienste dateert uit 1835 en is van de hand van de zendeling J.G. Schwarz. Het bewuste offerfeest werd georganiseerd door het huishouden van een man die zich de reputatie van dappere strijder had verworven in de Java-oorlog, de strijd die in de Middenjavaanse vorstenlanden was ontbrand na een conflict tussen een Hollandse resident en Diponegoro, oom en voogd van de Sultan van Jogyakarta (zie hoofdstuk 2). Men had een goede oogst afgewacht, om het feest te kunnen geven.

In het eerste stadium zat de gastheer, samen met zijn echtgenote, roerloos voor zijn huis. Hij was getooid met een wit kleed en een rood-witte tulband waarin pluimen van de paradijsvogel staken; zijn wangen waren besmeerd met varkensbloed. Onder een afdak was een grote trom neergezet met daarboven twee kruiselings opgehangen zwaarden en een bos mensenhaar. Na talrijke, uitgebreide procedures en een uitvoerige bestudering van de voortekenen der goden, vond uiteindelijk een dagenlang durend eet- en drinkfestijn plaats, waaraan alle dorpelingen deelnamen. De vergaarde rijkdom van één individu werd zo herverdeeld over de gemeenschap.

Eigenlijk maakte een feest van verdienste deel uit van een serie van negen feesten. Indien iemand erin was geslaagd de gehele cyclus – doorgaans op hoge leeftijd – te volbrengen, dan had deze persoon de rituele graad van perfectie bereikt en de titel van wa'ilan, *'gelukzalige', verdiend.* Wa'ilan *genoten bijzondere voorrechten; zij werden begraven in een* waruga.

Zending en koloniaal gezag

Vóór de inmenging van de Nederlanders kende de Minahasische samenleving, door het wisselend leiderschap, dus een zeer sterke mobiliteit. In de gangbare opvatting zou maatschappelijke dynamiek echter vooral het resultaat zijn van externe invloeden. Helemaal onbegrijpelijk is dit niet. In de koloniale tijd, die in de Minahasa rond 1820 begon, werden volstrekt nieuwe zaken en mogelijkheden ingevoerd die de samenleving een ander karakter gaven. Het christelijke geloof veranderde de oude cultuur, evenals de introductie van westers onderwijs. Dit laatste bracht bovendien bevoorrechte posities binnen het bereik van enkele beter opgeleiden. Daarnaast openden bestuurlijke en economische wijzigingen nieuwe perspectieven voor een klein deel van de Minahasers.
Tegelijkertijd werden door Nederlandse maatregelen de mogelijkheden voor verandering, die vanouds binnen de Minahasische samenleving aanwezig waren, sterk beknot. Zo werd het voeren van oorlogen en het organiseren van feesten van verdienste verboden, activiteiten waarin men zich tot dan juist had kunnen bewijzen. Bovendien werd de religieuze basis van deze cultuuruitingen ondermijnd door zendelingen die het Christendom verbreidden. Leverde voorheen rijkdom veel status op, nu was nog maar heel weinig ruimte voor individuele ontplooiing. Koloniale maatregelen als de koffiedwangcultuur en de herendiensten zorgden voor een ingrijpende verandering van het dagelijks leven. De tijd van mannen, vrouwen en soms ook kinderen werd hierdoor voor het grootste deel in beslag genomen, terwijl er slechts een schamele vergoeding tegenover stond.
Een belangrijk gevolg van dit alles was een min of meer plotselinge consolidatie van de posities van de bestaande elites, alsmede een concentratie van de rijkdom bij hen. Zij werden gesteund door het Nederlandse bestuur, de allesoverheersende factor in deze. Uiteraard bleven de traditionele spanningen in de samenleving onvermijdelijk aanwezig, maar onder het in de vorige eeuw zo repressieve koloniale bewind konden ze nauwelijks nog tot uitbarsting komen. Na de eeuwwisseling, toen de gedwongen koffieleveranties waren afgeschaft, en het Nederlandse bestuur en de zending zich meer flexibel opstelden, kregen zij weer de kans de kop op te steken. Nog sterker kon dit gebeuren na de onafhankelijkheid van Indonesië.

Hoewel de Minahasa in oppervlakte relatief klein is, zijn de communicatieproblemen er groot; ▼ veelal worden deze veroorzaakt door het grillige landschap met zijn brede rivieren.

Koffie van de Minahasa

Batavus Droogstoppel zei het al: "Menado is een goed merk". Een ter hand genomen bundel uit het 'pak van Sjaalman', getiteld 'Verslag over de Koffiecultuur in de Residentie Menado', bracht hem tot deze lovende opmerking en niet veel later was de uitgave van de geschiedenis van Max Havelaar een feit.
Rond 1850 was de auteur van het boek, Eduard Douwes Dekker, secretaris van de residentie Menado. Vast staat dat de door hem gesignaleerde wantoestanden in de lokale koffieteelt hebben bijgedragen tot zijn kritiek op het koloniale systeem.
Koffie werd pas tegen 1800 in de Minahasa geïntroduceerd; moeizaam werd het uitheemse gewas ingepast in de traditionele economie. De kwaliteit van de koffie bleek uitstekend. Om zeker te zijn van grote oogsten en een volledige beschikking over de opbrengst, riep het Nederlandse bestuur een stelsel van gedwongen verbouw en levering in het leven. Dit zogeheten 'cultuurstelsel' drukte van 1825 tot 1899 een stempel op de bevolking van de Minahasa, buiten Java één van de weinige streken waar de regeling van toepassing was.
Na de afschaffing van de gedwongen teelt en leveranties aan het einde van de 19e eeuw, werden de koffieplantages spoedig verwaarloosd. Tegenwoordig wordt koffie in de Minahasa nog maar mondjesmaat, uitsluitend voor eigen consumptie, verbouwd. Slechts de namen van bepaalde percelen, zoals tanah kopi, *'koffieland', herinneren nog aan de tijd dat het landschap werd beheerst door koffiestruiken.*

◀ *Oude uitgave van de Max Havelaar waarin Multatuli, pseudoniem van Eduard Douwes Dekker, de kwalijke praktijken van de Hollandse koffieplanters aan de kaak stelt.*

De Minahasa: eeuwigdurende rivaliteit

Hedendaagse rivaliteit

Vooral bij de verkiezing van een dorpshoofd, een functie die in de traditie is geworteld, zijn de interne tegenstellingen nu onmiskenbaar. Vaak staat een dorp al maanden voor de verkiezingen op zijn kop. Zelfs dorpsgenoten die ver weg (tot op Java toe) wonen en werken, keren speciaal voor deze verkiezingen terug naar hun geboortedorp. De verschillende verwantengroepen van de kandidaten proberen elkaar te overtroeven door kostbare maaltijden aan potentiële medestanders aan te bieden. Tegelijkertijd tonen zij hiermee aan hoe rijk, dus hoe uitmuntend, de kandidaat in kwestie wel is. Vaak is de verkiezingstijd een periode van grote onrust, waarin alle spanningen die in de voorgaande jaren werden opgekropt, tot uiting komen. Manipulatie, intimidatie en 'lobbyen' zijn aan de orde van de dag en de steun van de traditionele priesters (*tonaas*) wordt veelvuldig ingeroepen.

De sfeer tijdens de bekendmaking van de namen op de stembriefjes is te snijden. Verliezers nemen de uitslag soms zeer hoog op. Befaamd is het verhaal van de kandidaat die onmiddellijk na het bekend worden van de voor hem vernietigende uitslag zijn paard besteeg en zich tijdens een woeste rit in een ravijn stortte. Gevoelens van wrok en teleurstelling manifesteren zich bij de verliezende partijen vaker op een minder spectaculaire manier, maar toch nog wel zodanig dat het nieuwe dorpshoofd zich niet altijd zeker kan wanen van zijn positie. Niet zelden maakt de achterban van een verslagen kandidaat gebruik van roddel en achterklap om de winnaar het functioneren onmogelijk te maken.

Zo werd in de jaren zeventig bij verkiezingen in een Minahasisch dorp eens de kandidaat van de rijkste familie verslagen. Tot twee keer toe is het de betreffende familie vervolgens gelukt het gekozen dorpshoofd te laten schorsen. De eerste keer werd voor de verdachtmakingen de hulp ingeroepen van een invloedrijk familielid, de echtgenote van een hoge bestuursambtenaar. Toen na enkele maanden de beschuldigingen op niets bleken te berusten, werd het dorpshoofd in zijn functie hersteld. De sfeer bleef echter roerig en tenslotte werd de administratie van het dorp gesaboteerd. Een ontslagbrief voor het dorpshoofd liet niet lang op zich wachten.

*Het kantoor van het dorpshoofd (**hukum tua**) in een welvarend ▼ kruidnageldorp.*

Bij de verkiezingen die daarop volgden, kreeg de familie dan toch haar zin: één van haar leden werd tot dorpshoofd gekozen. Alom werd echter gefluisterd dat ook deze keer de overwinning tot stand was gekomen met behulp van de aanverwante bestuursambtenaar. Zijn ondergeschikten schijnen zich, bij het hardop voorlezen van de namen op de verkiezingsbriefjes, veelvuldig 'vergist' te hebben...

Dergelijke toestanden zullen waarschijnlijk spoedig tot het verleden behoren. Door een recente wet heeft het dorpshoofd in de Minahasa de status van 'ambtenaar' gekregen, waardoor hij geheel onder het gezag van de nationale regering valt. Voortaan zal de rivaliteit tussen de plaatselijke groepen daarom op een andere wijze gestalte moeten krijgen. Een voorname uitingsmogelijkheid is ongetwijfeld materiële rijkdom, sinds mensenheugenis een belangrijke Minahasische graadmeter voor iemands kwaliteiten en mate van goddelijke uitverkiezing. Sommige families hebben het geluk door de kruidnagel- of klapperteelt, of dank zij de handel, in financieel opzicht met kop en schouders boven de rest van de gemeenschap uit te steken. Dat verschaft hen weer een basis om anderen te overtroeven, bij voorbeeld door grootscheepse en uitbundige feesten te organiseren, maar ook door middel van meer duurzame tekenen van rijkdom: stenen huizen, aan sprookjespaleizen gelijk, auto's (ook al is de weg naar het dorp nauwelijks begaanbaar) en... praalgraven.

Sulawesi verkiezingen prestige

Kruidnagel: het gewas waaraan sommige families momenteel een fabelachtige ▼ rijkdom ontlenen.

▲ *Een grote en nerveuze drukte begeleidt de dorpshoofdverkiezingen. Op het schoolbord de namen van de kandidaten.*

Tonaas

Van de oude Minahasische religie zijn onder invloed van het Christendom vele aspecten verdwenen, maar de praktijken van de *tonaas*, de traditionele priester, zijn behouden gebleven. Het optreden van zo'n priester wordt in het algemeen niet beschouwd als strijdig met de christelijke leer. Hoewel de *tonaas* ceremoniën uitvoert waarbij de voorouders een centrale rol spelen, erkent hij slechts de ene, christelijke God.

Anders dan men zou verwachten, is de *tonaas* binnen de samenleving beslist geen marginale figuur. Er zijn priesters die belangrijke functies vervullen in een dorps-, kerk- of schoolbestuur en het is zeker niet ongebruikelijk, indien een als goed-christelijk aangeschreven familie bij speciale gebeurtenissen de hulp inroept van een *tonaas*.

Men kan zich, als men dit nodig acht, aan de hand van een dierlijke galblaas de toekomst laten voorspellen, zich als kandidaat bij verkiezingen laten voorlichten omtrent de te volgen strategie of, indien zich een ziektegeval voordoet, de priester om hulp vragen ten einde een spoedig herstel van de patiënt te bewerkstelligen. Bij de genezingsprocedure prevelt de *tonaas* raadselachtige spreuken, en dikwijls moet de zieke water drinken waarin bijzondere stenen, kruiden of stukjes hout zijn gelegd. Ter bescherming tegen toekomstige aandoeningen verstrekt de *tonaas* amuletten.

De priester verkrijgt deze objecten op aanwijzing van de voorouders; vaak verschijnen deze hem op een heilige plek. Alvorens de *tonaas*, gesteund door zijn helpers, de voorouders aanroept, brengt hij ze hier een offer: negen eieren, negen *pinang*-noten (Areca catechu), negen bekers palmwijn, sigaretten, rijst en andere versnaperingen. Dan geraakt hij in trance: zijn ogen gaan rollen, zijn gezichtsuitdrukking verandert, hij gaat trillen, kan zich op eigen kracht niet meer staande houden en begint op schijnbaar ongecoördineerde wijze klanken uit te stoten. Nu openbaren de voorouders hem in een visioen de plaats waar de benodigde objecten liggen. Weer tot zichzelf gekomen, begeeft hij zich naar deze plaats om vervolgens, mét de gevonden voorwerpen, huiswaarts te keren.

▲ *Onder het toeziend oog van de* tonaas *wordt de offergave aan de voorouders door twee helpers geprepareerd.*

De tonaas *in trance.* ▼

Sulawesi
toerisme

Als een vreemdsoortig zeedier ligt Sulawesi tussen Kalimantan en de Molukken. Vier grillig gevormde landarmen treffen elkaar in een centraal bergland met kilometers hoge toppen. Tot de eeuwwisseling leefden hier de Toraja in de beslotenheid van een bergwereld, nu zijn hun dorpen de grootste toeristische trekpleister van het eiland.

In feite betekent de aan de Buginese taal ontleende term *toraja* niet anders dan 'binnenlanders' of 'bergbewoners'; het volk zelf geeft er een andere uitleg aan: *to* zou staan voor 'mens' of 'mensen' en *raja* zou zijn afgeleid van het Indonesische woord voor koning. Een volk van koningen, een koninklijk volk dus.

Veel Toraja zijn inmiddels 'afgedaald' uit hun hooggelegen wereld en zoeken inkomsten in het zuidelijke Ujung Pandang, de aanvlieghaven voor veel toeristen. Overlijdt een bergbewoner hier onverhoopt, dan wordt het stoffelijk overschot indien ook maar enigszins mogelijk met een taxi teruggebracht naar 'boven' om daar te worden bijgezet in een rotsgraf. Een Torajabegrafenis in het drukke Ujung Pandang legt het verkeer volledig lam. Waar in het hooggebergte een honderdtal karbouwen en varkens deel uitmaken van de rouwstoet, zijn dat in het vroegere Makassar meer dan honderd luid claxonnerende taxi's. En niemand van de bijna één miljoen inwoners zal het wagen de stoet te doorkruisen.

De havenstad bood ook in vroeger tijden al onderdak aan de leden van diverse etnische groepen. Makassar was een vrijhaven met een rede die gedurende alle seizoenen veilig was. Naast de Makassaren en Buginezen van Zuid-Sulawesi woonden er talrijke kooplui afkomstig van het Aziatische vasteland en later ook Europeanen. Niet ver van de haven verheft zich nog steeds het oude Nederlandse fort Rotterdam, waar de Javaanse volksheld en strijder tegen het koloniale Gouvernement in de Java-oorlog, Diponegoro, in gevangenschap is gestorven. In de haven zelf kan men dikwijls de unieke *pinisi* aantreffen, imposante zeegaande houten zeilschepen, gebouwd door Buginezen. Naar schatting achthonderd van deze vrachtzeilers zijn momenteel ingezet om de zware boomstammen afkomstig uit het binnenland van Kalimantan naar Java te transporteren. Mede dank zij de *pinisi* beschikt Indonesië over 's werelds grootste vloot zeilende vrachtschepen. Nieuwe *pinisi* worden meestal vervaardigd van hout dat eveneens afkomstig is van Kalimantan. In beide zuidelijke, relatief dichtbevolkte landarmen van Sulawesi resteert nog slechts een spaarzame natuurlijke vegetatie. Van een minder aangetaste, werkelijk wonderbaarlijke omgeving kan de reiziger genieten in het centrale bergland en in de noordelijke landarmen.

Met name het reservaat Tangkoko-Dua Saudara in de Minahasa, herbergt een unieke flora en fauna. Het gebied staat, als de gehele landarm, bekend om zijn voortdurende vulkanische aktiviteit. Een passender decor voor het bijzondere karakter van de Minahasische samenleving lijkt nauwelijks denkbaar!

▲ *Het vulkanische landschap van de Minahasa stelt de reiziger telkens voor fascinerende verrassingen: het sulfaatmeer van Linow.*

*Bij de **adat** huizen in de bergwereld van de Toraja horen één of meer rijstschuren; de ruimte tussen de huizen en schuren dient als feest- en, zoals hier in de oogsttijd, als werkterrein.* ▼

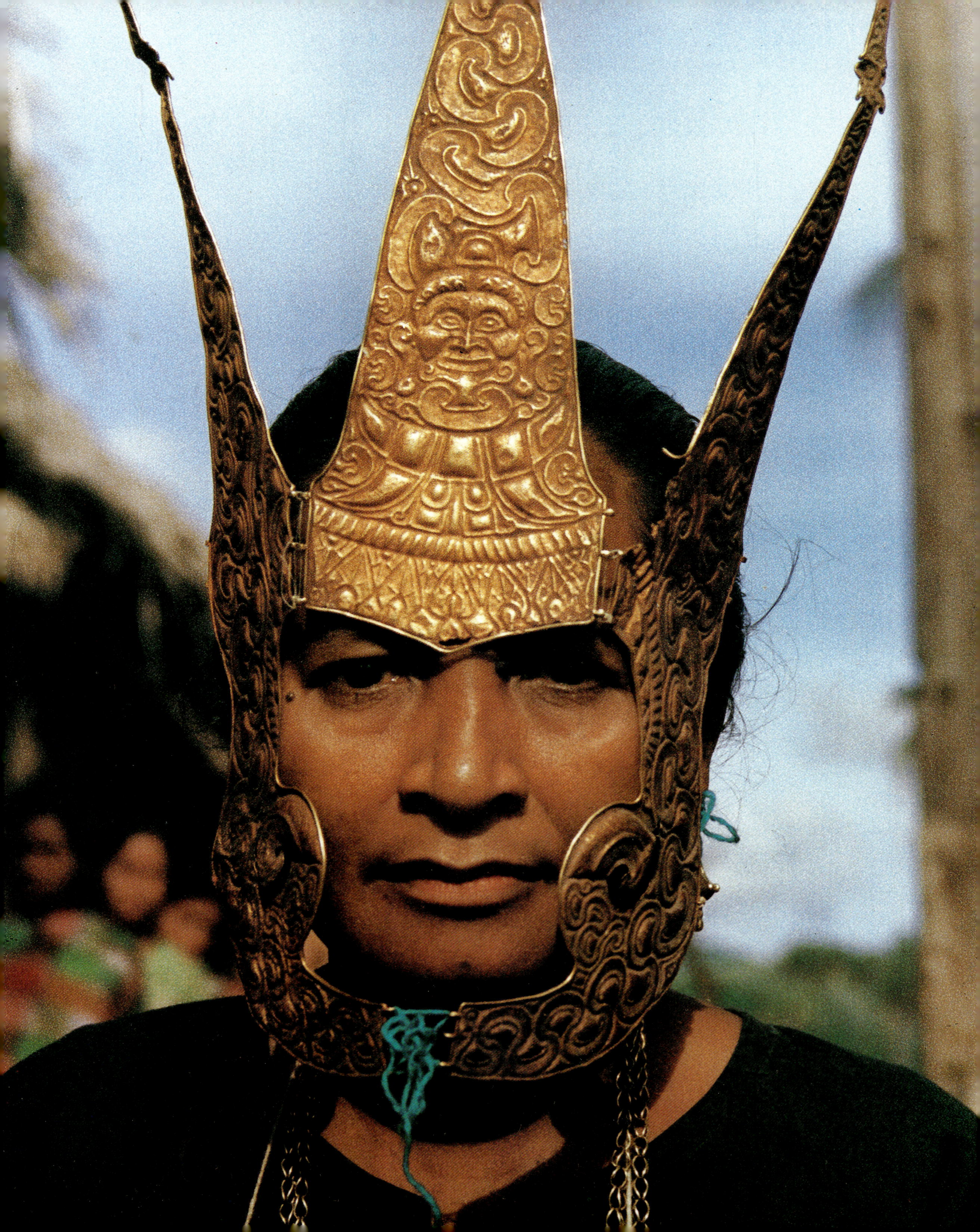

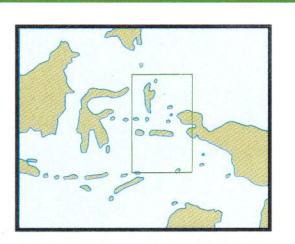

6 Molukken

Eens bracht de prikkelende geur van specerijen ze in het brandpunt van de belangstelling: de Molukken. Nietige eilandjes met een gouden glans, waar kooplui uit verre landen, als vliegen op de stroop, op afkwamen. In hun kielzog voerden ze wereldverbeteraars mee, voorzien van een religieuze boodschap.
De kooplui zoeken hun winsten al lang weer elders; de boodschappers zijn gebleven.

Met de komst van Hollandse handelaren werd in de Molukken ook de zending actief en veel eerder dan in andere gebieden van Indonesië werden in Ambon predikanten, afkomstig uit de lokale bevolking, opgeleid. Het protestantisme ontwikkelde zich in de Ambonese *pasisir* tot een wezenlijk onderdeel van de etnische identiteit, maar toch bleef de relatie tussen de aloude *adat* en het Christendom er voortdurend gespannen. Volgens Anneke Wessels is de dominee momenteel aan de winnende hand.
Veel minder belast lijkt de relatie tussen een andere wereldreligie, de Islam, en het stelsel van tradities dat de Giman in Halmahera in ere houden. Hoewel deze bevolkingsgroep pas recentelijk is overgegaan tot de Islam, constateert Dik Teljeur nu al een zo diepgaande harmonieuze verwevenheid, dat traditionele en islamitische opvattingen nauwelijks nog van elkaar kunnen worden onderscheiden.
In Maluku Tenggara is het verschil tussen oud en nieuw gemakkelijker vast te stellen. Weliswaar werd het kersteningsproces er al ingezet door predikanten in dienst van de Vereenigde Oost-Indische Compagnie, toch zijn op deze zuidelijke eilanden eeuwenoude vormen van rituele symboliek bewaard gebleven. Nico de Jonge illustreert dit aan de hand van een treffend voorbeeld uit de afgelegen Babar-archipel.

Adat en kerk in de Ambonese pasisir

In de Molukken is de handel minstens zo oud als onze jaartelling. Kooplieden uit Java, Sulawesi en het verre China werden al vroeg aangetrokken door de kruidnagelen die oorspronkelijk alleen voorkwamen op de keten van eilanden langs de westkust van Halmahera. Daarnaast werd intensief gevaren op de zuidelijk van Ambon gelegen Banda-archipel, waar nootmuskaat en foelie werden ingeslagen. Door tussenkomst van Aziatische en Arabische handelaren bereikten de specerijen de westerse wereld.
Onder invloed van de groeiende Europese vraag nam in de veertiende eeuw de koopvaart op de Molukken sterk toe. De vaarroutes liepen langs de kusten van West-Seram en de kleine eilandjes van Ambon-Lease (Ambon, Saparua, Haruku en Nusa Laut). Immigranten uit alle delen van Indonesië vestigden zich in en rond de marktplaatsen die hier tot ontwikkeling kwamen. Later zou deze streek de Ambonese *pasisir* worden genoemd, haar bewoners Ambonezen. Het woord *pasisir* betekent kuststrook, en wordt in Indonesië gebruikt voor gebieden

▲ *De witte zandstranden van de pasisir zijn nog niet door het massatoerisme ontdekt. De overheid hoopt dat dit in de nabije toekomst zal veranderen; in het regionale ontwikkelingsbeleid heeft de promotie van het toerisme prioriteit gekregen.*

Genesis in de pasisir

De geografische aanduiding Maluku (Molukken) refereert in oorsprong aan de eilanden rondom Ternate in het huidige district Maluku Utara (Noord-Molukken). Eeuwenlang was de naam verbonden met dit centrum van kruidnagelteelt. De tegenwoordige provincie Maluku beslaat een veel groter gebied. Niet alleen de noordelijke eilanden vallen er onder, maar ook het zuidelijke district Maluku Tenggara (Zuidoost-Molukken) en de Ambonese *pasisir*.
De afstammelingen van de Ambonezen die zich honderden jaren geleden vestigden in deze handelsstreek, worden nog altijd *orang pendatang*, immigranten, genoemd. Meestal is bekend waar de stamvaders van deze geslachten vandaan kwamen en er bestaan vele mythen over hen, vol van wonderbaarlijke gebeurtenissen. Als *moyang sakti*, heilige voorouders, zijn deze stamvaders bijzonder machtig.
De leden van de autochtone families in de *pasisir* worden *orang asli* genoemd. Volgens de overleveringen zijn zij afkomstig van de berg Nunusaku, die zich op West-Seram bevindt. De oude oorsprongsmythen die zich afspelen op deze berg, zijn in het wereldbeeld van de christelijke Ambonezen versmolten met het verhaal van Genesis. Op de hellingen van de Nunusaku leefden de eerste mensen, in vrede en overvloed. Toen zij dit paradijs na de zondeval moesten verlaten, verspreidden zij zich over Seram en de eilanden van Ambon-Lease.

◄ *De provincie Maluku bestrijkt een enorm gebied en de Molukse culturen verschillen in veel opzichten van elkaar. De tradities van Maluku Tenggara vertonen grote overeenkomsten met die van de Kleine Sunda-eilanden. Ook materiële cultuuruitingen, zoals de hoofdtooi van deze Zuidoostmolukse vrouw, geven dit aan.*

123

Molukken onderwerping Kota Ambon dukun

Adat en kerk in de Ambonese pasisir

met een eeuwenlange handelstraditie en een bevolking van gemengde oorsprong.

Toen in het westen de kruidnagelen, nootmuskaat en foelie duurder werden en de naam 'Specerij-eilanden' er zelfs een magische klank kreeg, startten de Europeanen een koortsachtige speurtocht naar de streken van herkomst: het tijdperk van de grote ontdekkingsreizen was begonnen. Portugese zeevaarders traceerden als eersten de felbegeerde scheepvaartroute naar de Molukken. Na in 1512 voet op Ambonese bodem te hebben gezet, stelden ze bijna een eeuw lang verwoede pogingen in het werk om de lucratieve specerijenhandel te controleren. Aan hun inspanningen kwam een einde, toen in 1605 de Hollanders ten tonele verschenen en de Portugezen werden verdreven.

Het Hollandse streven naar een handelsmonopolie had meer succes dan dat van hun voorgangers. Na een aantal bloedige oorlogen, waarbij Banda en het Seramse schiereiland Hoamoal geheel werden ontvolkt, slaagden zij er in de kustbevolking volledig te onderwerpen. Het imperium van de Vereenigde Oost-Indische Compagnie werd gevestigd en het zwaartepunt van de kruidnagelteelt verlegd naar Ambon-Lease. Onder westerse overheersing zou het kleine eiland Ambon uitgroeien tot hét economische en politieke centrum van de Molukken.

De Ambonese pasisir

Op de plaats waar de Portugezen meer dan vier eeuwen geleden hun fort bouwden ligt nu Kota Ambon, hoofdplaats van zowel het district Maluku Tengah (Midden-Molukken) als van de provincie Maluku. Achterliggende heuvels en een binnenbaai omsluiten de stad als een te nauw corset: samengepakt op een oppervlakte van nog geen zes vierkante kilometer wonen en werken er meer dan honderddertigduizend mensen. Op het eerste gezicht is er in het overbevolkte Kota Ambon nog maar weinig dat herinnert aan het langdurige koloniale verleden van de stad. De statige gouvernementsgebouwen en lommerrijke bomen die vroeger het straatbeeld bepaalden, zijn tijdens de Tweede Wereldoorlog verwoest door zware bombardementen. Hun plaats is ingenomen door banken, scholen, universiteitsgebouwen, kazernes, overheidskantoren en ziekenhuizen. Het kleine Kota Ambon kan een vergelijking met de grotere steden van Java, Sumatra en Sulawesi nauwelijks doorstaan, maar als het handelsknooppunt en bestuurscentrum van de Molukken is de regionale betekenis van de provinciestad groter dan ooit.

De ontwikkelingen die Kota Ambon in de afgelopen decennia een ander aanzien gaven, hebben ook de dorpen in haar omgeving niet onberoerd gelaten. Met de uitbreiding van het wegennet en de bootverbindingen tussen de verschillende eilanden van de *pasisir*, is het verkeer tussen de stad en het achterland de laatste jaren sterk toegenomen. De op de grote markt van Kota Ambon te koop aangeboden sportschoenen en spijkerbroeken hebben hun weg naar alle dorpen in de regio gevonden, evenals plastic huisraad en geïmporteerde voedingswaren. Steeds meer jonge Molukkers keren hun geboortedorp de rug toe om in de stad onderwijs te volgen of werk te zoeken. Kota Ambon trekt; het platteland heeft hen niet veel meer te bieden dan een boerenbestaan.

In de *pasisir*-dorpen leven de bewoners nog traditiegetrouw van de kleinschalige landbouw en visvangst. Veel tijd wordt doorgebracht op de akkers en op zee, zodat de dorpen vaak een stille, soms zelfs een uitgestorven indruk maken. Ook de nieuwste Indonesische tophits, die bijna onafgebroken door de lege, stoffige straatjes schallen, doen nauwelijks afbreuk aan dit beeld.

Een dukun werpt een blik in de toekomst. Boven een glas water formuleert hij een ▼ vraag, die met een eenvoudig 'ja' of 'nee' beantwoord kan worden.

Dan breekt hij een kippeëi in het water… en prevelt een geheime spreuk.

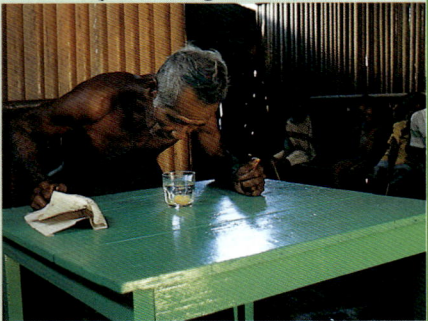

Nu zal hij het antwoord op zijn vraag in het glas kunnen lezen: als de dooier boven ▲ drijft is het 'ja', anders 'nee'.

Dukun

De voorouders zijn een belangrijke steun voor het nageslacht. Zij beschermen de bezittingen en rechten van de afstammingsgroep en zullen hun nakomelingen, indien deze daarom vragen, bijstaan in geval van nood. In iedere familie worden geheime spreuken bewaard, waarmee de hulp van de voorouders kan worden ingeroepen, en elk dorp heeft zogeheten dukun: *specialisten die zich onderscheiden door hun grote kennis van magische rituelen. Hoewel zij ook de toekomst kunnen voorspellen, het lot kunnen beïnvloeden, en in staat zijn de dader van een diefstal te identificeren, werken de* dukun *vooral als genezers.*

Ernstige ziekten hebben volgens de Ambonezen altijd een specifieke oorzaak. Dit kan een overtreding van de adat *zijn, een zonde tegen Gods geboden, een belofte die niet is nagekomen, een slechte geest of hekserij. Een* dukun *kent bepaalde wichelmethoden waarmee hij kan uitzoeken waardoor de patiënt ziek is geworden, en hij weet precies wat in zo'n geval gedaan moet worden. Weliswaar worden de pillen, poeders en vooral injecties die de artsen in Kota Ambon verstrekken zeer op prijs gesteld, maar men is ervan overtuigd dat westerse geneesmiddelen de zieke alleen lichamelijk kunnen sterken. De behandeling van de* dukun *richt zich in de eerste plaats op het wegnemen van de oorzaak, een noodzakelijke voorwaarde voor genezing.*

Iedere dukun *heeft zijn eigen technieken, en zal die geheimen alleen prijsgeven aan zijn opvolger, meestal zijn zoon. Hij mag zijn kennis nooit gebruiken om er zelf beter van te worden of anderen kwaad te doen. Zijn vermogens worden gezien als een gave van God, die hem bij misbruik ontnomen zullen worden.*

Adat en kerk in de Ambonese pasisir

Molukken
Kota Ambon

Kota Ambon oefent tot in de wijde omtrek een grote aantrekkingskracht uit. Met zijn fietstaxi's ademt het de sfeer van een grote stad en de **pasar** *is een waar handelsknooppunt. Hier vinden boeren en vissers een afzetmarkt voor hun produkten en zijn allerlei moderne consumptie-artikelen te koop die voor de Ambonezen niet alleen een praktisch nut, maar ook een zekere status vertegenwoordigen.*

125

Molukken protestantisme adat

Adat en kerk in de Ambonese pasisir

Agama Ambon

Ongeveer de helft van de *pasisir*-bevolking is moslim, de andere helft is protestant. De christelijke dorpen zijn van verre herkenbaar aan de kerktoren, die als een witgepleisterd baken uitsteekt boven het bladerdak van de schaduwrijke vruchtbomen. Omgeven door eenvoudige huizen van steen of *gaba-gaba* (nerven van sagopalmbladeren), doet de moderne stijl van recent gebouwde kerken hier bijna futuristisch aan. Niet zelden zijn deze bouwwerken het resultaat van een concurrentieslag tussen buurdorpen, die elkaar proberen te overtroeven in de omvang en architectuur van hun godshuizen. Voor de kerk en het prestige van het dorp brengt een geloofsgemeenschap relatief grote offers. Ook familieleden in Jakarta of Nederland en de christelijke of islamitische dorpen waarmee een broederschapsrelatie (*pela*) bestaat, leveren meestal een bijdrage om zo hun verbondenheid met het dorp te benadrukken.

Een zondagochtend in een christelijk dorp: na het luiden van de kerkklok begeven de bewoners zich met gepaste ingetogenheid naar de kerk, waar zij, begeleid door de slepende klanken van een orkest van bamboefluiten, plaatsnemen op de lange, lage banken aan weerszijden van het middenpad. De jongere vrouwen gaan gekleed volgens de mode van het toonaangevende Kota Ambon. Hun westerse jurken in uitbundig roze, geel en blauw lichten fel op tussen het zwart van de traditionele kerkdracht van de ouderen. Als de dominee binnenkomt, staat iedereen eerbiedig op. Vanaf zijn hoge kansel spreekt hij de gemeente vermanend toe, soms zacht en indringend, dan weer luid en gepassioneerd. De preken en gebeden worden afgewisseld door weemoedig klinkende liederen, die melodieus en vol overgave worden gezongen door verschillende koortjes en de gemeente.

De protestanten in de *pasisir* zijn erg behoudend. Iedere verandering die de dominee tracht in te voeren, stuit onvermijdelijk op verzet van oudere gemeenteleden. Deze zijn zich sterk bewust van de gewortelde kerkelijke tradities en stellen een breuk met het verleden niet op prijs; naar hun mening zullen de beproefde rituelen door elke afwijking inboeten aan mystieke kracht. Sommige dorpen in de *pasisir* zijn al bijna vijfhonderd jaar christelijk, en meer dan drieëneenhalve eeuw protestant. Het protestantisme heeft zich er in de loop der tijden ontwikkeld tot een wezenlijk onderdeel van de etnische identiteit. Niet zonder trots spreken de Ambonezen in de *pasisir* zelfs over hun *agama* Ambon: de Ambonese godsdienst.

De adat: het huwelijk

De invloed die de kerk eeuwenlang op de gemeenschap heeft doen gelden, is ten koste gegaan van vele lokale tradities: de oude *adat* heeft terrein prijsgegeven. De zondagsdiensten, het Heilig Avondmaal en de protestantse feestdagen hebben de plaats van vroegere dorpsrituelen ingenomen, en de overgang van de ene levensfase naar de andere wordt niet meer gemarkeerd door de oorspronkelijke ceremonie, maar door de doop, belijdenis of christelijke begrafenis.

Een aantal *adat*-voorschriften is echter altijd in ere gehouden; vooral regels met betrekking tot de verwantschaps- en dorpsorganisatie worden nog steeds strikt nageleefd. Zo voorziet de *adat* in een verdeling van de vis- en landbouwgronden en mogen de functies in het dorpsbestuur alleen worden uitgeoefend door leden van bepaalde, patrilineaire afstammingsgroepen. De

▲ *De kerk van Kaibobo in West-Seram is pas gerestaureerd: het nieuwe zinken dak schittert in het zonlicht.*

▲ *De traditionele kerkdracht van de vrouwen bestaat uit een zwarte sarong en een zwarte kiel. De sjerp die over de schouder gedragen wordt, is vaak versierd met honderden kleine kraaltjes, een kostbaar bezit.*

▲ *Sinds het fluitspel anderhalve eeuw geleden werd ingevoerd door een Nederlandse predikant, wordt de kerkzang ondersteund door een orkest van bamboefluiten.*

Adat en kerk in de Ambonese pasisir

Molukken huwelijk pela

pela, de broederschapsrelaties tussen dorpen, hebben eveneens nooit ter discussie gestaan. In overeenstemming met de heilige eed van de voorouders zullen *pela*-genoten elkaar altijd helpen en elkaar niets weigeren. En ook een huwelijk wordt in de *pasisir* nog steeds volgens de door de *adat* voorgeschreven procedures gesloten. In tegenstelling tot de andere nog resterende *adat*-bepalingen hebben deze huwelijksgebruiken echter een tegenhanger in het protestantisme. Het is dan ook vooral op dit terrein dat beide tradities in botsing komen.

De *adat* kent twee manieren om te trouwen: *kawin minta*, het 'aanzoekshuwelijk', waarbij de ouders van de jongen formeel om de hand van het meisje vragen, en *kawin lari*, het 'vluchthuwelijk', waarbij het meisje door de jongen geschaakt wordt. In de praktijk komt het vluchthuwelijk, om verschillende redenen, veel vaker voor. Soms is al van te voren duidelijk dat een aanzoek weinig zin heeft, omdat de ouders niet akkoord gaan met de keuze van hun dochter. In andere gevallen heeft het aanzoek al plaatsgevonden, maar zijn de onderhandelingen vastgelopen, bijvoorbeeld door beschuldigingen over en weer van onbeleefd gedrag, of door onenigheid over de hoogte van de bruidsprijs. Anders dan bij de Tolaki in Zuidoost-Sulawesi, waar opgeschroefde bruidsprijs-eisen meestal dé aanleiding zijn voor een vluchthuwelijk (zie hoofdstuk 5), is in de *pasisir* zwangerschap de meest voorkomende reden: de tijdrovende huwelijksbesprekingen, waarmee het aanzoekshuwelijk gepaard gaat, worden zo omzeild. De ouders van de jongen werken vaak mee als hun zoon zijn geliefde wil schaken. Een aanzoekshuwelijk geeft hen weliswaar meer aanzien, maar is wegens de grote feesten die zij behoren te financieren erg kostbaar. Het prestigieuze *kawin minta* blijft daarom meestal een wensdroom, gekoesterd door de vaders van huwbare dochters.

Indien tot een vluchthuwelijk wordt besloten, zal het paar afspraken maken over het tijdstip van uitvoering. In de bewuste nacht sluipt de jongen samen met enkele bevriende vrijgezellen naar het huis van zijn geliefde. Deze onderneming is niet geheel zonder gevaar: soms is de vader zo sterk gekant tegen de wil van zijn dochter, dat hij haar vlucht met geweld zal proberen te verijdelen. Slaagt de schaking desondanks, dan geven de vrienden van de bruidegom in spe dit luidkeels te kennen. Triomfantelijk schreeuwen zij *"putus bujang-e"*, woorden die duiden op de beëindiging van het vrijgezellenbestaan. Als de nachtelijke stilte verstoord wordt door deze kreet, weten de wakkergeschrokken dorpsbewoners dat er een meisje is geschaakt. Een veronrtuste vader zal zijn vermoedens bevestigd zien en het bed van zijn dochter leeg aantreffen: in haar plaats vindt hij een fles *sopi* (de lokaal gestookte, sterk alcoholische drank) en een brief, waarin hem in poëtische bewoordingen wordt medegedeeld, dat hij zich geen zorgen hoeft te maken: zijn dochter is in goede handen. De brief en *sopi* zijn achtergelaten door de jongen, zoals de *adat* dat van hem verlangt.

Als zij vermoeden dat de tijd rijp is, laten de vader en moeder van de jongen de ouders van het meisje weten, dat zij hen willen bezoeken om vergiffenis voor het gebeurde te vragen. Indien deze toestemmen, en de 'bruidgevers' de nederige excuses van hun 'bruidnemers' hebben aanvaard, wordt de hoogte van de bruidsprijs besproken. Pas als deze *adat*-betaling is voldaan, zal de verbintenis in de kerk kunnen worden ingezegend. Voor de bevolking van de *pasisir* is de kerkelijke ceremonie een sluitstuk: de plechtige bekroning van de door de *adat*

▲ *Voor de kust van Waai op Ambon wachten reizigers op het vertrek van hun boot naar Seram.*

Pela: voordeel en veiligheid

Bijna alle dorpen in de *pasisir* onderhouden een of meerdere broederschapsrelaties, *pela*. Sommige van deze verbonden zijn al heel oud. Waarschijnlijk fungeerden de eerste *pela* als een soort vredesverdragen. Vroeger waren de Ambonezen koppensnellers, en was het leven in de *pasisir* bijzonder onveilig. Om de gevaren enigszins te beperken, sloten buurdorpen onderling vaak een verbond, zodat zij tenminste van elkaar niets te duchten hadden. Ook werden uitzichtsloze dorpsveten beëindigd door elkaar broederschap te zweren. Een enkele oude *pela* stamt uit de woelige periode van oorlogen gedurende het bewind van de Vereenigde Oost-Indische Compagnie.

Meer recent zijn *pela* gesloten nadat het ene dorp door het andere werd geholpen in tijden van economische crisis of bij de bouw van een kerk of moskee. Dergelijke verbonden bestaan veelal tussen de kustdorpen van Seram en dorpen op de dichtbevolkte eilanden van Ambon-Lease, waar voedsel en grondstoffen schaarser zijn.

Rampspoed was ook de aanleiding voor de *pela* tussen de Seramse kustplaats Kaibobo en een aantal hoger gelegen bergdorpen. In dit geval speelden echter niet zozeer economische, maar religieuze motieven een rol. In de jaren na de Tweede Wereldoorlog werden de bergdorpen getroffen door ziekte en gebrek. Een dominee stelde vast dat God de dorpelingen hiermee strafte voor hun vroegere zonden: zij waren nog niet zo lang geleden gekerstend en hadden voordien regelmatig koppen gesneld onder de bevolking van het christelijke Kaibobo. Besloten werd de bewoners van de kustplaats vergiffenis te vragen en bij deze gelegenheid werd de *pela* gesloten.

Hoewel velen van hen de ceremonie die de betreffende *pela* bezegelde persoonlijk hebben meegemaakt, kunnen de meeste ouderen in Kaibobo zich de namen van de bergdorpen niet meer herinneren. Voor hen is het verbond met het dorpje Waai op Ambon veel belangrijker. Door hun *pela*-relatie zijn reizigers uit Kaibobo daar verzekerd van een goed onthaal en tevens van een zitplaats in de vaak overbezette busjes naar Kota Ambon. Omgekeerd profiteren mensen uit Waai van het broederschapsverbond, omdat het hen is toegestaan op het grondgebied van Kaibobo sago te kloppen en er onbeperkt te vissen in de wateren voor de kust. Praktische overwegingen spelen niet alleen een rol bij het sluiten, maar ook bij het onderhouden van een *pela*.

In Kaibobo op Seram wordt in een simpele, maar effectieve constructie meel gewonnen uit sagomerg. ▼

Molukken doop conflict huwelijk

Adat en kerk in de Ambonese pasisir

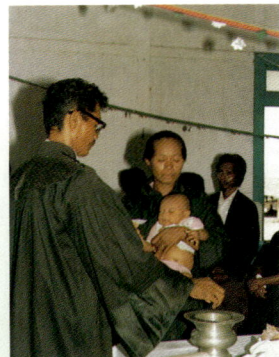

De doop van ieder kind is in de pasisir een feestelijke gebeurtenis.

voorgeschreven huwelijksonderhandelingen.
Het kan lang duren voor het zover is. Soms is de vader van het meisje zo verbolgen over de 'roof' van zijn dochter, dat hij de 'bruidnemers'-delegatie niet wenst te ontvangen. De publieke opinie zal zich in dat geval tegen hem keren: door zijn trotse houding staat hij een juiste gang van zaken én het geluk van zijn dochter in de weg. Het vluchthuwelijk is weliswaar niet het ideale, maar wel een alleszins geaccepteerde huwelijksvorm. Uiteindelijk geeft de gekrenkte vader dan ook vrijwel altijd toe, hoewel het voorkomt dat het ongehuwde paar tegen die tijd een of zelfs meerdere kinderen heeft.
Het aantal kinderen dat zo buitenechtelijk ter wereld komt, is een doorn in het oog van de kerk. De synode heeft daarom besloten, dat het eerste van een reeks onwettige kinderen niet mag worden gedoopt, voordat de ouders in de kerk zijn getrouwd. Zo hoopt men een huwelijk versneld, dat wil zeggen vóór de betaling van de door de *adat* voorgeschreven bruidsprijs, in de kerk te kunnen bevestigen. Het ouderpaar wordt, door het omdraaien van een volgorde die het belang van de *adat* benadrukt, verleid tot een stap die hun *adat* naar het tweede plan verwijst. Hoewel het ontberen van de doop in de ogen van de gemeenschap een heel zware sanctie is (de hoge kindersterfte in ogenschouw genomen, is het risico dat het kind ongedoopt overlijdt en dus niet in de hemel komt aanzienlijk), heeft deze strategie echter weinig succes: de kerk stuit hier kennelijk op een harde kern in de Ambonese samenleving.
De verklaring voor deze onverzettelijkheid is te vinden in de traditionele dorps- en verwantschapsorganisatie. Elk Ambonees dorp bestaat uit een aantal afstammingsgroepen. Het lidmaatschap van een van deze groepen is voor iedere dorpeling de basis van zijn of haar bestaanszekerheid. Het recht om vis te vangen in de wateren voor de kust, of het recht om sago te winnen op bepaalde stukken land wordt hieraan ontleend. De voorouders beschermen deze rechten. Zij zien erop toe, dat alleen hun nageslacht en de ingetrouwde personen van de gronden gebruik maken; buitenstaanders zullen inbreuk met ziekte en dood moeten bekopen. Dat duidelijk is tot welke afstammingsgroep men behoort, is daarom van levensbelang.
Zolang de bruidsprijs niet is betaald, behoren de kinderen volgens de *adat* tot de groep van de moeder. Zouden hun ouders voordat de bruidsprijs is voldaan onder druk van de dominee in de kerk trouwen, dan krijgen zij echter de naam van hun vader. Deze situatie is ondenkbaar: afgezien van de straf van de voorouders die het gezin met ziekte zullen treffen, zouden de kinderen door deze halfslachtige status in geen van beide afstammingsgroepen een rechtmatige plaats hebben - een positie die hun leven in de dorpsgemeenschap in feite onmogelijk zou maken.

Dit meisje heeft zich enkele dagen geleden laten schaken. Samen met haar partner en zijn familie is zij nu bij haar ouders om vergiffenis te vragen. Haar vader heeft hen ontvangen, maar niet van harte: woedend staat hij langdurig stil bij enkele onzorgvuldigheden in het gedrag van de 'bruidnemers'. Hij maakt gebruik van een recht dat hem volgens de adat toekomt en eist genoegdoening.

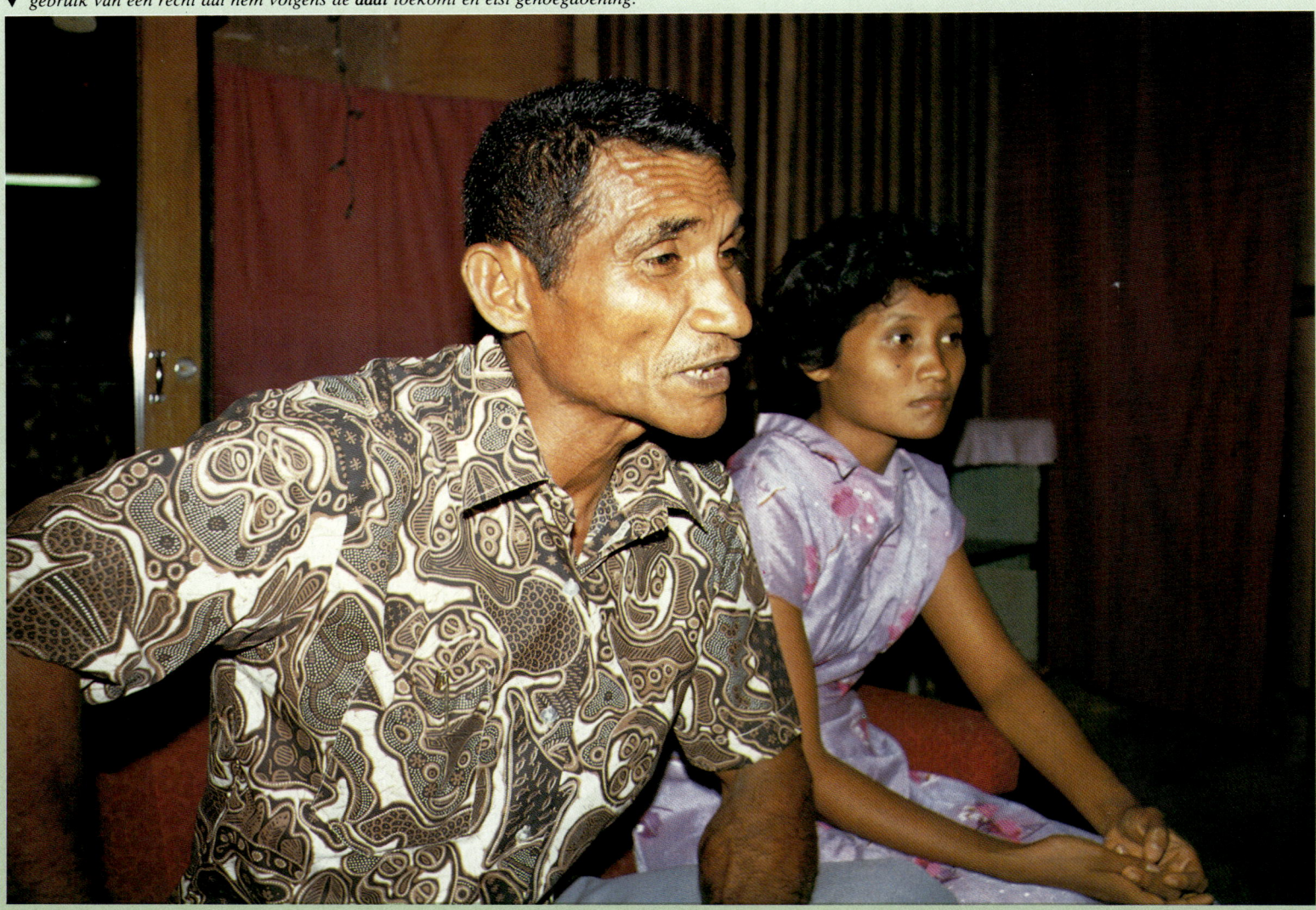

Adat en kerk in de Ambonese pasisir

Molukken
dorpshoofd
dominee

Adat en agama

De *adat*-bepalingen omtrent een huwelijk hebben betrekking op de relatie tussen twee groepen. De kerkelijke plechtigheid heeft een heel andere strekking: de inzegening bezegelt de persoonlijke band tussen bruid en bruidegom. *Adat* en kerk zijn dan ook geen alternatieven, maar vullen elkaar aan.

De christelijke Ambonezen vergelijken de *adat* weleens met de Torah van de joden. Zij geloven dat God de *adat* aan de voorouders heeft gegeven, als een leidraad voor de inrichting van hun leven en dat van hun nageslacht. Deze voorschriften hebben betrekking op de relaties tussen mensen in het tijdelijke leven op aarde. In de kerk richten de Ambonezen zich daarentegen op het eeuwige: de hemelse verlossing uit het aardse lijden. Deze taakverdeling tussen *adat* en kerk wordt belichaamd door twee belangrijke autoriteiten in een dorp: de *raja* (het dorpshoofd) en de dominee. Zij worden de vader en moeder van het dorp genoemd. De dominee is de vrouwelijke helft van het echtpaar; hij is altijd afkomstig uit een ander dorp en is als het ware ingetrouwd.

Het dualisme dat in deze visie op de relatie tussen *adat* en godsdienst naar voren komt, sluit aan bij een eeuwenoude symboliek. Het denken in tweedelingen, zoals hemel en aarde, man en vrouw of vader en moeder, is in de Indonesische culturen een steeds terugkerend ordeningsprincipe. Elk paar vormt een eenheid, maar tegelijkertijd bestaat er een zekere spanning tussen de elementen waaruit deze is opgebouwd.

Gespannen zijn de verhoudingen tussen *adat* en *agama* zeker. Dit laten de actuele huwelijksperikelen zien. En in de praktijk is ook het symbolische huwelijk tussen de *raja* en dominee zelden harmonieus. Een dominee wordt nooit aangesteld in zijn dorp van herkomst, zodat hij niet is gebonden aan de plaatselijke *adat* en het gezag van de *raja*. Door zich met 'wereldse' zaken te bemoeien, komt hij steeds vaker op het terrein van het dorpshoofd en dit geeft geregeld aanleiding tot conflicten. Soms raakt zelfs het hele dorp betrokken bij een ruzie tussen de dominee en de *raja*, maar in het algemeen wordt voor geen van beiden partij gekozen. Iedereen moet immers leven *menurut agama dan menurut adat*: volgens de godsdienst en volgens de *adat*.

Nu, na meer dan driehonderdvijftig jaar protestantisme, hebben de voorouders nog altijd een heel belangrijke plaats in het leven van hun nageslacht. Het is echter de vraag of zij deze positie ook in de toekomst kunnen handhaven. De toenemende overheidsinvloed, radio en televisie, het onderwijs en de trek naar de stad: zij tasten de beslotenheid van het dorp aan en leiden tot een meer individualistische samenleving. De *adat* in de *pasisir* wordt steeds sterker ondermijnd: de tijden lijken in het voordeel van de dominee.

▲ *In een dorp dat ver van een bestuurscentrum ligt, trouwen vaak tien of meer paren tegelijkertijd. Bij dit aantal bezoekt een bevoegd ambtenaar het dorp in kwestie, zodat de burgerlijke bevestiging, zoals het hoort, direct voor de kerkelijke inzegening kan plaatsvinden.*

▲ *De meeste christelijke bruidsparen geven tegenwoordig de voorkeur aan westerse huwelijkskleding.*

Het collectegeld dat tijdens de kerkdienst is ingezameld, wordt geteld. Sommige muntjes zijn in wit papier gewikkeld; aan deze offergaven is een bijzondere wens verbonden. ▶

129

Molukken kruidnagel matakau

Adat en kerk in de Ambonese pasisir

▼ *Een karakteristiek beeld in de Ambonese* **pasisir**: *kruidnagelen worden gedroogd in de zon.*

▲ *Een* **dukun** *maakt een* **matakau** *van bamboe. Iemand die dit waarschuwingsteken negeert, zal een opgezwollen buik krijgen, zoals de lampion-achtige vorm aangeeft.*

Matakau en sasi

Als iemand zijn aanplant tegen diefstal wil beschermen, kan bij de akker een **matakau** *worden geplaatst. Een* **matakau** *is een waarschuwingsteken, waarover een vloek is uitgesproken. Het lot dat een dief zal treffen, wordt er soms heel plastisch door uitgebeeld. Zo bestaan* **matakau** *in de vorm van een sprinkhaan. Bij diefstal zal dit dier 'rondspringen' in de maag van de dader en vreselijke buikkrampen veroorzaken. Andere* **matakau** *zijn abstracter, zoals de diagonaal gekruiste bamboestokjes, die doofheid tot gevolg hebben.*
Om diefstal van jonge kokosnoten tegen te gaan worden meestal geen **matakau** *geplaatst. In dit geval zal de eigenaar aan de dominee vragen of deze zijn kokospalmen voor een bepaalde periode onder bescherming,* **sasi**, *van de kerk wil plaatsen. Wordt dit verzoek gehonoreerd dan zal de kerkeraad God in een gebed vragen de kokosnoten voor diefstal te behoeden. Tijdens een kerkdienst wordt dit publiekelijk bekend gemaakt, zodat elke dorpeling weet dat iemand die de* **sasi** *schendt en de vruchten plukt of opraapt, door God zal worden gestraft.*

Een **matakau** *in de vorm van een sprinkhaan houdt de wacht. Uit het rode lapje om zijn hals blijkt dat er*
▼ *magische krachten in het spel zijn.*

Adat en kerk in de Ambonese pasisir

Molukken visvangst

Voedsel uit zee

De Molukse wateren zijn goede visgronden; op alle eilanden staat voedsel uit zee dagelijks op het menu. Deze rijkdom is ook ontdekt door buitenlandse visondernemingen en op grote schaal azen nu modern uitgeruste schepen uit Japan en Taiwan op tonijn en garnalen, daarmee roofbouw plegend op de Molukse zeeën. Met de visstand wordt ook de inheemse bevolking in haar bestaan bedreigd. De eenvoudige vistechnieken van de lokale vissers leveren nog altijd voldoende op, maar ieder jaar zien zij hun vangsten kleiner worden.
Voorlopig onbedreigd is de *laor*-visserij. Als in maart de Palolazeewormen de paartijd doormaken, scheppen de kustbewoners 's avonds bij het licht van fakkels of lampen, de geslachtsrijpe delen van deze dieren in grote hoeveelheden uit het donkere zeewater. Gebakken of geroosterd een ware lekkernij.

◂ *De laor, de wriemelende massa waar reikhalzend naar is uitgezien, wordt uit zee geschept.*

Molukken · islamisering · sultanaten

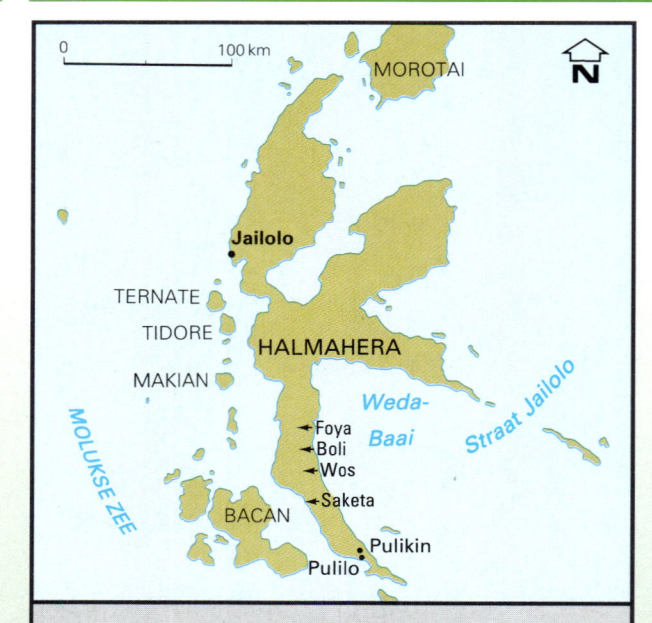

Malo Plim

Te zamen met Morotai, Ternate, Tidore, Makian en Bacan maakt Halmahera deel uit van de groep eilanden die ooit bekend stond als de 'Specerij-eilanden'. De zuidelijke landarm van het in flora en fauna veel op Irian Jaya gelijkende eiland telt ongeveer 20.000 bewoners. In vergelijking met de talrijke migranten, maakt de oorspronkelijke bevolking hiervan slechts een ondergeschikt deel uit. De autochtone etnische groepen worden gezamenlijk **Malo Plim** genoemd, de 'Vijf Landschappen'. Hiertoe rekent men de Foya, die evenals de Boli en Wos aan de oostkust van het schiereiland wonen, de Saketa aan de westkust, en de Giman aan weerszijden van de zuidpunt, in de dorpen Pulikin en Pulilo.

De aankomst of het vertrek van een boot doorbreekt in ieder Moluks dorp de dagelijkse beslommeringen. Uitgelaten verzamelt de jeugd zich op het strand, de reizigers worden begroet of uitgewuifd; niet veel later klinkt nog slechts het ▼ *ruisen van de zee.*

De Islam van de Giman

Anders dan in de Ambonese *pasisir*, beschouwt de meerderheid van de bevolking van Maluku Utara zich moslim. Op deze noordelijke eilanden brachten islamitische kooplui, ver voor de komst van de eerste christenen, een verdraagzame vorm van Islam mee, getekend door Westindonesische invloeden. Mede hierdoor versmolten de oude en nieuwe religieuze opvattingen in deze regio heel harmonieus. Een opvallend verschil met de *pasisir*, waar het Europese Christendom en de lokale *adat* veel scherper tegenover elkaar kwamen te staan.

De komst van de Islam

De Noordmolukse eilanden waren vroeger onderhorig aan de vorsten van Ternate, Tidore, Bacan en Jailolo. De eilanden vormden van oudsher het centrum van de kruidnagelteelt en werden al in een ver verleden aangedaan door vreemde handelsschepen. Ook islamitische handelaren ontdekten het brongebied van de 'gouden vrucht'. Enkelen vestigden zich op Ternate en introduceerden daar hun geloof. Aan het einde van de vijftiende eeuw wisten zij de vier lokale vorsten voor de Islam te winnen; na hun bekering noemden deze zich 'Sultan'. Toen niet veel later de eerste Europeanen op de 'Specerij-eilanden' arriveerden, werden ze daar, tot hun verrassing, dan ook door hoofden met deze titel ontvangen.

Werden de politieke centra relatief vroeg geïslamiseerd, de uitgestrekte gebieden waarover de Sultans heersten, kwamen slechts zeer geleidelijk onder invloed van de nieuwe godsdienst. Alleen op plaatselijke leiders werd druk uitgeoefend om moslim te worden; de werkelijk massale bekeringen vonden eeuwen later plaats. Op Halmahera bij voorbeeld, het grootste eiland van Maluku

De Islam van de Giman

Utara, werd een belangrijk deel van de bevolking pas in de negentiende eeuw bewogen over te gaan tot de Islam. De gestalte waarin de nieuwe religie zich hier openbaarde, werd gekenmerkt door een sterk Indonesische inslag en vond daarom gemakkelijk aansluiting bij de inheemse cultuur. Samen met de langdurige periode van introductie leidde dit bij de lokale culturen tot syncretisme, een zo sterke vermenging van traditionele en islamitische gebruiken, dat deze nu nauwelijks nog van elkaar zijn te onderscheiden.

De Giman

Een bezoek aan de tamelijk geïsoleerd wonende Giman, een kleine etnische groep in Zuid-Halmahera, levert een boeiend beeld op van de manier waarop de islamitische gewoonten zijn ingepast in een lokale cultuur. Vanuit Ternate kan men met een boomstamkano, voorzien van een buitenboordmotor, oversteken naar Halmahera, dat grotendeels bestaat uit vier lange, grillig gevormde schiereilanden. Een dag en een nacht volgt de boot de kustlijn, tot de uiterste zuidpunt van het eiland bereikt wordt. Hier liggen Pulikin en Pulilo, de twee dorpen van de Giman, een groep van ongeveer veertienhonderd zielen. Het volk spreekt een eigen taal en leeft van de landbouw, sagowinning, visvangst en jacht.

Na eeuwenlange overheersing door de Sultan van Ternate, gingen de Giman in de vorige eeuw daadwerkelijk en collectief over tot de door deze vorst uitgedragen religie. Dat hun cultuur vóór deze stap echter al in menig opzicht door islamitische denkbeelden moet zijn 'bewerkt', mag worden afgeleid uit de wijze waarop het volk een in oorsprong islamitisch gebruik heeft geïntegreerd in de eigen *adat*: de besnijdenis van jongens en meisjes.

Besnijdenis als initiatie

De overgang tot de Islam betekende dat voortaan alle nieuwgeborenen besneden werden. Volgens de islamitische beginselen is een moslim niet verplicht zich te laten besnijden, maar wel is het *sunat*, 'aanbevelingswaardig'. De leer geeft aan dat de besnijdenis een verdienstelijk werk is: "Mohammed was bij zijn geboorte al besneden. Wij moeten Mohammed volgen en ook besneden worden".

Uiteraard bestaat er een verschil in ingreep bij de verschillende sexen. Bij meisjes maken de Giman, evenals andere volken die de Islam hebben aanvaard, een sneetje in de clitoris; bij jongens wordt het topje van de voorhuid tussen een bamboe klemmetje gezet en met een scheermesje afgesneden. Anders dan bij meisjes, die al op heel jonge leeftijd – dikwijls op de veertigste levensdag – worden besneden, vindt de ingreep bij jongens pas een aantal jaren na de geboorte plaats. Voor hen is een tijdstip tussen het zesde en tiende levensjaar gebruikelijk; eerder besnijden acht men te riskant.

In tegenstelling tot de islamitische voorschriften, beschouwen de Giman het navolgen van de besneden Mohammed wel degelijk als een verplichting. In hun ogen ontvangt een kind pas door die ingreep de status van moslim en ten aanzien van jongens houdt men er zelfs een nog dwingender verklaring op na: voor de man is de besnijdenis tevens een noodzakelijke voorbereiding op het huwelijk. Een niet-besneden man zou, in de visie van de Giman, zijn plichten als echtgenoot niet kunnen vervullen, omdat hij dan nog 'onrein' zou zijn.

De reden voor deze onreinheid stamt al van het moment van geboorte, wanneer een jongen in aanraking komt

Een 'oud' taboe

Het binnenland van Zuid-Halmahera is onbewoond en wemelt van de wilde zwijnen. Om religieuze redenen worden deze dieren door de islamitische Giman evenwel niet geschikt geacht voor consumptie. Mede hierdoor zijn de varkens voortdurend in aantal toegenomen en vormen ze nu een ware plaag. Doorlopend worden de oogsten vernield en ook veel vruchten blijken voor de beesten een ware lekkernij. Zo schijnt het te zijn voorgekomen, dat het ene zwijn boven op het andere stond om bij een tros bananen te kunnen komen!

Men zou denken dat de Islam, die het consumeren van varkensvlees verbiedt, de Giman hier met een ernstig probleem heeft opgezadeld en dat het hen moeite zal hebben gekost om, na de overgang tot deze religie, dit eiwitrijke voedsel onaangeroerd te laten. De huidige inwoners van Pulikin en Pulilo zien dit echter geheel anders. Zij wijzen er op dat varkensvlees ook vóór de overgang tot de Islam al niet mocht worden gegeten; het was vanouds 'taboe'. Varkens en mensen zouden eenzelfde soort huid hebben en het eten van varkensvlees zou dus een vorm van kannibalisme zijn. De Giman zijn ervan overtuigd dat na het eten van varkensvlees de haren bij de mens zullen uitvallen en dat op de huid dermate grote wonden zullen ontstaan, dat de dood niet kan uitblijven. Vermoedelijk is het verbod op het nuttigen van varkensvlees al in een zeer vroeg stadium van de Islam overgenomen. Dat het geen oorspronkelijk Gimans gebruik is, weet niemand meer. In ogenschouw genomen hoe volledig dit verbod met de plaatselijke cultuur is verweven, is dit ook niet verwonderlijk.

met de vagina van zijn moeder. De Giman beschouwen dit als een vorm van incest. De relatie van een man met zijn moeder is hierdoor onrein. En wie onrein is, mag noch de koran aanraken, noch meedoen aan de gebeden en vastenperiode. Bovendien mag in Pulikin en Pulilo een onbesneden man geen rituele maaltijden bijwonen, plechtigheden waar een goed echtgenoot en vader zijn gezin behoort te vertegenwoordigen.

Zo beschouwd is de besnijdenis voor de Giman een belangrijke voorwaarde voor het huwelijk. Het 'reinigen' van de man door het verwijderen van diens voorhuid verwoorden ze aan de hand van een eenvoudig beeld. "Om een banaan te kunnen eten, moet hij eerst van zijn schil worden ontdaan. Zo moet een man om te kunnen 'eten' (trouwen), ook van een schil, de onreinheid, worden ontdaan". Duidelijk is hoezeer een van oorsprong islamitisch gebruik als de besnijdenis, is ingepast in de gedachtenwereld van de Giman. Door het ondergaan van een proces van 'gimanisering', veranderde de besnijdenis in een volwaardig initiatieritueel.

Bestijgen en afdalen

De ceremoniële viering waarmee een besnijdenis gepaard gaat, illustreert het initiatiekarakter van de ingreep op prachtige wijze. Daar het feest aanzienlijke financiële offers vergt, vooral wegens de benodigde hoeveelheden rijst, vindt het meestal later plaats dan de besnijdenis zelf. Vaak wordt, om de kosten te drukken, met het uitvoeren van de plechtigheden gewacht tot zich een gelegenheid voordoet om meerdere feesten tegelijk te vieren. Een combinatie met het rituele knippen van de haren van een baby, of met een ceremonie ter afsluiting van het door oudere kinderen genoten koranonderwijs, is bepaald niet ongewoon. Bij werkelijk grote financiële problemen worden de feestelijkheden ter ere van de besnijdenis ook wel 'stiekem' binnenshuis gevierd. Na afloop van het gebed in de moskee nodigt de vader dan fluisterend slechts enkele mannen uit.

Normaal wordt een besnijdenisfeest echter gekenmerkt door veel uiterlijk vertoon en nodigt men in alle openheid zijn gasten uit. Voor het huis is een tijdelijk afdak gebouwd, waaronder een lange feesttafel is klaargezet. Hieraan nemen, als de avond valt, alle uitgenodigde mannen plaats. Voor de gelegenheid dragen zij een

De moskee van Pulilo met uitzicht op de baai.

Hakim sara

De Islam is bij de Giman diep geworteld, hoewel pas sinds de negentiende eeuw sprake is van een daadwerkelijke toetreding. Met de overgang naar de nieuwe religie werd zowel in Pulikin als Pulilo een moskee gebouwd en werd er 'moskeepersoneel' aangesteld: een *imam*, *modin* en *hatib*. De *imam* gaat vijf keer per dag voor in het rituele gebed, de *hatib* leest de vrijdagspreek en de *modin* roept de gelovigen vanaf de moskee op voor het rituele gebed. De drie godsdienstbeambten zijn voor de Giman echter veel meer dan 'moskeepersoneel'. Dat blijkt onder meer uit het feit dat de functies erfelijk zijn en alleen bestemd voor de leden van bepaalde afstammingsgroepen. Daarnaast spreekt de gemeenschappelijke naam voor de drie religieuze taken boekdelen: *hakim sara*, 'rechter van de islamitische wet'. Binnen de gemeenschap zien de *imam*, *modin* en *hatib* vóór alles toe op een juiste naleving van de islamitische voorschriften.

Aan het hoofd van de feesttafel zitten twee kandidaten, klaar voor de ceremonie ter afsluiting van het koranonderwijs; het heilige boek ligt voor hen op tafel. ▼

overhemd en een lange broek, in plaats van de dagelijkse sarong. Als iedereen zit, reciteren ze samen een gebed uit de koran, een *doa salamat*, om het lot van de voorouders in het hiernamaals te verlichten. Na afloop worden thee en koekjes geserveerd en maken de mannen zich op voor de komende feestnacht.

Gaat buiten alles volgens 'orthodox' islamitische regels, binnen is iets van de *adat* te zien. Met het zogeheten 'bestijgen' van een pronkbed worden hier de feestelijkheden geopend. Omgeven door de vrouwelijke gasten nemen de jongens en meisjes om wie alles draait, plaats op een schitterend versierd, met een klamboe omgeven bed en bereiden zich zo als het ware voor op de besnijdenis (die velen van hen, zoals eerder opgemerkt, in feite dan al achter de rug hebben). Op het met kleurige kussens bedekte bed gezeten, smeert een oude vrouw hen van top tot teen in met blanketsel. Witgepoederd en afgeschermd van de buitenwereld behoren zij nu hier de volgende ochtend af te wachten. Het pronkbed mag onder geen beding verlaten worden; ook het avondmaal moet er worden genuttigd.

Ondertussen komt er voortdurend visite langs en vermaakt de jeugd zich met muziek en dans, terwijl buiten aan de feesttafel domino een geliefd spel is. Pas als de hanen kraaien en de ochtend gloort, is het de kinderen toegestaan 'af te dalen' van het bed om, als dat nog niet zou zijn gebeurd, vervolgens besneden te worden. De tijdspanne die op het pronkbed wordt doorgebracht, is in de loop der tijden aanzienlijk verminderd. In plaats van een enkele nacht behoorden de kinderen vroeger wel twee tot drie volle dagen op het bed te blijven.

Na 'afgedaald' en mogelijk besneden te zijn, staan de kinderen 's middags, als de afsluitende *doa salamat* plaatsvindt, in het middelpunt van de belangstelling. Ze mogen dan ook plaatsnemen aan het hoofd van de feesttafel. Deze is nu rijkelijk voorzien van gele en witte rijst, de laatste in de vorm van *jaha*: staven van in bamboestengels verhitte en in klappermelk gekookte rijst. Nadat de aanwezige mannen opnieuw een stuk uit de koran hebben gereciteerd, neemt een van hen uit een kom op tafel enkele opvallend vormgegeven koekjes. Het zijn de zogenaamde *saro-saro*, kleine koeken, gebakken in de vorm van een ring, kikker, slang of mens. Onder het uitspreken van een wens, worden ze langzaam heen en weer bewogen voor de gezichten van de kinderen: "*saro-saro*, dat je goed kunt leren en onderwijzer mag worden" of "*saro-saro*, dat je, als je ouder wordt, op bedevaart naar Mekka mag gaan". En speciaal voor de meisjes: "*saro-saro*, dat je een pelgrim mag trouwen". De wensen maken duidelijk dat voor de kinderen de deur is geopend naar een nieuwe levensfase.

Het pronkbed als baarmoeder

Niet alleen bij een besnijdenisfeest wordt 'bestegen' en 'afgedaald'. Ook bij andere rituelen die de levenscyclus van de Giman markeren, zien we deze activiteiten terug. Een bruid en bruidegom bij voorbeeld, moeten aan de vooravond van hun huwelijk, elk in het ouderlijk huis, op een bed plaatsnemen en ook zij worden ingesmeerd met blanketsel. Pas de avond van de volgende dag mogen zij 'afdalen' om in de echt te worden verbonden. Zowel de besnijdenisceremonie als de gang van zaken bij een bruiloft vertonen hierdoor kenmerken van een klassieke 'rite de passage', het rituteel dat de overgang naar een nieuwe status in het leven moet veilig stellen. Zoals de ongehuwde door het huwelijk de status van volwassene ontvangt, zo wordt de onbesnedene door de

De Islam van de Giman

besnijdenis een ware moslim en een jongen bovendien een potentiële huwelijkspartner. Het blanketsel, dat de huid 'zacht' en 'blank' maakt, dient ter versterking van de gezondheid van degene die de kritieke overgang doormaakt. Blank zijn is bij de Giman niet alleen een schoonheidsideaal, maar ook een teken van vitaliteit en succes in het leven. De nacht van afzondering op het bed is te vergelijken met een nieuw verblijf in de baarmoeder. Het 'afdalen' van het bed en de daarop volgende besnijdenis of huwelijkssluiting kan dan worden geïnterpreteerd als een symbolische wedergeboorte in een volgende levensfase.

Mohammeds gebroken tand

Naast de 'gimanisering' van islamitische gebruiken, komt ook het omgekeerde voor: een islamisering van traditionele Gimanse gewoonten en opvattingen. Zo is het vijlen van de snijtanden in Pulikin en Pulilo ongetwijfeld een zeer oud, pre-islamitisch gebruik. In de puberteit laten de meeste jongens en meisjes deze tanden vijlen om een mooier gebit te krijgen. Met een slijpsteentje schuurt men de tanden van boven- en ondergebit net zo lang tot een prachtig vlak geheel ontstaat. De islamitische stroming waartoe de Giman bekeerd werden, kende het gebruik eveneens; oud en nieuw sloten hier vrijwel naadloos aan.
Tegenwoordig echter baseren de Giman, evenals de Javaanse moslims, het gebruik op een incident dat tijdens de veldslag bij Uhud in Arabië (in 625) zou hebben plaatsgevonden. "Mohammed", zo wordt verteld, "voerde strijd tegen de heidenen. Toen zijn vijanden naderbij kwamen, verborg hij zich in een hol. Hierin woonde een *cicak* (een huishagedis), en omdat deze geluiden maakte, wierpen zijn vijanden een steen naar binnen. De steen brak een van Mohammeds tanden en daarom liet de profeet zijn tanden later vlak slijpen." Deze legende biedt de Giman de gelegenheid het tandenvijlen als een goed werk te beschouwen, want op deze wijze, zo redeneert men ook nu weer, wordt immers de profeet nagevolgd.
Op vele uiteenlopende manieren zijn zo de lokale *adat* en de Islam met elkaar vervlochten. Overal in Zuid-Halmahera is de onderlinge verwevenheid groot en in sommige gevallen hebben oude tradities en islamitische cultuuruitingen elkaar op een verrassende manier van een nieuwe inhoud voorzien. De aantrekkingskracht van de bijzondere vruchten van de 'Specerij-eilanden', heeft geleid tot bijzondere culturen.

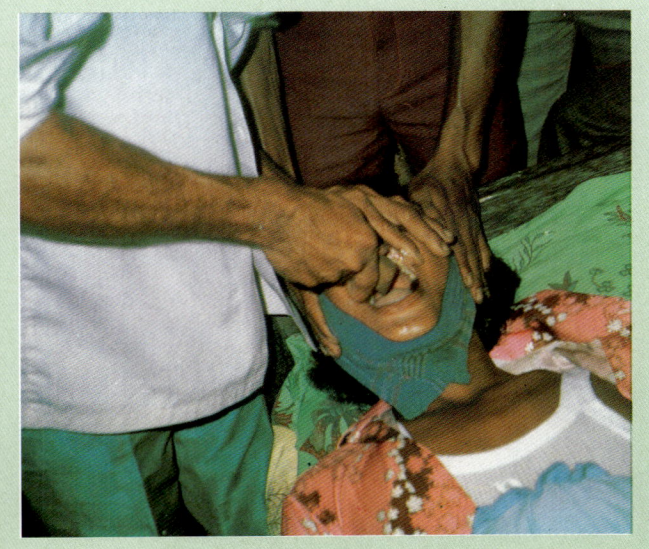

▼ *Nadat het huwelijk is gesloten, vertonen bruid en bruidegom zich op hun prachtig versierde zetel.*

De wopal

De Giman hebben in de achterliggende jaren weliswaar veel van hun gebruiken met de islamitische uitgangspunten weten te verenigen, toch sluiten nog niet alle oude en nieuwe denkbeelden op elkaar aan. Zo behelpt men zich bij het sluiten van bepaalde huwelijken met een uniek compromis.
Volgens de **adat** *van de Giman moet de bruidsprijs die een bruidegom aan zijn schoonfamilie overhandigt, door de 'bruidgevers' eigenlijk worden beantwoord met een tegengift, de* **wopal**. *In Pulikin is deze tegengift echter afgeschaft, omdat men meent dat het gebruik in strijd is met het islamitische standpunt dat de man een exclusief recht toekent op zijn echtgenote. Door het overhandigen van de bruidsprijs verkrijgt een man, zo luidt de redenering, het alleenrecht over zijn vrouw; haar ouders kunnen vanaf dat moment niet meer over hun dochter beschikken.*
Zou de bruidegom evenwel de traditionele tegengift van de familie van de bruid accepteren, dan zouden de rechten op zijn vrouw bij zijn schoonouders blijven. Aldus zou het gebruik van de **wopal** *indruisen tegen de Islam, reden waarom de tegengift in Pulikin in onbruik is geraakt. In Pulilo echter, het andere Gimanse dorp, is men aanmerkelijk conservatiever en hebben de dorpelingen, ook al voelt men zich volwaardige moslims, de tegengift ondanks de veranderde opvattingen in Pulikin gehandhaafd.*
Wat gebeurt er nu indien een jongen uit Pulikin trouwt met een meisje uit Pulilo? Voor een dergelijke situatie is het volgende, dure tussenoplossing bedacht: de bruidegom betaalt de (normale) bruidsprijs twee keer! De eerste keer ontvangt hij na de overhandiging, tot genoegen van de **adat**-*getrouwe Puliloërs, keurig het tegengeschenk van zijn schoonfamilie. Daarna betaalt hij nogmaals de bruidsprijs en dan blijft, tot tevredenheid van de inwoners uit Pulikin, de* **wopal** *uit.*

◄ *Met een slijpsteentje worden de snijtanden mooi vlak geslepen.*

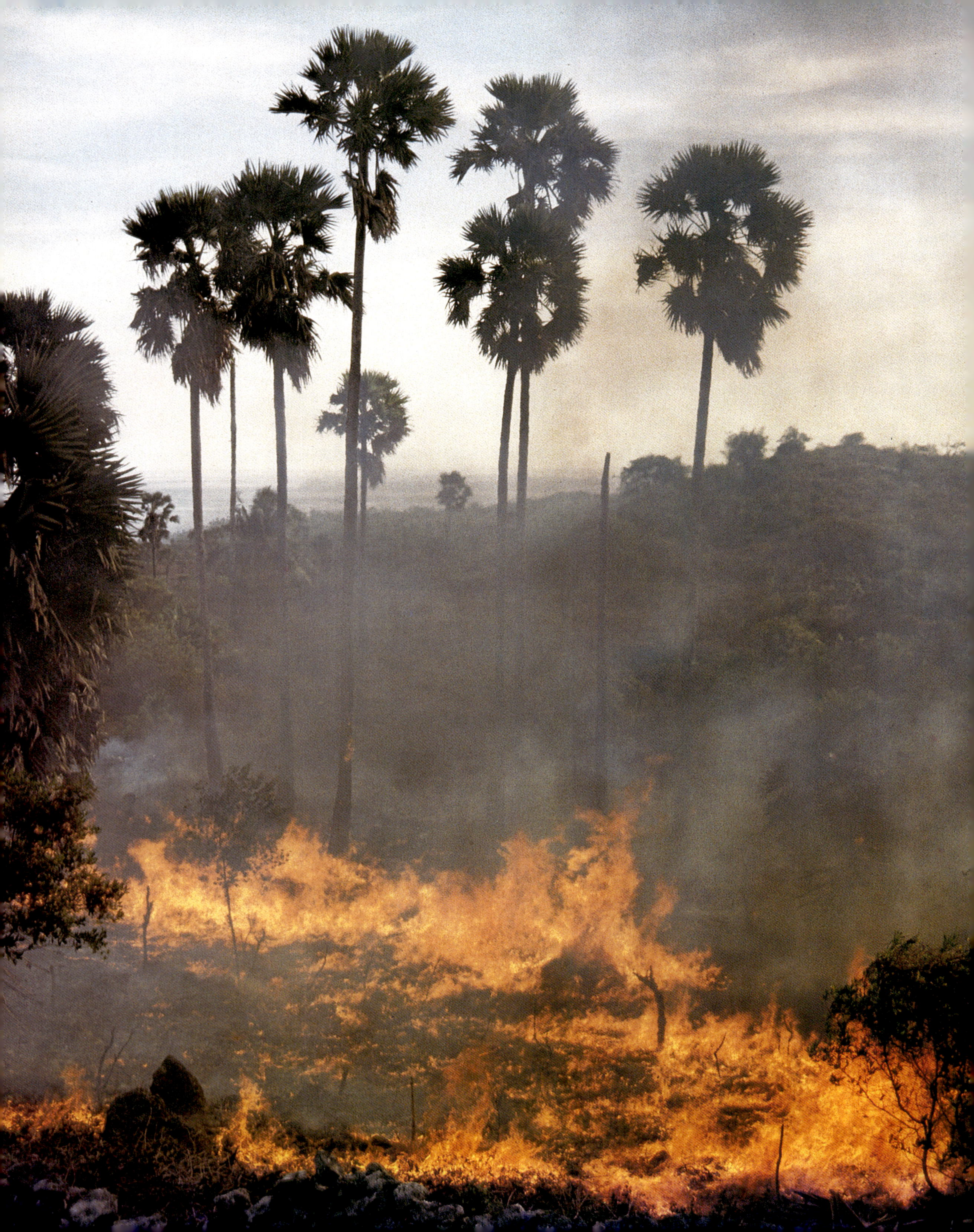

Molukken
infrastructuur
fauna

Aan boord in Babar

Diep in het zuiden, ver van marktplaatsen als Ternate en Ambon, liggen tientallen eilandjes die pas onlangs met de wereldeconomie in aanraking zijn gekomen. Het merendeel steekt nauwelijks begroeid uit boven het water van de Bandazee. De weelderige vegetatie van de noordelijke Molukken is ver te zoeken, het landschap is savanne-achtig en de bodem is ongeschikt voor kruidnagelen. Eigenlijk is van veel eilanden in Maluku Tenggara vooral bekend dat er in economisch opzicht niets te halen valt. Slechts gedurende het bewind van de Verenigde Oost-Indische Compagnie bestond er een tijdelijke interesse van de wereld: de monocultuur in het nootmuskaatcentrum Banda noodzaakte toen tot de aanvoer van sago vanaf deze eilanden.

Christelijke en islamitische invloeden in de Zuidoost-Molukken zijn, zeker indien we een vergelijking maken met de Ambonese *pasisir* en de omgeving van Ternate, van recente datum. Moslims komen er, op enkele Arabische handelaren na, nauwelijks voor en missie en zending kregen pas in de loop van deze eeuw vaste voet aan de grond. De bevolking van Aru, Kai en Tanimbar noemt zich nu in hoofdzaak rooms-katholiek en de eilanden tussen Timor en Tanimbar vormen een protestants zendingsveld.

Het toetreden tot een wereldgodsdienst heeft de bevolking van Maluku Tenggara helaas geen verbeterde communicatie met de rest van de wereld opgeleverd. De faciliteiten voor vervoer naar de provinciehoofdstad Ambon zijn uiterst beperkt en tijdens de oostmoesson (van april tot oktober) en de westmoesson (van december tot maart) zijn door het onrustige water vele eilanden in de zuidelijke Bandazee nauwelijks bereikbaar.

Enkele keren per maand verlaat een in Europa afgedankte coaster de haven van Ambon voor een rondvaart van enige weken naar de Zuidoost-Molukken. Het volgepakte dek, met plastic zeilen overspannen, is als een varend marktplein. Overal krioelen passagiers en handelaren, en uitgerolde slaapmatjes zijn er ware territoria. Slechts de bemanningsleden glimlachen: het geld van hun aan militairen en ambtenaren verhuurde kooien is weer binnen.

Onderweg worden stadjes en dorpen waar bestuursambtenaren zetelen aangedaan (hier wordt rijst, als bestanddeel van de salarissen, gelost) en soms, als weer en wind het toelaten, gaat het schip een paar uur voor anker in meer afgelegen gebieden. Tientallen boomstamkano's schieten er op af en bij de stalletjes aan boord doen de peddelaars snel hun inkopen. Deze blijven gewoonlijk beperkt tot een enkel kledingstuk of wat batterijen voor de radio, door afwezigheid van televisie en auto in veel dorpjes hét statussymbool. Geld, hoofdzakelijk in gebruik voor de kerkelijke collectes, is schaars; gedurende de kenteringsmaanden, als de zee rustig is, bloeit overal de traditionele ruilhandel. Grote golven en kleine prauwen dwingen vele eilanders evenwel de meeste maanden van het jaar tot een geïsoleerd bestaan.

Het beeld van de boot

Niet alleen de geografische, maar ook de culturele afstand tot Ambon is groot. Daar de eilanden van Maluku Tenggara in feite het einde vormen van de boog die bij Bali begint en doorloopt tot Irian Jaya, ligt een culturele aansluiting met de Kleine Sunda-eilanden meer voor de hand; de nauwe verwantschap met dit gebied is ook al

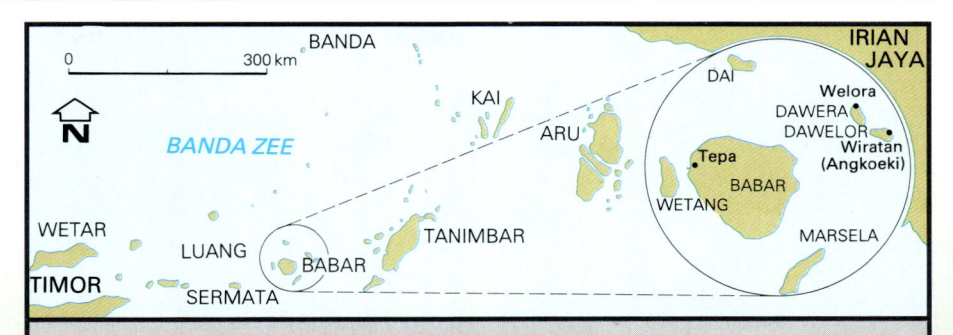

Babar: keuken van een archipel

Halverwege Ambon en Australië liggen, als een paar onopvallende stipjes in de Bandazee, zes eilanden die samen de Babar-archipel vormen. De groep is genoemd naar het grootste eiland, Babar. Dit vruchtbare, dichtbeboste eiland wordt omringd door een vijftal nauwelijks begroeide koraaleilanden: Marsela, Wetang, Dai, Dawera en Dawelor. De archipel telt ongeveer 15.000 zielen; ruim de helft hiervan woont op Babar.
Op de kleinere eilanden, in grootte vergelijkbaar met de Friese waddeneilanden, is als gevolg van de slechte bodemgesteldheid en het geregeld uitblijven van regen, de opbrengst van de tuinen vaak niet voldoende om de periode tussen twee oogsten te overbruggen. Om het hoofd boven water te houden, leggen velen zich daarom toe op de ruilhandel. Mannen zetten extra fuiken of stoken *sopi* voor de 'export'; vrouwen vervaardigen allerlei vlechtwerk. De produkten worden op Babar geruild tegen groente en maïs, het hoofdvoedsel.
Een aantal gezinnen heeft het telkens terugkerende probleem evenwel anders aangepakt en tuingrond op Babar in bruikleen gevraagd en gekregen. Als weer en wind het toelaten zit men in de oogsttijd dan urenlang op zee om nieuwe voorraden te halen, of zoals de eilanders het zelf zeggen, "om éven iets uit de keuken te halen".

Maluku Tenggara als overgangsgebied

In flora en fauna vormen de Molukken een ontmoetingsplaats tussen het westelijk deel van Indonesië en Irian Jaya, of in ruimere zin tussen Zuidoost-Azië en Australië. De Molukse dierenwereld wordt wel gekenschetst als een (relatief) verarmde Indische fauna, waarin bij voorbeeld de grote zoogdieren van West-Indonesië ontbreken, en die spaarzaam is aangevuld met specifiek Molukse soorten en vertegenwoordigers van Irian Jaya en Australië.
Reeds in het midden van de vorige eeuw wees onderzoek uit dat West- en Oost-Indonesië geen samenhangend faunagebied vormen. Zo meende de Britse natuuronderzoeker Alfred Russel Wallace, op grond van gegevens die hij verzamelde tijdens een verblijf in Indonesië van 1854 tot 1862, beide regio's door een tamelijk scherpe lijn te kunnen scheiden. Deze later beroemd geworden 'Lijn van Wallace', loopt tussen Kalimantan en Sulawesi in het noorden en tussen Bali en Lombok in het zuiden. Westelijk van de scheidslijn zouden flora en fauna Aziatische kenmerken vertonen, ten oosten van de lijn zouden Australische soorten de overhand hebben.
Later uitgevoerd onderzoek toonde echter aan dat een grensbepaling sterk afhankelijk is van de bestudeerde diergroep en dat een scherpe grens niet kan worden getrokken. Wel werd geconstateerd dat ten oosten van de 'Lijn van Wallace' de fauna verandert en oostwaarts steeds rijker wordt aan Australische soorten. De eilanden van Maluku Tenggara vormen een ware overgangszone. De dierenwereld van Wetar, het meest westelijk gelegen eiland in dit district, vertoont evenals de Kleine Sunda-eilanden nog overwegend Aziatische aspecten, terwijl door de aanwezigheid van de kangoeroe (Macropodidae), de paradijsvogel (Paradisaeidae), en de – afgebeelde – casuaris (Casuarius) de fauna van het oostelijke Aru vrijwel overeenkomt met die van Irian Jaya.

◀ *Voor de grote regenbuien van de westmoesson losbarsten, worden in de Babar-archipel de tuinen gereedgemaakt voor het planten van maïs. In de jaren dat de tuinen braak hebben gelegen, zijn ze overwoekerd door struikgewas; dit wordt nu gekapt en afgebrand.*

Molukken symboliek dorp huis   Aan boord in Babar

vele malen bewezen. Zo vertonen de talen kenmerkende overeenkomsten en zijn tal van tradities binnen de lokale Oostindonesische culturen vaak op een gelijksoortige, duidelijk herkenbare wijze vormgegeven.
In veel gevallen zijn de verschillende terreinen die binnen een cultuur worden onderscheiden, zoals het politieke bestel en het nederzettingspatroon, geordend door gebruik te maken van een veelomvattend, dominerend symbool. Soms is dit de (levens)boom, maar heel vaak vervult het beeld van een boot die integrerende rol. De prauw verschijnt, bij voorbeeld in de huizenbouw, zowel in Maluku Tenggara als in de Kleine Sunda's bijna nooit als een losse, op zichzelf staande metafoor; ook de inrichting van het dorp en het politieke bestel zijn dan dikwijls geordend naar het model van een boot.
In de Zuidoost-Molukken vinden we de prauwsymboliek onder meer in de Kai- en Tanimbar-archipel, in Luang en Sermata en binnen de Babargroep. Op meerdere niveaus modelleert de boot hier de samenleving, overal op een eigen wijze. Zo is in de Babar-archipel, met name op Dawera en Dawelor, twee koraaleilanden met karakteristieke, trapsgewijs omhooglopende terraslagen, een heel specifiek patroon voor de inrichting van het dorp te vinden.
Wie zo'n kleine nederzetting voor het eerst ziet kan zich moeilijk een vrediger tafereel voorstellen. Achter een rij kokospalmen aan het strand straalt de verzameling huizen bij het kerkje een haast serene rust uit. Naast het ruisen van de branding klinkt slechts het monotone geluid van het stampen van de mais.
Hoe anders was deze situatie eigenlijk nog maar kort geleden: "De negorijen op de verschillende eilanden die de Babargroep vormen, zijn met uitzondering van de hoofdplaats Tepa en een paar negorijen op Wetang, allen op steile hoogten aangelegd en van zware muren voorzien, hetgeen bij den onophoudelijken oorlogstoestand dan ook noodig is. Nergens evenwel zag ik zulke zware en hoge muren als op de eilanden Dawera en Dawelor. De negorij Angkoeki o.a. bezit wallen van 3 meter dikte en 6 meter hoog, geheel van opgestapelde zandsteenblokken gebouwd en van deuren voorzien". De Hollandse bestuursambtenaar Van Hoëvell was behoorlijk onder de indruk van de 'arendsnesten' die hij in 1890 aantrof. Niet lang daarna greep de koloniale overheid in. Alle op rotsplateaus gelegen woonplaatsen werden ontruimd en langs de kust, op goed te controleren plaatsen, verrezen de huidige dorpen. Rond 1920, na een massale overgang tot het Christendom, werden de laatste verdedigingswallen gesloopt.

Roerganger, loods en waterhozer

Staande op de kalkrotsen van Dawera, doet het 'nieuwe' dorp in de diepte aan zee onwillekeurig denken aan de modelnederzetting van een transmigratieproject. Keurig op een rijtje zijn de huizen opgetrokken en zelfs de nokken van de daken wijzen in één richting. In werkelijkheid ligt er een eeuwenoud patroon in verscholen, gebaseerd op de prauwsymboliek.
Ooit woonde binnen de hooggelegen vesting slechts één grote familie die leefde in en om een indrukwekkende paalwoning, het 'grote huis' geheten. Men werd in dit huis (of in een dependance) geboren, trouwde er met een familielid, kreeg kinderen en men stierf er. Het 'grote huis' was een veilige plaats in een vijandige wereld. In de termen van de bewoners: een prauw op koers, in wild water.
Deze symbolische woorden waren overal in

▲ *Iedere familie in de Babar-archipel beschikt over erfstukken, meestal gouden voorwerpen en oude weefsels. Bij het betalen van een boete na een* adat*-overtreding of bij feestelijke gelegenheden worden ze, met de nodige zorg, te voorschijn gehaald.*

Aan boord in Babar

Molukken symboliek dorp huis

Het dorp Welora op Dawera. Het traditionele 'grote huis' is er niet meer te vinden; wel een gemoderniseerde versie waaromheen de Welorezen wonen in kleinere huizen met losstaande keukens.

terug te vinden. Zo 'voer' het huis als een prauw, de loop van de zon volgend, van oost naar west. De benamingen voor het interieur sloten hierbij aan: de oostelijke huishelft heette het roergangersgedeelte en de westelijke helft het loodsgedeelte. En ook uit de namen van diverse constructie-onderdelen bleek de associatie van het huis met een varende prauw. De eerste, in het oosten geplaatste paal bij voorbeeld werd *mekamulol* genoemd, 'degene die het roer hanteert'. De baan van de zon gaf houvast voor een juiste koers: dit hemellichaam werd vereerd als een machtige, vaderlijke godheid. Zijn plaats van opkomst, het oosten, werd geassocieerd met het leven; zijn plaats van ondergang, het westen, met de dood. De situering van de eerste paal (de 'geboorte') van een huis in het oosten, en het denkbeeld dat de ziel van een dode naar het westen, naar het eiland Wetang ging, waren hierop gebaseerd.

De huwelijksrelaties binnen de familie in het 'grote huis' waren nauw verbonden met de splitsing van de groep in roergangers en loodsen. Waarschijnlijk was een roerganger verplicht zijn of haar partner te zoeken onder de loodsen en vice versa. Deze wederzijdse afhankelijkheid klonk natuurlijk ook door in de gebruikte terminologie: weinig culturen zullen zo'n perfect 'huwelijksbootje' hebben gekend.

In het politieke bestel was de tweedeling opnieuw te vinden. De roergangers beschouwden zich als de afstammelingen van de oorspronkelijke bewoners van de vestigingsplaats; zij waren de nakomelingen van de *warawluol*, de 'heer van het eiland'. De loodsen daarentegen zouden afstammen van pas later gearriveerden. De 'ene' familie in het 'grote huis' bestond dus eigenlijk uit twee aparte groepen. Twee in Oost-Indonesië veel voorkomende functies waren hiermee verbonden. De voorganger in rituelen behoorde roerganger te zijn en de aanvoerder in oorlogstijd loods. Veel terreinen binnen de samenleving waren zo door de prauwsymboliek geordend en onderling verweven.

het 'grote huis'

Op Dawera en Dawelor wordt het traditionele 'grote huis' geassocieerd met een prauw die van zonsopgang naar zonsondergang vaart. In het oosten is het roergangersgedeelte te vinden; in het westen het loodsgedeelte. Beide huishelften worden gescheiden door een centrale ruimte, de ***ottuwlesol***, 'slaapplaats der vrijgezellen'; tevens is dit de traditionele ruimte voor het gezamenlijke maal van de mannen en worden hier de gasten ontvangen.
Binnenshuis oriënteert men zich, overeenkomstig de 'vaarrichting', met de rug naar het oosten. Hierdoor valt rechts samen met het noorden en links met het zuiden.
De namen van de 'kamers', in iedere huishelft door een kookplaats van elkaar gescheiden, zijn hiervan afgeleid.

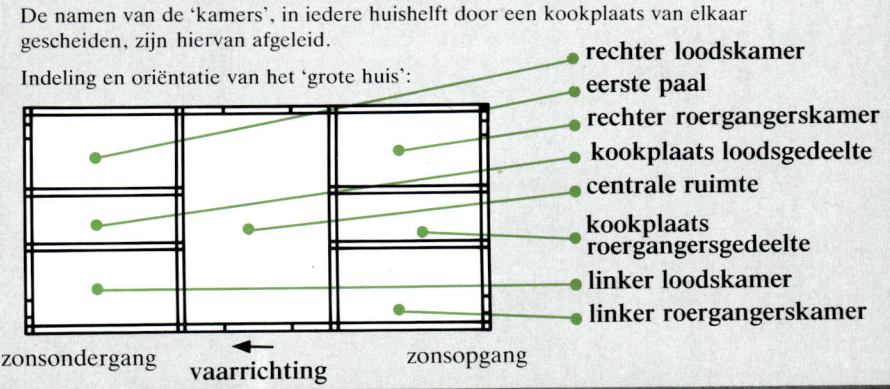

Indeling en oriëntatie van het 'grote huis':
- rechter loodskamer
- eerste paal
- rechter roergangerskamer
- kookplaats loodsgedeelte
- centrale ruimte
- kookplaats roergangersgedeelte
- linker loodskamer
- linker roergangerskamer

zonsondergang ← vaarrichting   zonsopgang

Hieraan werd nog een extra dimensie toegevoegd toen sommige, geïsoleerd levende families na verloop van jaren (in de overleveringen ontbreken nadere tijdaanduidingen) hun rotskegel verlieten en op grotere bergplateaus bijeen gingen wonen. De bij elkaar geplaatste 'grote huizen' vormden te zamen een nieuwe prauw: de oostelijk wonende familie fungeerde als roerganger, de westelijke als loods en hier tussenin woonde, in het derde 'grote huis', de waterhozer. Dergelijke prauwfiguraties kregen namen die, als onoverwinnelijk makende strijdkreten, vooral geslaakt werden in de onderlinge oorlogen.

139

Molukken symboliek Nieuwjaarsfeest

Aan boord in Babar

▲ *Uit duyung-been gesneden voorouderbeeldjes.*

Omringd door zee

Geen inwoner van Maluku Tenggara kan heen om de zee; haar aanwezigheid ligt dan ook ten grondslag aan een veelheid van cultuuruitingen. Niet alleen wordt, zoals in de prauwsymboliek, aan de zee gerefereerd op een indirecte wijze, ze treedt soms ook heel nadrukkelijk op de voorgrond. Opvallend is dan de enigszins paradoxale relatie die tussen de mens en zijn omgeving bestaat: hoewel de zee overwegend als bedreigend wordt ervaren, heeft ze de mens soms ook van leven, van voorouders voorzien. Uit allerlei overleveringen blijkt dat de scheidslijn tussen land en zee ooit aanzienlijk minder scherp was getrokken.

De herkomst van een aantal voedselverboden, gericht op het ontzien van bepaalde zeedieren, belicht deze kant van de relatie. Zo is het de leden van diverse families in Maluku Tenggara niet toegestaan duyung, Indische zeekoe (Dugong dugon), te nuttigen; ooit huwde een voorouder met een duyung en door het consumeren van deze dieren zou men nu mogelijk de eigen familieleden opeten.

De zee wordt echter vooral gezien als een wereld vol gevaren. Op de bodem leven bij voorbeeld inktvissen met machtige armen, die iedere passerende prauw proberen te omklemmen en naar beneden willen trekken. En als een vuurbal kunnen allerlei zeegeesten 's nachts op het voordek landen, hier in een enorme steen veranderen en de boot doen zinken. Aan boord worden voortdurend tal van magische middelen gereed gehouden om dit soort gevaren af te wenden. Voor hun vertrek bidt de bemanning tegenwoordig tot God om een veilige overtocht; de kleine voorouderbeeldjes die men gewoon was als een persoonlijke bescherming onderweg mee te dragen, zijn onder invloed van missie en zending uit de culturen van Maluku Tenggara verdwenen.

▼ *Voorouderbeeldje van koraalkalksteen.*

De prauw vaart verder

Dit soort 'prauwen' zijn nu de liefelijke dorpjes, gelegen aan de kust. Niets doet meer denken aan de krijgshaftige tijden van weleer. Met de wouwen, die hoog in de lucht hun rondjes vliegen, lijken alleen de verhalen gebleven. Toch staat het 'grote huis' van de loods er in het westen, dat van de waterhozer in het midden en vinden we aan de oostrand de roergangerswoning. De afmetingen zijn teruggebracht, de palen eronder verdwenen, maar de nokken van de daken wijzen nog altijd oost-west.
De prauwgedachte leeft voort, niet alleen in de huizenbouw en de inrichting van het dorp, maar ook in het moderne zeetransport of in voetbalwedstrijden. Zo moet op zee, in de gemeenschappelijke dorpsboot, de roerganger altijd verwant zijn aan de familie die de symbolische positie van roerganger in het dorp inneemt. En de opstelling van het voetbalelftal van een dorp herinnert aan de slagorde bij de dorpsoorlogen (loods voorop, roergangers in de achterhoede); met de traditionele prauwnamen worden de elftallen aangevuurd!
Zeker zo fascinerend is bovendien de visie op het menselijk lichaam zoals deze verankerd lijkt in de taal van Dawera en Dawelor. Daaruit blijkt dat niet alleen het beeld van de gemeenschap, maar ook dat van de mens zélf op het model van een boot is geïnspireerd. Zo komen de lokale termen voor neus en teen overeen met die voor boeg en roer, en de schouderbladen noemt men *wedyol*, een woord dat eveneens staat voor roeispaan. In hun wens om begraven te worden volgens de traditionele oriëntatie lijken sommige eilanders nog aan dit beeld te refereren: de 'boeg' van de overledene wordt westelijk gesitueerd, zijn of haar 'roeren' oostelijk. Het is alsof de hemel op Wetang, het vroegere 'dodeneiland', ligt.
Op veel terreinen is zo de vertrouwde symboliek bewaard gebleven en hebben de eilanders, ondanks de komst van het Christendom, het eigen unieke wereldbeeld kunnen handhaven. Want hoewel onderhevig aan vele veranderingen, representeren het huis en het dorp, de mens en de gemeenschap, nog steeds een zeer oude allesomvattende kosmische ordening. Het onbetwiste hoogtepunt in het dorpsleven, de viering van het Nieuwjaarsfeest, illustreert dit.

Het Nieuwjaarsfeest

Vroegere seizoensgebonden plechtigheden om met behulp van de voorouders en goden de vruchtbaarheid van mens en velden te continueren, zijn onder invloed van de zending verenigd in een jaarlijks terugkerend ritueel dat rond Kerstmis zijn beslag krijgt. Niemand mag en wil deze ceremonie missen en iedereen zorgt er dan ook voor begin december, aan het einde van de hete stille tijd, in het dorp aanwezig te zijn. Tegen kerst steekt de wind gewoonlijk op en komen uit het westen de eerste regens. Plotseling is iedereen in actie op het kerkhof. De graven worden schoongeveegd, opschriften bijgeverfd en op een nacht hoort iemand er het weliswaar verwachte, maar toch altijd weer inboezemende tromgeroffel: tijd voor het Nieuwjaarsfeest!
Niet alleen de levenden zijn nu in hun dorp, ook de doden zijn er teruggekeerd. De trommelslagen geven aan dat 's nachts op het kerkhof de *seka* wordt gedanst en wie goed luistert, kan 's avonds in het dorp het sloffende geluid van teenslippers horen. Iedereen is bang en blijft binnen, de doden lopen tussen de huizen.
Niemand durft ruzie te maken, niemand ook durft het

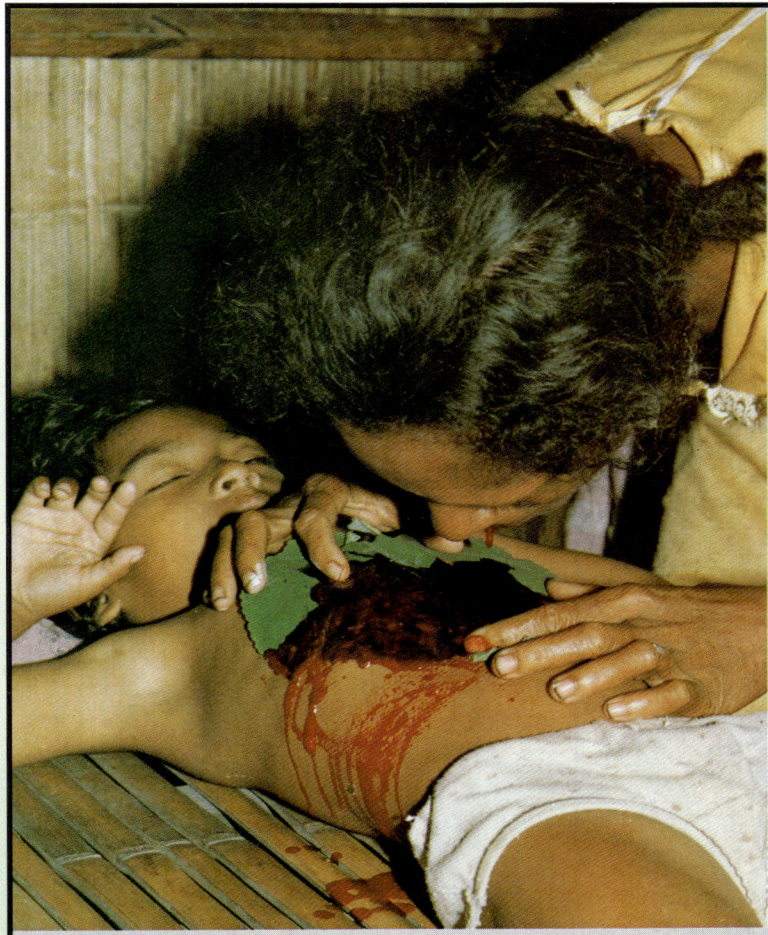

Aan boord in Babar　　　　　　　　　　　　　　　　　　　　　　　　　Molukken ziekte specialisten

Ziekte en behandeling

Een ernstig ongeluk of een levensbedreigende ziekte is volgens de Babarezen vrijwel altijd het gevolg van een daad van hekserij, of te wijten aan een gebrek aan respect voor de voorouders. Een succesvolle behandeling kan alleen dan plaatsvinden als de precieze oorzaak bekend is.

Om de aangewezen remedie te vinden belegt men gewoonlijk een familiebijeenkomst; *dukun*, zoals die werken in de Ambonese *pasisir*, zijn op de Babar-eilanden onbekend.

Indien men tot de conclusie komt dat de zieke is 'opgegeten' door een heks (dat de geest van de heks zich ophoudt in het lichaam van het slachtoffer), wordt met allerlei middelen geprobeerd deze uit te drijven. In andere gevallen blijkt een vertoornde voorouder in een droom een der familieleden te hebben ingelicht over de achtergronden van de ziekte. Mannen die zich onttrekken aan de noodzakelijke herstelwerkzaamheden aan het 'grote huis' worden zo nogal eens op hun plichten gewezen.

Men wacht overigens niet de ongelukkige te helpen tot de werkelijke oorzaak zich aandient. Op alle eilanden zijn specialisten aanwezig die, ieder door een eigen techniek, lichamelijke verlichting kunnen brengen. In het dorp Welora op Dawera bij voorbeeld zijn enkele vrouwen in staat 'vuil bloed' uit een ziek lichaam te verwijderen door met hun tong over een ruw boomblad te schuren. Anderen staan bekend om hun massagetechnieken of kunnen de zieke helpen door pijnlijke lichaamsdelen met fijngekauwde *sirih* (Piper betle) te behandelen.

◄ Om de buikpijn te verminderen schuurt de specialiste met haar tong over een ruw boomblad dat op de pijnlijke plek is gelegd.

(linksonder) Na enkele minuten denkt ze al het 'vuile' bloed te hebben verwijderd uit het lichaam van het patiëntje.

De behandeling is voorbij, de zieke voelt zich beter. ▼

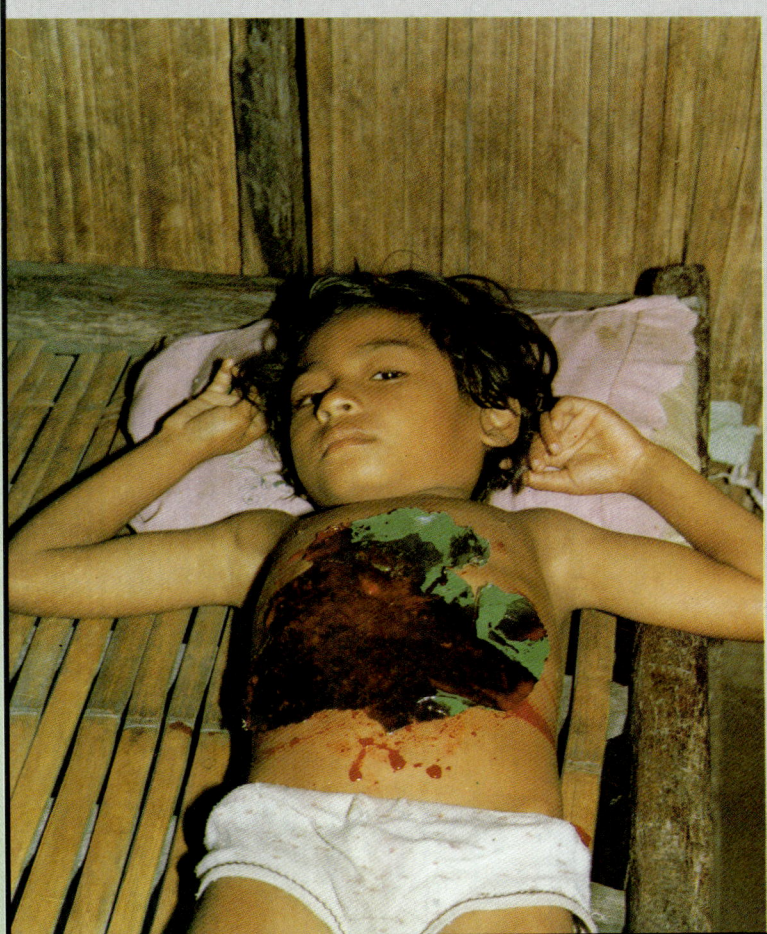

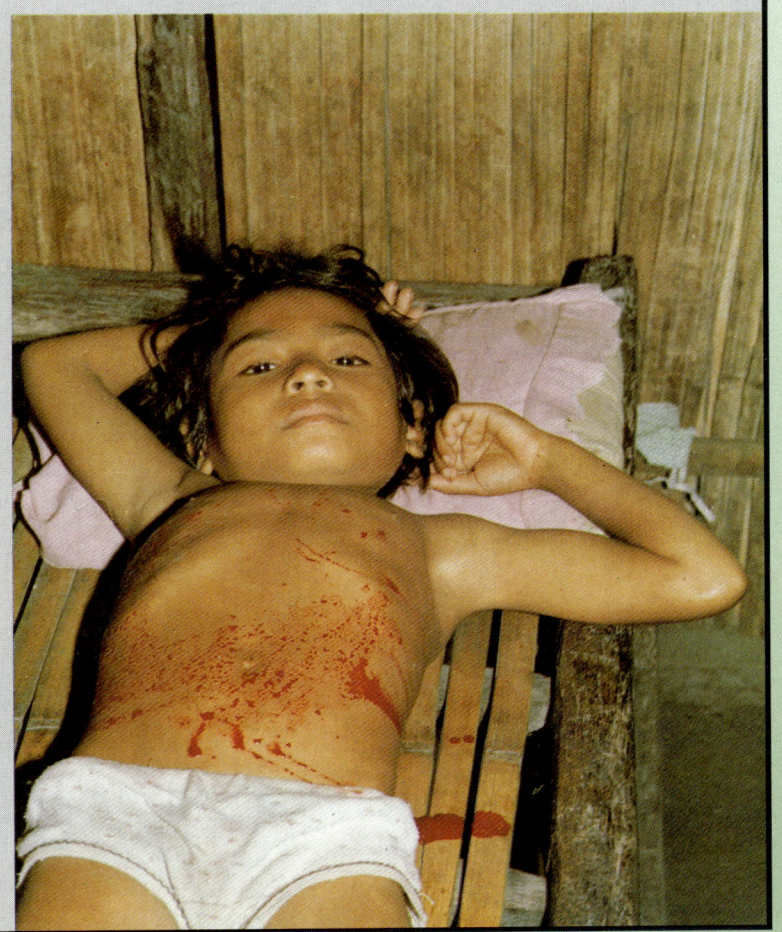

Molukken — **Nieuwjaarsfeest dans** — Aan boord in Babar

Om voor een feest de danstrommels met een nieuw vel te bespannen, wordt een dode geit met een holle stengel van de papaja-boom opgeblazen, zodat de huid gemakkelijk verwijderd kan worden.

Op de Babar-eilanden is geen feest compleet zonder **seka**, *de traditionele dans. De mannen dragen* **bastas**, *meterslange zeer oude doeken, grotendeels van Indiase herkomst. De* **bastas** *hebben in de Babargroep zowel een ceremoniële als economische waarde.*

dorp uit te gaan, bang een voorouder te ontmoeten. De maistuinen liggen er nu verlaten bij. Bij nieuwe maan start dan de roergangersfamilie het feest door een varken te slachten en alle mannen van het dorp uit te nodigen voor een gezamenlijke maaltijd, buiten, naast hun 'grote huis'. Binnen worden intussen een mandje met *sirih* (Piper betle) en *pinang* (Areca catechu), een fles zelfgestookte *sopi* en een schaaltje suiker neergezet. Hiermee worden de voorouders onthaald en deze nuttigen hun 'feestmaal' in het lege huis.

Voor het begin van de maaltijd houdt het familiehoofd een toespraak waarin hij de aanwezigen uitnodigt om datgene wat men eventueel op zijn lever heeft te zeggen en schoon schip te maken. Vervolgens zingt hij een oud lied, vult hij het *sopi*-glas en laat deze *adat*-drank rondgaan. De bedoeling is dat alle mannen het glas in één teug ledigen na de uitroep: "oh.. *tamparyol* (nieuwjaar)..hoi"! Even is een verwrongen gezicht te zien en wordt er eens goed op de grond gespuugd: goede *sopi* heeft een alcoholpercentage van meer dan vijftig procent! Na de maaltijd maken de mannen een kring en dansen, rond de grote trom, de *seka* tot diep in de nacht.

Op dezelfde wijze verloopt enkele dagen later het nieuwjaarsfeest van de waterhozer en daarna dat van de loods in het dorp. Het feest wordt uiteindelijk besloten met een *adat*-gebed van de 'heer van het eiland', dat midden in het dorp wordt uitgesproken op de plek waar vroeger een grote waringinboom, het 'zeil' van het dorp, stond. Door de feestelijke bijeenkomsten is de 'dorpsprauw' gereinigd van alle kwade invloeden en gereedgemaakt voor het komende jaar. De koers is opnieuw uitgezet, de microkosmos in harmonie gebracht en verwachtingsvol bidt men tot de krachten van het macrokosmische evenbeeld: de godheid, 'degene die het roer en het zeil vasthoudt', wordt gevraagd om een rustige zee met kleine golven en weinig wind, dat wil zeggen geen ziekte en dood, maar gezondheid.

Aan boord in Babar

Molukken sopi ruilhandel

Sopi

Ver van het dorp, op een beschutte plaats op een tuin, bouwen de Babarezen hun installatie om *sopi* te stoken. In een gehalveerde oude oliedrum verzamelt men palmwijn, het gegiste sap dat getapt wordt van de bloeistengels van palmbomen. Onder de drum wordt een vuur aangelegd en de palmwijn wordt aan de kook gebracht. Dan steekt men in de openingen aan de bovenzijde van de drum twee dikke bamboebuizen, en verbindt deze aan de top met twee meterslange, schuin aflopende bamboepijpen. De alcohol in de palmwijn verdampt, stijgt op in de verticale bamboes en slaat door condensatie neer in de schuin geplaatste buizen. Na verloop van tijd druppelt hieruit, in een gereedstaande fles of kruik, de *sopi*. Van een halve drum palmwijn, met een inhoud van ongeveer 80 liter, stookt men ruim 8 liter van deze drank.

Samen met *sirih* (Piper betle), *pinang* (Areca catechu) en tabak is *sopi* in de Babar-archipel onmisbaar bij de uitvoering van veel *adat*-plechtigheden. Bovendien behoort de drank geserveerd te worden bij werkzaamheden in groepsverband. Niet alleen ten behoeve hiervan is *sopi* echter belangrijk. Vele eilanders trachten door het stoken ervan tevens hun voedselvoorziening op peil te houden. De frequente misoogsten op de kleinere eilanden noodzaken de hier wonende Babarezen om te zien naar ruilmiddelen ter verkrijging van voedsel, en *sopi* is, als de overal benodigde *adat*-drank, een gewild produkt.

▲ *In een gehalveerde oliedrum brengt men de palmwijn aan de kook. De bamboebuizen worden geïnstalleerd, het*
▼ *distillatieproces kan beginnen. Na enige tijd druppelt de eerste sopi in de grote aardewerken kruik.*▼

▲ *Iedere ochtend en avond klimt de Babarees in zijn palmbomen om de bamboekokers met palmwijn te legen.*

143

Molukken visvangst

Aan boord in Babar

▲ *Twee vormen van kustvisserij. Vanaf het strand tracht de visser kleine visjes te verstrikken in een aan de randen verzwaard werpnet; het uitzetten van bamboefuiken, bedekt met koraal om wegspoelen te voorkomen, dient om grotere exemplaren te vangen.* ▼

Molukken toerisme

Langs de verre kusten van 'het rijk der duizend eilanden' glijden de boomstamkano's nog in stilte: buiten de toeristische routes lijkt het leven in de Molukken nauwelijks te zijn beroerd door de moderne tijd. Waar geen vliegtuigen landen of veerboten paraderen, domineert de pracht van de overweldigende natuur. Vulkanen, sluimerend of actief, rijzen er op uit enkele van 's werelds diepste zeeën. In het noorden en midden zijn de eilanden bergachtig en grotendeels bebost, meer naar het zuiden vaak geërodeerd en droog. Overal even fascinerend is de onderwaterwereld.

De koraaltuinen van Ambon, het kloppend hart van de Molukken, zijn van een adembenemende schoonheid en worden terecht geroemd. Bontgekleurde vissen zweven sierlijk langs de riffen, koralen 'bloeien' er in vele tinten groen en blauw. Natuurlijke schatten als deze, worden als gevolg van de toegenomen bevolkingsdruk echter steeds meer uit zee opgedoken en gebruikt als bouwmateriaal; de snelle veranderingen in Kota Ambon gaan gepaard met een onvoorziene exploitatie van de riffen. Toch zijn de rijkdommen van de zee nog op veel plaatsen te bewonderen voor de kust en de toerist kan zich slechts verbazen over de veelheid aan betoverende kleuren.

De werkelijke roem van de Molukken schuilt uiteraard in de historie. Eeuwenlang werd in het westen de lof gezongen van de 'Specerij-eilanden' en de resten van het Europese koloniale verleden zijn op veel plaatsen nog zichtbaar. Aan de baai van Ambon liggen de ruïnes van fort Victoria, op Saparua is fort Duurstede onlangs gerestaureerd en in de Banda-archipel is vanuit fort Belgica het uitzicht op de vulkaan Gunung Api al honderden jaren onveranderd.

Een bezoek aan Banda Neira, ongeschonden door de laatste wereldoorlog, is als terugreizen in de tijd. Het monopolie in de nootmuskaathandel resulteerde hier aan het einde van de achttiende eeuw in een buitensporige levensstijl, die door de bijzondere architectuur van de verblijven der perkeniers (de concessiehouders van de perken met nootmuskaatbomen) ook nu nog wordt uitgeademd. Naar tastbare herinneringen aan de oorspronkelijke bevolking, in 1621 vrijwel uitgeroeid door de VOC-gezant Jan Pieterszoon Coen, zal men er tevergeefs zoeken. Nakomelingen van de weinige destijds ontsnapte Bandanezen, leven nu in het dorpje Banda Elat op de Kai-eilanden.

De aanduiding Molukken is waarschijnlijk een overblijfsel uit pre-koloniale tijden. De naam is afgeleid van het Portugese *as Molucas* dat betrekking had op de Noordmolukse eilanden die onderhorig waren aan de vorsten van Ternate, Tidore, Bacan en Jailolo. De Portugese aanduiding zou op haar beurt afstammen van *djazirat al muluk*, 'land van vele heren', zoals Arabische kooplui in een ver verleden de oude vorstendommen noemden.

De laatste 'heer van Ternate' stierf in 1974. Hij werd niet opgevolgd en het paleis van deze Sultan is nu een museum. Kruidnagelen worden nog altijd geteeld op de Molukken. Weliswaar is de vraag naar specerijen in de wereld sterk verminderd omdat de koelkast en goedkopere conserveringsmiddelen hun intrede deden, in Indonesië lijkt de kruidnagel, niet in het minst door het gebruik in *kretek*-sigaretten, onvervangbaar. De geur van de oude Molukken is het aroma van een natie geworden.

De invoer van confectiekleding betekende in Maluku Tenggara bijna het einde van de weefkunst. Toeristen brachten redding: naast de traditionele kruidnagelscheepjes zijn op de Ambonese pasar nu ook de prachtige weefsels van de zuidelijke eilanden te koop.

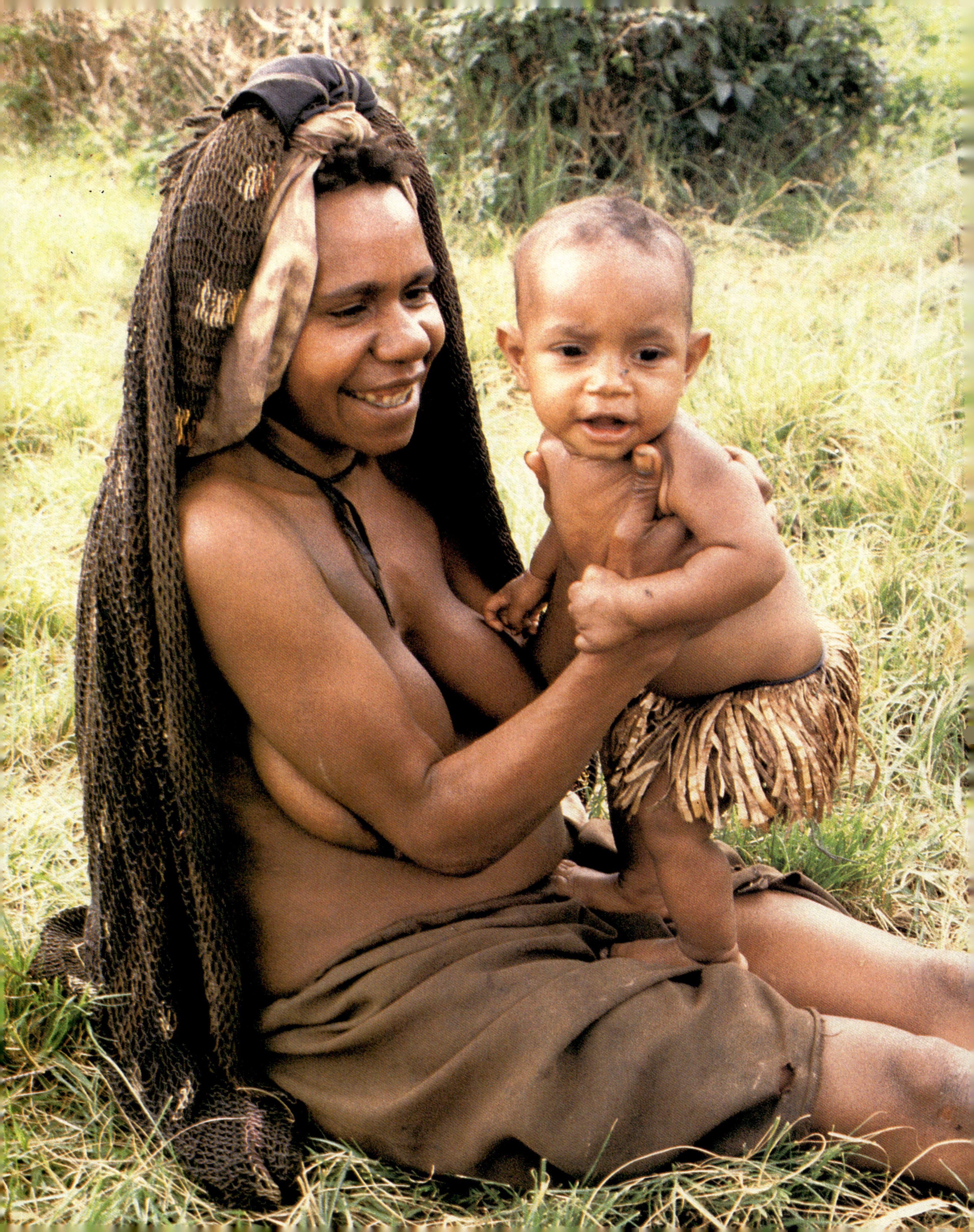

7 Irian Jaya

Sneeuw en een ruig tropisch landschap: Nieuw-Guinea. Eeuwig witte toppen bekronen er kale, nauwelijks toegankelijke kammen. Bergketens die ook in deze moderne tijd nog valleien verborgen houden, mogelijk zelfs verbazingwekkende culturen onttrekken aan het oog van de wereld. Wanneer zal het eiland zijn laatste geheimen prijsgeven?

Zeker zo intrigerend als het antwoord op deze vraag, is de wijze waarop onlangs ontdekte volken in Irian Jaya reageerden op de plotselinge aanwezigheid van vreemde buren. Tribale groepen als de Dani bijvoorbeeld, in onze ogen levend als in het stenen tijdperk, hebben tot nu toe vrijwel alle genoegens die de twintigste eeuw hen kan verschaffen, afgewezen. Ondanks de toenemende contacten met buitenstaanders, geven ze de voorkeur aan een bestaan volgens de eigen tradities.
Ineke de Vries signaleert dat vele van deze tradities verbonden kunnen worden met de bodemgesteldheid van de provincie. Zo heeft de schaarste aan goede gronden in Irian Jaya tot unieke culturele verworvenheden bij de Dani geleid. Het gebrek aan vruchtbaar land ligt echter eveneens ten grondslag aan de grote problemen waarmee het moderne Indonesië in dit gebied wordt geconfronteerd.

Oogsten in het oosten

Arriveren in Wamena, het stadje in de hooggelegen Baliemvallei, is voor veel reizigers een opwindende ervaring. Vanuit de lucht lijkt de aarde aanvankelijk overal bedekt met 'boerenkool', eerst gevormd door de onmetelijke wouden van de vlakten aan zee, later door de bomen op steile berghellingen. Dan, via een kloof, gevolgd door een forse draai naar links, bereikt het vliegtuig plotseling de opvallend boomloze, vlakke Baliemvallei. Bij helder weer glinsteren in de verte even de met eeuwige sneeuw bedekte Jaya- en Trikoratoppen. Terwijl aan het eind van de vlakte de landingsbaan opdoemt, sluiten zich op aarde nu geelgroene mozaïeken aaneen: het zijn de aardappeltuinen waaraan de bewoners van dit geïsoleerde gebied hun welvaart te danken hebben.
Dagelijks landen tenminste twee vliegtuigen op de uitgestrekte vlakte in het Centrale Bergland van Irian Jaya. Zij onderhouden het contact met de buitenwereld en voeren de goederen aan die een moderne samenleving nodig heeft. Eens per week evenwel, bevindt zich onder de passagiers een groep nieuwsgierige toeristen. Hun reisdoel: een ontmoeting met de Dani, de bergpapoea's die, eigenzinnig en hardnekkig, tot nu toe alle pogingen om hen te moderniseren hebben afgewezen. Met honderdtachtigduizend zielen vormen ze tevens de grootste tribale groep van Irian Jaya.

◄ *Het verzorgen van kinderen is voor Danivrouwen moeilijk te combineren met de zware landarbeid. Voor het behoud van de welvaart is hun werk op de aardappelvelden echter onontbeerlijk en de mannen gaan daarom akkoord met een beperkt kindertal.*

Glorieus Irian

De meest oostelijke en tevens jongste provincie van Indonesië beslaat de westelijke helft van het eiland Nieuw-Guinea. Op 1 mei 1963 werd de soevereiniteit over het gebied door de United Nations Temporary Executive Administration (UNTEA) overgedragen aan de Indonesische staat, nadat Nederland in 1962 de zeggenschap over zijn laatste kolonie in Azië had opgegeven. Op de oostelijke helft van het eiland is sinds 1975 de republiek Papua New Guinea gevestigd.
Na de overdracht van 'Nederlandsch Nieuw-Guinea' aan Indonesië werd de provincie aanvankelijk Irian Barat, West-Irian, genoemd. De term *irian* zou letterlijk 'heet klimaat' betekenen en afkomstig zijn van Biak. Ooit moeten de bewoners van dit eiland er het nabijgelegen 'vasteland' mee hebben aangeduid. Tegenwoordig noemt men de provincie Irian Jaya. De verwijzing naar westelijk Nieuw-Guinea is verdwenen en vervangen door *jaya*, hetgeen 'glorieus' betekent.

Aardappelbedden in de Baliemvallei.
▼ *De Dani onderscheiden maar liefst 43 soorten zoete aardappels.*

Irian Jaya papoea ontdekking

Oogsten in het oosten

▲ *Varkens vormen het dierbaarste bezit van de Dani. Als de biggen nog klein en zwak zijn, worden ze door de vrouwen vertroeteld en als babies in een net op de rug meegedragen.*

De Dani van de Baliemvallei

De Dani is het laatste, relatief grote volk, dat op Nieuw-Guinea werd ontdekt. Het bestaan van deze bergpapoea's kwam pas in 1938 aan het licht, toen een expeditie van de rijke Amerikaanse bioloog Archbold de Baliemvallei vanuit een vliegtuig observeerde. Wel werden door veldexpedities, in het begin van deze eeuw, al enkele kleinere groepen bergpapoea's in naburige, smallere valleien gelokaliseerd.

De Baliemvallei werd evenwel nooit bereikt tijdens dit soort verkenningstochten. De voetpaden die leiden naar dit deel van het Centrale Bergland, waren én zijn bijzonder slecht begaanbaar – althans voor westerlingen. Om die reden bleven de Dani in de Baliemvallei onopgemerkt, tot het gebruik van het vliegtuig algemeen werd.

Het uiterlijk van de huidige Dani verschilt weinig van het beeld dat de expeditieleden van hen schetsten. Ogenschijnlijk ziet het volk er zeer primitief uit; de Dani kleden zich nauwelijks. De mannen zijn, enige kleine lichaamsversieringen daargelaten, slechts uitgerust met de *koteka*, een peniskoker. De vrouwen tonen zich iets 'gekleder': zij dragen een korte heuprok van gras of boombastdraad, en buitenshuis bedekt een net, gemaakt van hetzelfde materiaal, de rug vanaf het hoofd tot de dijen. Behalve als kledingstuk dient het als draagnet. Van alles wordt erin vervoerd: de oogst van de dag, de baby en zelfs een troetelvarken!

De papoea's van de Baliemvallei bezitten geen grootse bouwwerken waarmee de top van een politieke of religieuze hiërarchie zich onderscheidt; dit soort structuren kennen de Dani niet. Ze bouwen en bewonen slechts eenvoudige, houten hutten, waarin de warmte van een klein vuur, nodig om de bewoners tegen de nachtelijke koude (zo'n 15 graden Celsius) te beschermen, voldoende blijft hangen.

Papoea

Alle inwoners van Irian Jaya, zowel de inheemse groepen als de nieuwkomers, worden in Indonesië gevat onder de verzamelnaam '*orang* Irian', Irianezen. De term papoea, ter aanduiding van de autochtone bevolking, is in onbruik geraakt omdat deze benaming geassocieerd wordt met de doelstellingen van een beweging die ijvert voor de onafhankelijkheid van het gebied. Zoals in de Inleiding al bleek, lijkt het van oorsprong Maleise woord, dat eigenlijk 'zwarte kroesharige' betekent, als antropologische term vooralsnog onmisbaar.

De papoea's van Irian Jaya tellen naar schatting 800.000 zielen, verdeeld over meer dan 240 taal- en cultuurgroepen. Gewoonlijk worden ze, naar hun woonplaatsen, onderscheiden in berg- en kustpapoea's. Naast de Dani behoren onder meer de Ekagi van de Wisselmeren en de Muyu uit het gebied van de Boven-Digul tot de eerste categorie. Van de kustpapoea's zijn de Marind Anim en de Asmat in het zuiden, en de Sentani en Biak in het noorden het meest bekend.

▲ *Het interieur van een mannenhut. Verwarmd door een houtvuur en met een kalebas gevuld met water onder handbereik, brengen de mannen hier de nacht door; de vrouwen verblijven met de kinderen in een eigen hut.*

Ook de werktuigen zijn eenvoudig. Voor de belangrijkste dagtaak, het bewerken van de velden met zoete aardappelen, gebruiken de vrouwen een simpele pootstok; de attributen van de mannen zijn een pijl en boog, een speer en een stenen bijl.

Het varken als statussymbool

In het begin van de jaren vijftig, ruim tien jaar na de expeditie van Archbold, kwam de pacificatie van het Centrale Bergland rond Wamena op gang. Desondanks lijken de Dani ook nu, enkele decennia later, nog nauwelijks geïnteresseerd in de materiële geneugten van het moderne leven en zijn ze in het geheel niet onder de indruk van de goederen waarmee de nieuwkomers in de vallei een zekere status nastreven.

De Dani houden vast aan de eigen maatstaf voor rijkdom: het varkensbezit. Daar zij grote hoeveelheden varkens houden, hun niet te evenaren hoogste goed, voelen zij geen afgunst tegenover de nieuwe buren. Met gepaste trots wijzen zij op de grootte van de stapels; het is bepaald geen kleinigheid in zo'n dichtbevolkte vallei zoveel vee van voedsel te voorzien.

Oogsten in het oosten

Irian Jaya varkensbezit aardappelteelt

Wegens het enorme varkensbezit beschouwen naburige groepen in het Centrale Bergland de Dani als een zeer welvarend volk. Van heinde en verre komt men naar de Baliemvallei om de bewoners over te halen door ruil enkele varkens af te staan. Gewoonlijk verhandelen de Dani hun biggen tegen stenen bijlen, koeskoeshuiden en schelpen. De ontvangen huiden worden gebruikt voor de lichaamsversiering van de mannen; de schelpen rijgt men aaneen tot waardevolle schelpenbanden.

Varkens vertegenwoordigen het grootste bezit van alle bergpapoea's; aan zijn stapel ontleent de eigenaar maatschappelijk aanzien. Het op peil houden van de varkensstapel is dan ook een voorwerp van aanhoudende zorg. Jonge, kwetsbare biggetjes worden bij de Dani zelfs lijfelijk vertroeteld door de vrouwen, opdat de dieren zo gezond mogelijk zullen opgroeien.

De bewoners van de Baliemvallei hebben de kansen op rijkdom en aanzien, geboden door de natuur, volledig gegrepen. De struktuur van de bodem maakt er sedentaire landbouw mogelijk, welke goed is te verenigen met de varkenshouderij. De uitzonderlijke methode van landbewerking echter, die een dermate stabiele opbrengst dat zowel de valleibevolking zèlf als haar varkensstapel kon uitgroeien tot de huidige omvang, vormt een minstens zo belangrijke pijler van de rijkdom der Dani.

De paradijsvogel

Irian Jaya is beroemd om zijn vogels. Meer dan 700 soorten zijn er waargenomen. De bekendste is ongetwijfeld de paradijsvogel (Paradisaeidae), al zullen weinigen weten dat alleen al op Nieuw-Guinea 38 soorten worden aangetroffen. Ze leven zowel in het laagland als in de berggebieden, maar iedere paradijsvogelsoort komt slechts voor op één specifieke hoogte.

De oogst van de Dani

De aanwezigheid van vruchtbare rivierklei in de moerassige Baliemvallei hebben de Dani geheel en al benut. Toch zou de rijke oogst aan zoete aardappelen ondenkbaar zijn, zonder de speciale tuinbouwmethode die de vrouwen en mannen toepassen. De aardappelen worden geplant in opgehoogde bedden, die zijn omgeven door diepe kanalen. Door het niveauverschil wordt een teveel aan water afgevoerd en treedt in de bedden tijdens perioden met veel regen geen verrotting op. In tijden van droogte daarentegen kan het resterende water uit de kanalen over de planten worden gegoten. De opbrengsten zijn daardoor erg constant, hetgeen overigens ook noodzakelijk is, omdat zoete aardappelen niet lang houdbaar zijn.

Is het verzorgen van de tuinen een taak van de vrouwen, het aanleggen ervan is mannenwerk. De tuinen moeten af en toe worden verplaatst, maar van veldwisselcycli zoals de Dayak in Kalimantan die kennen, is in de Baliemvallei geen sprake. Dank zij de vruchtbare grond zijn jarenlange regeneratietermijnen overbodig.

Deze vorm van intensieve tuinbouw dateert in Irian Jaya waarschijnlijk al van lang voor de christelijke jaartelling. Archeologische opgravingen duiden er op dat de moerassige vlakten in het Centrale Bergland al 6000 jaar geleden door middel van deze methode werden benut, dat wil zeggen in een tijd dat de landbouw in de westerse wereld nog onbekend was. Overigens werden destijds taro-knollen verbouwd, in plaats van zoete aardappelen. Dit laatste gewas is (voor zover men heeft kunnen nagaan) pas in de zeventiende eeuw in Irian Jaya ingevoerd.

Het bewerken van tuinen met behulp van bevloeiings- en afwateringskanalen stelde de Dani al lang geleden in staat de Baliemvallei met relatief velen te delen; het aantal bewoners per vierkante kilometer (tegenwoordig ongeveer 160) is ook nu nog groter dan waar ook in Oceanië. Bovendien stelden de rijke oogsten het volk in de gelegenheid de varkensstapels te fokken, die bij de bergpapoea's in naburige valleien zo veel ontzag afdwingen.

▲ *Landbouwattributen als pootstok en draagnet zijn simpel maar effectief. Met de pootstok worden de velden bewerkt, in het zelfgeknoopte net draagt een vrouw haar*
◄ *oogst mee naar huis.*

Irian Jaya oorlog varkensfeest

Oogsten in het oosten

Oorlog en welvaart

De Dani hebben, in een wisselwerking tussen cultuur en natuur, verscheidene manieren gevonden om hun welvaart te bestendigen. Zo wordt het inwonertal van de vallei onder meer beperkt door de opvatting dat een vrouw slechts twee opgroeiende kinderen tegelijkertijd mag verzorgen; bovendien behoren tussen twee geboorten tenminste vijf jaren te verstrijken.
Dit beperkte kindertal stemt overeen met de wens van veel vrouwen. Zij vinden het werk op de aardappelbedden al zwaar genoeg en willen niet nog eens extra worden belast met de zorg voor veel kleine kinderen. Ook de man vindt het werk van zijn vrouw op de tuinen belangrijker. Indien zijn echtgenote binnen de termijn van vijf jaren weer zwanger wordt, zal hij dit als een schande ervaren. Overigens helpt ook de natuur, op een minder gewenste manier, het kindertal laag en de economische welvaart hoog te houden: de kindersterfte is, evenals op veel andere plaatsen in Indonesië, zeer aanzienlijk.
Rituele oorlogen kunnen de bevolkingsaanwas in de Baliemvallei eveneens neutraliseren. De Dani achten deze krijgshandelingen nodig om de voorouders tevreden te stellen; in ruil hiervoor zullen deze hun bovennatuurlijke macht aanwenden voor het welzijn van de mensen en de vruchtbaarheid van de velden en varkens.
Hoewel veelal de indruk wordt gewekt dat slechts een schouwspel wordt opgevoerd, vallen tijdens de schermutselingen niettemin doden. Een oorlog is voor de bevolkingsdichtheid echter pas van wezenlijke betekenis, indien de verliezende groep wordt gedwongen de Baliemvallei te verruilen voor een minder vruchtbaar gebied.

De rijken der aarde

Oorlogen dienen evenwel niet alleen de welvaart van de Dani. De strijd biedt mannen de kans zich te bewijzen, waardoor aanzien en rijkdom binnen bereik komen. Een succesvol krijger is een zeer aantrekkelijke echtgenoot en een oorlogsheld is dan ook herkenbaar aan het grote aantal vrouwen waarmee hij is getrouwd. Daar veel vrouwenhanden licht werk maken en meerdere aardappeloogsten binnenhalen, kan een *gain*, een strijder die zijn sporen heeft verdiend, zich een groot aantal varkens veroorloven. Daar staat tegenover dat van zo'n 'rijke der aarde' wordt verwacht, dat hij bij gelegenheden als het Grote Varkensfeest zijn status bekrachtigt door extra veel varkens en andere goederen bij te dragen voor consumptie door de hele gemeenschap.
Het Grote Varkensfeest wordt gewoonlijk eens in de vijf jaar gevierd. Het exacte tijdstip is lange tijd onzeker. Op een bepaald moment verbiedt de belangrijkste *gain*, de oorlogsleider van meerdere Danigroepen, het slachten van varkens, waarmee hij impliciet het Grote Varkensfeest aankondigt. De deelnemers, mannen en vrouwen, zijn allen leden van de groepen die hij leidt; hun aantal kan oplopen tot enkele duizenden. Zij vieren samen het feest, dat doorgaans ruim twee weken duurt. Deze periode wordt onder meer benut voor de rituelen die de levensgang markeren: de initiatieriten voor jongens en meisjes, huwelijksrituelen en lijkverbrandingen.
Volgens de weinige westerlingen die bij het feest aanwezig zijn geweest, maken de momenten waarop de vele varkens door hun eigenaren onder een luid ritmisch 'gezang' aan de gemeenschap worden getoond, de meeste indruk. Voor de betrokkenen zijn dit erg gewichtige ogenblikken: de positie die zij in de samenleving innemen, wordt er door bevestigd.

Het Grote Varkensfeest

Door de moderne invloeden vieren de Dani het Grote Varkensfeest vrijwel niet meer op traditionele wijze. Toch was dit ritueel voor hen tot voor kort een absoluut hoogtepunt; het was het belangrijkste feest dat er bestond. Bovendien was er ook sprake van een groots feest: een enorm aantal mensen nam deel, meerdere ceremoniën wisselden elkaar af, het aantal feestdagen was aanzienlijk en 'last but not least': er werden zeer veel varkens geslacht en in een smoorkuil bereid.
'Rites de passage' mochten slechts worden uitgevoerd tijdens dit Grote Varkensfeest. Zo sloot men huwelijken uitsluitend in deze periode. Buiten de erkende feestdagen mocht in de Baliemvallei niet worden getrouwd. En ook om de doden, die in de jaren tussen twee feesten te betreuren waren, werd pas formeel gerouwd gedurende het Grote Varkensfeest. De eerder ter aarde bestelde stoffelijke resten werden dan opgegraven en met veel ritueel gecremeerd.
De dag voorafgaande aan ieder hoogtepunt, bijvoorbeeld een huwelijk of een lijkverbranding, werden op het erf bij een mannenhuis een aantal varkens geslacht. Ieder varken werd door twee mannen opgetild tot schouderhoogte en een derde spande op enkele meters afstand zijn boog om het dier met één pijl in de halsslagader te raken en te doden. Danimannen gingen (en gaan) zeer kundig met hun wapens om, zodat het varken in de meeste gevallen inderdaad in één keer dodelijk werd getroffen.
Tegenwoordig worden de gekerstende Dani vooral tijdens de kerstviering aan het Grote Varkensfeest herinnerd. Het hoofdbestanddeel van het kerstmaal bestaat namelijk uit grote hoeveelheden varkens. Het vlees, op de aloude wijze in een kuil gesmoord, wordt door velen zeer gewaardeerd.

Oogsten in het oosten

Irian Jaya   nieuwkomers   verwestersing

Het land van belofte

Als geen ander volk in Irian Jaya lijken de Dani zich te hebben aangepast aan de ecologische omstandigheden. Vruchtbaar land is in de provincie slechts in zeer geringe hoeveelheden aanwezig, een gegeven dat bij hen naar voren komt in diverse cultuuruitingen. De bijzondere wijze van tuinbouw, de vrijwillige geboortebeperking, de gevolgen van rituele oorlogen, telkens worden de grenzen die de gronden aan de omvang der bevolking stellen, in beeld gebracht.

De Dani zijn echter niet meer de enige bewoners van de Baliemvallei. De afgelopen jaren hebben zich, in groten getale, allerlei nieuwkomers op de vlakte gevestigd. Sommige Dani zagen zich door ruimtegebrek zelfs gedwongen naar andere, minder vruchtbare lokaties te verhuizen. De meerderheid leeft echter voort op de oude gronden. Schijnbaar ongestoord, continueert men hier de traditionele levenswijze.

De handelaren en aannemers die in de Baliemvallei een nieuw bestaan opbouwen, worden 'spontane' migranten genoemd. Zij zijn op de bonnefooi gekomen, meestal van Sulawesi en de Molukken. Deze nieuwkomers in Wamena maken echter maar een gering deel uit van het totale aantal migranten dat zich op zo goed geluk in Irian Jaya heeft gevestigd. Naar schatting zijn dat er meer dan honderdduizend; zij wonen vooral in de steden aan de kust.

Onder de spontane migranten bevinden zich veel familieleden van eerder gekomen, inmiddels geslaagde allochtonen die een bestaan hebben weten op te bouwen in de straathandel en huisindustrie. Lang niet allen lukt het evenwel de droom van een beter bestaan te verwezenlijken. In de snel groeiende provinciehoofdstad Jayapura bij voorbeeld, verrijzen prestigieuze kerken en winkelpuien naast sloppenwijken, waarin golfplaat het voornaamste bouwmateriaal is.

Naast spontane migranten arriveren tegenwoordig ook grote groepen arme gezinnen in de provincie: de zogeheten transmigranten. Met deze term duidt men de georganiseerd overgebrachte nieuwkomers aan, afkomstig van overbevolkte eilanden als Java en Bali. In het dunbevolkte Irian Jaya worden ze gehuisvest in speciaal voor hen ingerichte nederzettingen.

Een volk verhuist

Tussen 1969 en 1984 werden ruim drie miljoen Javanen en Baliërs overgebracht naar Sumatra, Sulawesi, Kalimantan en Irian Jaya. Het streven van de Indonesische overheid is er op gericht voor april 1989 nog eens 750.000 gezinnen, ofwel 3,8 miljoen mensen, over te brengen. Dit transmigratieprogramma wordt niet zonder reden de grootste georganiseerde volksverhuizing ter wereld genoemd.

Een land dat zoveel aandacht besteedt aan de verplaatsing van zijn inwoners moet daar een zeer dringende reden voor hebben. Die is er dan ook: de onevenwichtige spreiding van de bevolking. Twee derde van de 160 miljoen Indonesiërs woont op Java en Bali, terwijl deze beide eilanden samen slechts zeven procent van het totale Indonesische grondgebied uitmaken. De grote bevolkingsdichtheid is een belangrijke oorzaak van de armoede en werkloosheid in steden als Jakarta en Surabaya.

Ook het natuurlijk milieu op Java en Bali is door de overbevolking onder druk komen te staan. Voortdurend worden steeds hoger gelegen gronden in gebruik

▲ *Een Javaanse transmigrant op weg naar de markt in Merauke, de stad die door de 'Irian Highway' met Wamena wordt verbonden.*

Op weg naar het moderne leven

In geen ander tropisch gebied ter wereld is de jungle wilder, verraderlijker en minder doordringbaar dan in Nieuw-Guinea. Nog altijd bestaan er dan ook streken die niet in kaart zijn gebracht en waarvan de eventuele bewoners nog nooit een blanke hebben ontmoet. Waar mogelijk wordt het binnenland echter ontsloten en legt men, ten behoeve van zendelingen en ambtenaren, kleine vliegvelden aan. Zo is ook de Baliemvallei toegankelijk gemaakt en stimuleren de vertegenwoordigers van regering en kerk in Wamena nu de Dani zich aan te passen aan het moderne leven.

Het aantal Dani dat onder hun invloed de peniskoker heeft afgelegd en westerse kleding draagt, is tot op heden zeer beperkt. Deze situatie kan echter snel veranderen als de autoweg naar Jayapura, waarvan de aanleg onlangs is begonnen, het Centrale Bergland verder zal ontsluiten. De weg maakt deel uit van de 'Irian Highway', het ambitieuze project waardoor Merauke aan de zuidkust en Jayapura in het noorden met elkaar zullen worden verbonden.

In Wamena zijn de eerste meters van het traject in het centrum aangelegd, pal naast het marktterrein. Hier ontmoeten de exponenten van de verschillende levensstijlen elkaar: de traditionele en 'moderne' Dani en de nieuwkomers. Iedere dag levert dat een contrastrijk schouwspel op.

Plastic en peniskokers. De hardnekkig aan hun tradities
▼ *vasthoudende Dani zijn (nog) niet erg onder de indruk van de moderne goederen.*

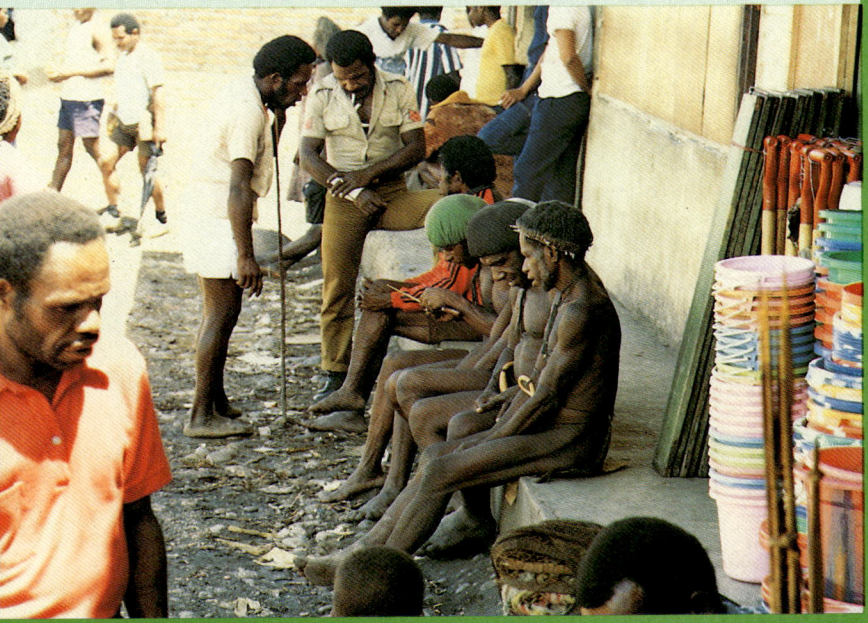

151

Irian Jaya — fauna — bodem — identiteit

genomen, waardoor de erosie toeneemt. Zelfs het klimaat is er aan verandering onderhevig. Java, bekend om haar vele vruchtbare *sawah*, loopt het gevaar in een woestijn te veranderen. De regering hoopt in transmigratie en gezinsplanning ("twee kinderen is genoeg") een oplossing voor de armoede- en milieuproblematiek gevonden te hebben.
Landloze boeren en mensen die, om welke reden dan ook, hun bestaansbasis zijn kwijtgeraakt, worden met hun gezinnen gratis naar de buitengewesten vervoerd. Irian Jaya, met een bevolkingsdichtheid van gemiddeld drie mensen per vierkante kilometer, is momenteel het belangrijkste opvanggebied voor de transmigranten. Alle problemen die aan de uitvoering van de programma's kleven, stapelen zich dan ook op in deze provincie.

De oogst van de transmigranten

Het grootste probleem in Irian Jaya is ongetwijfeld de schaarste aan vruchtbare grond; het land is grotendeels bedekt met primair regenwoud. Slechts in enkele streken – het gebied rond Manokwari, de noordkust bij Jayapura, enkele valleien in het Centrale Bergland en de Schouten-eilanden in de Geelvinkbaai – is de grond geschikt voor permanente landbouw. Van oudsher zijn op deze plaatsen dan ook de meeste lokale culturen gevestigd. De bevolkingsdichtheid is er groot; in de Baliemvallei kan, zoals al opgemerkt, zelfs gesproken worden van een unieke situatie.
Door deze zeer ongelijkmatige verdeling van vruchtbaar land zijn grote delen van Irian Jaya slechts dunbevolkt en lijkt de provincie het ideale gebied voor de opvang van transmigranten. Een overgebracht gezin echter, zal bijna zeker een bestaan moeten opbouwen op schrale, zure grond: de bodem van voormalig regenwoud.
Toch wordt van de transmigranten verwacht dat ze op de arme grond intensieve rijstbouw bedrijven. Een opgave die, zoals al werd aangegeven in het hoofdstuk over Kalimantan, vrijwel onmogelijk is. En ook al lijkt een transmigrantengezin aanvankelijk te slagen, na verloop van enkele jaren daalt vaak alsnog de produktiviteit van de grond. Door tegenvallende oogsten wordt een gezin dan gedwongen een ander stuk land te bewerken, terwijl daarvoor in de omgeving de geschikte grond ontbreekt. Op zoek naar vruchtbare gebieden botst men vervolgens met de belangen van de autochtone bewoners. Hoewel de uitvoering van de transmigratieprogramma's niet gehinderd mag worden door de rechten die deze op de grond doen gelden, wordt zeker niet zonder slag of stoot ruimte gemaakt voor nieuwe buren. In feite stuiten we hier op dezelfde problematiek die op Sumatra de Kubu deed besluiten een verzoek tot erkenning van hun rechten op grond in te dienen.
Ondanks deze moeilijkheden weten transmigrantengezinnen in Irian Jaya soms toch een bestaan op te bouwen dat voor hen op Java of Bali ondenkbaar zou zijn geweest. Anderen zijn vroeger of later genoodzaakt weer weg te trekken. Als teruggaan naar het verre, oude land niet mogelijk is, reizen de gezinnen naar de dichtstbijzijnde stad. In hun poging te overleven, moeten ze hier concurreren met de 'spontane', de op eigen initiatief gekomen migranten, die de straat- en tussenhandel domineren.
Dani uit de Baliemvallei laten zich in deze steden aan de kust nauwelijks zien. Kennelijk hebben zij er weinig behoefte aan hun oude leefwijze in te ruilen voor die van de moderne stadsmens.

Oude tradities, nieuwe tijden

Toch zullen ook de Dani zich op den duur niet kunnen onttrekken aan de confrontatie met de buitenwereld. Duizenden jaren hebben zij in een groter isolement geleefd dan vele andere volken van Indonesië. Het proces van een door interactie met andere tradities voortdurend veranderende *adat*, dat zo typerend is voor vele van de in dit boek beschreven Indonesische culturen, is tot in het jongste verleden langs hen heengegaan. Deze culturen hebben in hun ontwikkeling een elasticiteit getoond, die het hen ondanks het openstaan voor externe invloeden mogelijk maakte de eigen identiteit te bewaren: het oude hindoe-Javaanse devies 'eenheid in verscheidenheid' is daardoor tot vandaag de dag actueel gebleven.
Voor volken als de Dani, die met hun tradities uit het stenen tijdperk ineens werden geconfronteerd met de moderne wereld, is een dergelijke interactie veel moeilijker. Hopelijk zullen de Dani, evenals vergelijkbare volken als de Mentawaiërs, Kubu en Punan, de kans én de tijd krijgen om het proces te doorlopen waarin de andere volken hen zijn voorgegaan, zodat ook zij hun nieuwe, nationale identiteit kunnen invullen met een eigen, sterke en bloeiende culturele erfenis.

▲ *Kroonduif (Goura cristata)*

Bijzondere diersoorten

Zoals vermeld in de Inleiding, lag de Chinese zee tijdens de ijstijden voor het grootste gedeelte droog en waren de eilanden van het Sunda-plat verbonden met het Aziatische vasteland. Op overeenkomstige wijze stond tijdens deze periode Nieuw-Guinea, het grootste eiland van het Sahul-plat, via een landbrug in verbinding met Australië. Door smeltwater steeg aan het einde van de ijstijd de zeespiegel en zoals de westelijke landbrug uiteen viel in de Sunda-eilanden, zo werd Nieuw-Guinea gescheiden van het Australische continent.
Het wekt geen verbazing dat de fauna van Irian Jaya hierdoor grotendeels van Australische herkomst is en, vanuit zoögeografisch oogpunt gezien, valt onder de zogeheten Australische regio. Dit in tegenstelling tot de fauna van de Sunda-eilanden, die gerekend wordt tot de Oriëntaalse regio. De grensbepaling tussen beide regio's is, zoals in het vorige hoofdstuk naar voren kwam, sterk afhankelijk van de bestudeerde diergroep; dikwijls vormen de Molukken een overgangsgebied.
Op het geïsoleerde Nieuw-Guinea zijn, na de afscheiding van Australië, ook talrijke nieuwe diersoorten ontstaan. Deze leven geheel aangepast aan het specifieke laag-berglandmilieu. Zo zijn er naast de soorten die – als de (klim)buideldieren – duidelijk van Australische origine zijn, thans onder meer slangen, schildpadden, krokodillen en varanen in zeer bijzondere variëteiten te vinden.

Irian Jaya toerisme

Nieuw-Guinea dankt zijn naam aan de Spanjaard Inigo Ortiz de Retes. Daar deze de papoea's vond gelijken op de negers in Westafrikaans Guinee, noemde hij het land dat hij in 1545 voor de Spaanse kroon in bezit nam, Nueva Guinea. De meeste papoea's zullen nauwelijks iets van deze en latere Europese machtsdaden gemerkt hebben. Slechts de bevolking aan de noordkust onderging enige invloed; de grote culturen bleven tot in deze eeuw afgesloten van de buitenwereld door het ontoegankelijke hooggebergte.
Deze natuurlijke buffer loopt, onderbroken door diepe dalen, steile wanden en smalle ruggen, van oost naar west over het gehele eiland. De hoogste pieken zijn de Puncak Jaya, met een hoogte van ruim 5000 meter, en de 4740 meter hoge Puncak Trikora. De sneeuwgrens schommelt er rond de 4500 meter, waardoor, hoewel dicht bij de evenaar gelegen, de toppen toch bedekt zijn met eeuwige sneeuw. Van de valleien in Irian Jaya is de Baliemvallei, met een lengte van 45 kilometer, de grootste.

In de vallei ligt Wamena, het belangrijkste toeristische reisdoel van de provincie. Op de oude wandelpaden van de Dani rond dit stadje op het 'platte dak der aarde', ontmoeten het heden en een ver verleden elkaar.
In de uitgestrekte laagvlakten die het Centrale Bergland aan de zuidzijde begrenzen, leven, in de nabijheid van het kleine bestuurscentrum Agats, de Asmat. Deze kustpapoea's, bekend om hun karakteristieke, met witte klei beschilderde oorlogsschilden, bewonen wonderlijke boomhuizen in een zeer moerassig kustgebied. De Asmat danken hun faam vooral aan de metershoge *bish*-palen, die ter nagedachtenis aan de voorouders worden vervaardigd.
Omdat de vlakten alleen per kano te doorkruisen zijn, is het Asmatgebied niet gemakkelijk te ontsluiten voor toerisme op grotere schaal. Desondanks lijken de moerassen in het laagland al vele van hun mysteries verloren te hebben; slechts over Nieuw-Guinea's 'terra incognita' hangt werkelijk nog een intrigerende, geheimzinnige sluier.

▲ *Vanuit zee is Nieuw-Guinea het best toegankelijk via de noordkust; vanouds is de bevolking er talrijk en hier ook verrezen Irian Jaya's grote steden.* ▼

▲*Bish-paal gesneden uit mangrovehout. Deze bijna tien meter hoge palen worden door de Asmat opgericht tijdens een herdenkingsritueel. Na afloop laat men ze in het oerwoud achter.*

Reizen in Indonesië

Indonesië beschikt over een zeer efficiënt systeem van openbaar vervoer. Wie wil reizen zonder ooit lang op een aansluiting te hoeven wachten. Alle belangrijke steden en eilanden zijn per trein of bus, dan wel per vliegtuig of schip, te allen tijde bereikbaar. Alleen voor de werkelijk verafgelegen oorden, zoals de binnenlanden van Kalimantan of Irian Jaya en de meest zuidelijke eilanden van de Molukken, moet meer reistijd worden uitgetrokken. Voor het reizen tussen de eilanden lijkt de nationale luchtvaartmaatschappij Garuda Indonesia de meest voor de hand liggende keus; de maatschappij doet zo'n dertig binnenlandse vliegvelden aan. Op de minder drukke lijnen kan de reiziger terecht bij kleinere maatschappijen als Merpati Airlines, Pelita Airservice, Bouraq Indonesian Airlines, Sempati Airtransport of Nusantara Airlines. Over land kan op Java en Sumatra voor de langere afstanden gekozen worden tussen trein en bus. Voor het vervoer over korte afstanden, binnen steden en tussen dorpen, staat de reiziger een scala aan mogelijkheden ter beschikking. Befaamd zijn de *becak*, de driewielige fietstaxi's met hun mooie beschilderingen. Iets minder romantisch, maar vaak goedkoper, is het reizen per *bemo*, kleine gemotoriseerde voertuigen; evenals taxi's zijn ze te vinden in vrijwel alle grote Indonesische steden. In kleinere plaatsen en tussen dorpen rijdt de minibus, een klein vrachtwagentje met een overdekte laadbak. Evenals de grote broer rijdt een minibus vaste routes, maar vaste vertrektijden zijn onbekend. Er wordt gereden als voldoende passagiers zijn ingestapt of als iemand de hele auto heeft gecharterd. Dat laatste kan al heel gauw aantrekkelijk zijn, ook voor langere afstanden.

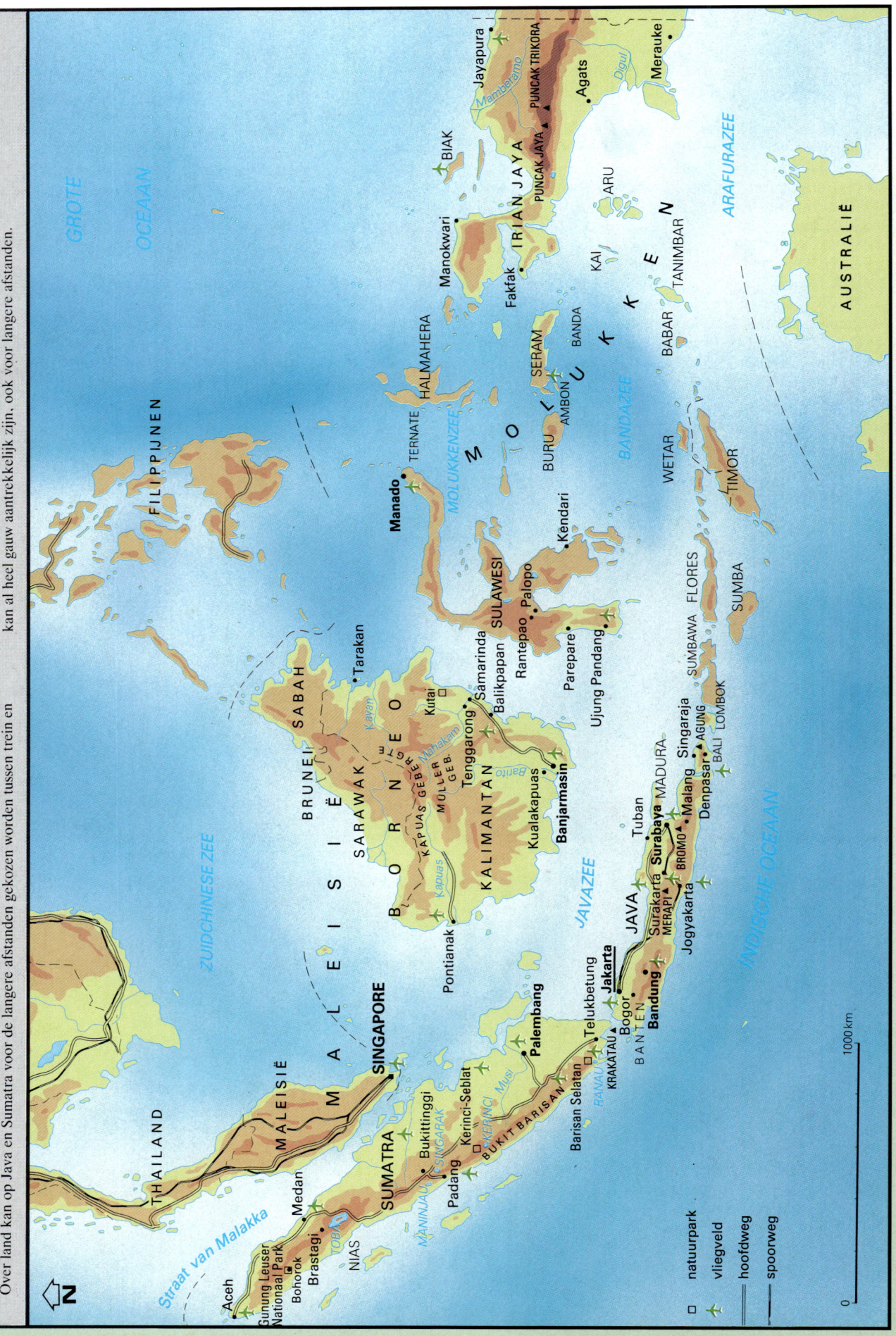

Fotoverantwoording

De kleurenfoto's in Indonesia, apa kabar? zijn gemaakt door de onderstaande fotografen.
De codes achter de namen geven de pagina en de plaats op de pagina aan waar de foto's zijn te vinden.

Jet Bakels: 8, 41, 42, 43, 45

Jenne de Beer: 89, 93, 94 links, 95 boven, 96

Lea Bolle: 8 l.-onder, 30 boven, 32, 33 rechts, 34, 35, 36

Jorge Eduardo Cordoso Patuleia:
116 m.u.v. l.-onder, 117, 118 links, 119

Vincent Dekker: grote omslagfoto, omslag: 'mysterieuze monumenten', 30 onder, 31, 38, 46, 51, 74 boven, 76 boven, 79 l.-ondér, 79 rechts, 80, 86 links, 87 boven, 102, 104, achterzijde omslag

Toos van Dijk en Wim Wolters: 52 onder, 69 boven, 116 l.-onder, 120, 121 boven, 125 rechts, 127 boven, 129 midden, 131, 132, 136, 142 onder, 143, 144 onder, 145 onder

Madelon Djajadiningrat-Nieuwenhuis: 47, 53 l.-midden, 53 l.-onder

Leonie Greefkens: 110, 111, 112, 113, 114, 115

Rens Heringa: 55, 56 r.-onder, 57, 58, 61 r.-boven

Peter Homan: omslag 'ceremoniële rijkdom', 2, 4 onder, 5, 6, 33 l.-boven, 40, 48, 50, 59 links, 60 rechts, 61 links, 71, 72, 74 r.-onder, 75, 84 l.-midden, 84 l.-onder, 87 onder, 91 boven, 98, 99, 100 onder, 101, 103 r.-boven, 103 l.-onder, 105, 106 l.-boven, 107, 109, 121 onder, 152, 153 r.

Nico de Jonge: omslag: 'culturen in feesttooi', 11 l.-onder, 69 onder, 73 boven, 74 links, 122, 128, 138, 139, 141, 142 boven, 142 midden, 145 boven

Joost Koedooder: foto bij colofon

Fred Kok: 103 r.-onder

J. MacKinnon: 94 r.-boven, (uit archief WNF, Zeist)

Willy Nanlohy: 123, 124, 125 l.-boven, 125 l.-onder, 126, 127 onder, 128 onder, 129 boven, 130 r.-boven, 130 r.-onder, 144 boven

Hetty Nooy-Palm: 106 r.-boven

Gerard Persoon: omslag: 'jagers in de jungle', 4 l.-boven, 8 l.-boven, 22, 23, 24 r.-onder, 24 l.-onder, 26, 27, 28, 29, 44, 96 onder

Herman Rijksen: 9 r.-boven, 37, 90, 92 boven, 149 m.-boven (uit archief WNF, Zeist)

Reimar Schefold: 12, 14, 15, 16, 17, 18, 19, 20, 21, 108

Henk Schulte Nordholt: 73 onder, 78, 79 l.-boven

Dik Teljeur: 134, 135

Hans Touwen: omslag: 'strijd om status', 62, 63, 64, 65, 66, 67, 68

Annemarie Verkruisen: 9 onder, 70, 76 onder, 77, 81, 82, 83, 84 onder, 85, 86 rechts, 158

Theo Vlaar: 56 l.-onder, 59 r.-boven, 60 l.-onder, 61 r.-onder

Ineke de Vries: 11 r.-onder, 137, 146, 147, 148, 149 m.u.v. kader, 150, 151, 153 l.-midden, 153 l.-onder

Christine Waslander: 10, 106 l.-onder

Frans Welman: 88, 91 onder, 92 onder, 95 l.-onder, 95 r.-onder, 97

Doeken op pagina 9 l.-boven, 59 l.-onder, 60 rechts en 61 links uit collectie Rens Heringa

Foto op pagina 24 l.-boven uit Hagen, B. *Die orang Kubu auf Sumatra*. Frankfurt, 1908.

Voorwerpen op pagina 25 uit collectie Gerard Persoon

Foto's op pagina 52 midden en 53 rechts uit collectie Madelon Djajadiningrat-Nieuwenhuis

Schilderij op pagina 84 l.-boven en voorwerpen pagina 100 uit collectie Peter Homan

Prenten op pagina 91 boven uit collectie Jenne de Beer

Illustratie op pagina 107 r.-boven Jowa Imre Kis-Jovak

Boek op pagina 118 r.-onder uit collectie Multatuli Museum

Foto pagina 130 links uit archief VIDO van het K.I.T.

Voorwerpen op pagina 140 uit collectie Nico de Jonge

Cartografie: Nelly van Betlehem en Michel van Elk

Glossarium

A

abangan 'rode groep' (ook wel *wong cilik* genoemd), Java's oude boerenstand; het animistische erfgoed leeft op Java vooral voort in de dagelijkse religieuze praktijk van deze 'kleine lieden'
adat lokale, door traditie geheiligde gebruiken en gewoonten
Agama Hindu Bali Balische godsdienst, een mengeling van pre-hindoeïsme, boeddhisme en hindoeïsme
agama godsdienst
alang-alang taaie grassoort
Aluk To Dolo 'de Riten van de Mensen van Weleer', het oude geloof van de Toraja in Sulawesi
aluk pia 'kindheidsritueel', eerste fase van een *dirapa'i*, het dodenfeest van de Toraja op Sulawesi waarbij een rusttijd in acht wordt genomen
alun-alun groot voorhof van de Middenjavaanse *kraton*
angklung Westjavaans muziekinstrument
anteng witte doek, als magisch afweerwapen gehanteerd door de heks Rangda tijdens de Barongdans op Bali
aseuk pootstok van de Westjavaanse Baduy

B

babad kroniek
bade Balische crematietoren
bahasa Indonesia officiële Indonesische taal
balian taksu Balisch trance-medium, contactpersoon tussen de zichtbare en onzichtbare wereld
banten bloem- en voedseloffer op Bali
banteng wild rund
barang suci heilige voorwerpen van de Balische *balian taksu*
basta meterslange zeer oude doek, vaak van Indiase herkomst; in de Babar-archipel (Zuidoost-Molukken) zowel van ceremoniële als economische waarde
batik-lurik zwart-wit geruit weefsel waarop in Tuban (Noordoost-Java) gestippelde motiefjes worden gebatikt
belian traditionele genezer en religieus specialist (meestal een vrouw) van de Dayak in Kalimantan
bish-paal bewerkte metershoge paal, opgericht door de Asmat in Irian Jaya ter ere van hun voorouders
bombo dikita 'de dodenziel die gezien wordt', de officiële naam van een dodenpop (*tau-tau*) van de Toraja in Sulawesi
boreh-pasta gele, welriekende schoonheidszalf waarin *kunir* (Curcuma) is verwerkt
bupati districtshoofd
buta Balische demon, bewoner van de onderwereld

C

canting koperen tekenpen, gebruikt bij het batikken
carok gewelddadige genoegdoening voor Madurese man
cicak huishagedis

D

desa dorp
dirapa'i dodenfeest van de Toraja op Sulawesi, bestaande uit twee fasen waartussen een rusttijd in acht wordt genomen
djazirat al muluk 'land van vele heren', oude Arabische aanduiding voor Noordmolukse vorstendommen
doa salamat ritueel 'gebed om verlossing' van de Giman op Halmahera, Noord-Molukken
duk zwarte palmboomvezel, op Bali in gebruik als dakbedekking voor godsdienstschrijn
dukun magisch specialist en religieus genezer
duyung Indische zeekoe (Dugong dugon)

G

gaba-gaba nerven van sagopalmbladeren
gain oorlogsleider van de Dani in Irian Jaya
gamelan Javaans muziek-ensemble
gendi aarden waterkruik
gogol bezitters van landbouwgrond, de sociale middengroep in Tuban, Noordoost-Java
gondang traditionele muziek van de Toba Batak in Noord-Sumatra

H

hakim sara 'rechter van de islamitische wet', verzamelnaam voor de islamitische functies bij de Giman op Halmahera
hampatong schrikbeeld van de Dayak
hariara Ficussoort, de 'levensboom' uit de oorsprongsmythen van de Toba Batak in Noord-Sumatra
hatib islamitisch godsdienstbeambte
hukum tua dorpshoofd in de Minahasa, Noord-Sulawesi
hulahula bruidgevende groep bij de Toba Batak in Noord-Sumatra
huta Batakdorp (Noord-Sumatra)

I

ikat uitsparingstechniek – voorafgaand aan het weven – om textiel te versieren, waarbij in de dradenbundels motieven worden afgebonden; deze nemen na verving geen kleur aan
imam islamitisch godsdienstbeambte
ipoh aan strychnine verwant plantengif, gebruikt door de Punan in Kalimantan
irengan donkergekleurde schouderdoek voor grootmoeders in Tuban, Noordoost-Java

J

jaba 'buitenstaander', Baliër die niet behoort tot de *triwangsa*, de adellijke toplaag
jaha staven van in bamboestengels verhitte en in klappermelk gekookte rijst (Zuid-Halmahera)
jambar lichaamsdeel van het grootste dier dat tijdens een *tugu*-feest van de Toba Batak in Noord-Sumatra wordt geofferd, voorzien van een speciale betekenis
jarik langwerpig kledingstuk (Tuban, Noordoost-Java)
jaro zie *jaro pemerintah*
jaro pemerintah Baduy die bemiddelt tussen de buitenwereld en de *pu-un*, de hoogste gezagdragers bij de Baduy in West-Java
jejaitan palmbladbasis voor offers op Bali
jenang schakel (handelaar) tussen de Kubu en de hen omringende Sumatraanse wereld

K

kain kentol heupdoek die sociale status aangeeft (Tuban, Noordoost-Java)
kaja 'richting van de bergen', oriëntatieterm op Bali
kala demon, bewoner van de onderwereld (Bali)
kalo zie *kalo sara*
kalo sara meestal *kalo* genoemd, een gevlochten ring die bij de Tolaki in Zuidoost-Sulawesi de eenheid van het volk symboliseert
kamar suci gewijde kamer van een *balian taksu* (Bali)
kancil dwerghert
kanda heilige trommel in Benua, een Tolakidorp in Zuidoost-Sulawesi
kanda-huisje constructie waarin bij de Tolaki in het dorp Benua de *kanda*, de heilige trommel, wordt opgehangen (Zuidoost-Sulawesi)
kandaure fuikvormig kralen sieraad van de Toraja in Sulawesi
kangin 'richting van zonsopgang', oriëntatieterm op Bali
kauh 'richting van zonsondergang', oriëntatieterm op Bali
kawin lari vluchthuwelijk (Molukken)
kawin minta aanzoekshuwelijk (Molukken)
kawitan voorouderschrijn op Bali
kebaya vrouwenblouse met lange mouwen
kelapa sekantet 'kokosnoten van één tros', batikmotief in Tuban, Noordoost-Java
kelod 'richting van de zee', oriëntatieterm op Bali
keter in do'ong 'de kracht en het heil van het dorp', naam in een lokale Minahasische taal voor de plaats waar vroeger gesnelde koppen werden begraven
kiyai religieus leider op Madura
koteka peniskoker van de Dani in Irian Jaya
kraton plaats waar de Javaanse *ratu*, vorst, woont
kretek-sigaret sigaret waarin kruidnagel is verwerkt
krotong zwartgeblakerde dierenhuid (Punan, Kalimantan)
kujur speer van de Kubu op Sumatra

ladang veld voor droge (rijst)bouw
ladang-bouw veldwisselbouw
lakkean huisachtige constructie ten behoeve van de overledene in het 'dodendorp' van de Toraja, Sulawesi
lamanta oude naam voor pas gewonnen sago; mogelijk is hiervan de naam Kalimantan afgeleid
laor geslachtsrijpe delen van de Palola-zeeworm, een delicatesse in de Molukken
lengsat-wortel wortel waarvan het sap onvruchtbaarheid veroorzaakt (Punan, Kalimantan)
leyak vrouw in heksengedaante op Bali
lis wijwatersprenkelaar van palmblad; op Bali gebruikt door een *balian taksu*
lulo-ngganda dans van de Tolaki in Zuidoost-Sulawesi, gerelateerd aan de landbouwcyclus
lurik zwart-wit geruit weefsel (Tuban, Noordoost-Java)

ma'gellu' dans van de Toraja in Sulawesi, uitgevoerd bij een huisinwijdingsfeest
Malo Plim 'Vijf Landschappen', naam voor de autochtone etnische groepen van Zuid-Halmahera, Noord-Molukken
mancapat samenwerkingsverband van groep Javaanse dorpen, voorzien van een karakteristieke hiërarchische opbouw
mandala-gemeenschap kleine, geïsoleerd levende religieuze groep, waarvan de leden zich baseren op een Oudjavaans geloof met hindoe-boeddhistische trekken
manteu woord voor 'man' op de Mentawai-eilanden
mantunu 'het slachten van de karbouwen', tweede fase van een *dirapa'i*, het hoogste dodenfeest van de Toraja (Sulawesi)
marga patrilineaire afstammingsgroep van de Toba Batak in Noord-Sumatra
matakau waarschuwingsteken waarover een vloek is uitgesproken (Ambonese *pasisir*)
mateu 'passend bij zijn wezen', het uiterlijk brengt het wezen (van een voorwerp of mens) tot uitdrukking (Mentawai-eilanden)
matundan 'het wekken uit de slaap', naam voor het beëindigen van het 'kindheidsritueel', de eerste fase van het *dirapa'i* van de Toraja in Sulawesi
mekamulol 'degene die het roer hanteert', eerste paal van het 'grote huis' op Dawera in de Babar-archipel (Zuidoost-Molukken)
merajan huistempeltje van adellijke familie op Bali
menurut agama dan menurut adat 'volgens de godsdienst en volgens de *adat*', spreuk die richting geeft aan het protestantse leven in de Ambonese *pasisir*, Molukken
merajan gede tempel van adellijke Balische familie op het moedererf
modin islamitisch godsdienstbeambte
monahu-ndau Tolakifeest ter afsluiting én heropening van de landbouwcyclus (Zuidoost-Sulawesi)
monconegoro de buitenste cirkel, de grensgebieden, van het rijk van de Middenjavaanse vorst; een rijk, vormgegeven door een stelsel van concentrische ringen
mondok landloze arbeiders, de laagste sociale groep in Tuban, Noordoost-Java
moyang sakti heilige voorouders in de Ambonese *pasisir*

negoroagung kerngebied van het rijk van Middenjavaanse vorst; een rijk, vormgegeven door een stelsel van concentrische ringen
ngaseuk Baduyritueel voorafgaand aan het zaaien van rijst om Dewi Sri, de rijstgodin, gunstig te stemmen (West-Java)
ngurek deel van de Balische Barongdans waarbij men zichzelf tracht te verwonden, maar de Barong bescherming biedt
nipah-palm palmsoort die de Punan in Kalimantan op tal van manieren benutten
noah koolhydraatrijke sago-pap, het hoofdvoedsel van de Punan in Kalimantan

orang asli zegswijze in de Ambonese *pasisir* ter aanduiding van de leden van autochtone families
orang Belanda Nederlander
orang pendatang zegswijze in de Ambonese *pasisir* ter aanduiding van 'immigranten'
orang mens
ottuwlesol centrale ruimte in het traditionele 'grote huis' op Dawera (Babar-archipel, Zuidoost-Molukken)

pa'barre allo 'de zon met stralen', kosmologisch motief van de Toraja in Sulawesi
pa'rapuan familiegroep van de Toraja in Sulawesi, vaak kortweg *rapu* genoemd
paabitara beheerder van de *kalo*, een erfelijke functie in de Tolakisamenleving (Zuidoost-Sulawesi)
padmasana stenen lotustroon van de god Siwa (Bali)
pangurei 'bruiloft vieren', een genezingsceremonie op de Mentawai-eilanden
pari rijsthalm
parsantian offerhuis van een tak van de *marga*, de patrilineaire afstammingsgroep van de Toba Batak in Noord-Sumatra
pasar markt
pasisir kuststreek met een sterke handelstraditie, open voor invloeden van buitenaf (op Java: de noordkust; de Ambonese *pasisir*: Ambon-Lease)
pedanda brahmaanse priester (Bali)
pela broederschapsrelatie tussen dorpen in de Ambonese *pasisir*
pinang nootsoort (Areca catechu)
pinisi zeegaand houten zeilschip, gebouwd door Buginezen in Zuid-Sulawesi
pipitan 'dicht bijeen', naam van schouderdoek voor moeders in Tuban, Noordoost-Java
pisang jati hoog, cylindervormig Balisch offer
pita 'geelachtig' (Oudjavaans); in *pipitan*, de naam van een schouderdoek in Tuban (Noordoost-Java), verwijzend naar volwassenheid
pitung bongi zeven nachten durend dodenfeest van de Toraja in Sulawesi
plangi uitsparingstechniek om textiel te versieren, waarbij toefjes in de stof worden afgebonden; deze nemen bij het verven geen kleur aan
priyayi oude bovenklasse op Java; de leden hechten grote waarde aan discipline, meditatie en een strenge etiquette
pujangga hofschrijver van Javaanse vorsten

punden graf van de (mythische) stichter van een dorp in Tuban, Noordoost-Java
pura dalem dodentempel, een van de drie tempels in een Balisch dorp
pura desa dorpstempel, een van de drie tempels in een Balisch dorp
pura puseh 'navel'-tempel, een van de drie tempels in een Balisch dorp
pura tempel (Bali)
pura batur vooroudertempel op Bali waar zich de *kawitan* bevindt
pura dadia zie *pura batur*
puri huis van een adellijke Balische familie
pusaka heilig erfstuk
pustaha heilig boek van de Toba Batak in Noord-Sumatra
putihan bijzondere 'witte' batikdoek, die beschermt tegen ziekte en kwade invloeden (Tuban, Noordoost-Java)
putus bujang-e zegswijze in de Ambonese *pasisir* ter aanduiding van het einde van het vrijgezellenbestaan
pu-un hoogste gezagsdrager in de Baduyhiërarchie (West-Java)

raja koning; dorpshoofd in de Ambonese *pasisir*
rapu zie *pa'rapuan*
real oude Spaanse munteenheid, waarin de Tolaki een deel van het bedrag uitdrukken dat als bruidsprijs moet worden betaald (Zuidoost-Sulawesi)
rupiah officiële Indonesische munteenheid

sahala zegenrijke geesteskracht die de voorouders van de Toba Batak uitstralen (Noord-Sumatra)
sang bongi dodenfeest van de Toraja in Sulawesi dat één nacht duurt
sanggah huistempeltje op Bali
sanggah gede Balische tempel op het moedererf
santri Javanen, veelal handelaren en rijke grondbezitters, die zich streng houden aan de islamitische wetten
saringan baar waarop de Toraja van Sulawesi een dode dragen
saro-saro kleine koekjes, bij de Giman in Zuid-Halmahera heen en weer bewogen voor de gezichten van pas besneden kinderen
sarung tot koker genaaide doek, kledingstuk
sasi het tegen diefstal onder kerkelijke bescherming plaatsen van een aanplant (veelal kokosnoten) in de Ambonese *pasisir*
sawah veld voor natte rijstbouw
sayut draagdoek voor marktwaar of kind in Tuban, Noordoost-Java
seka traditionele dans in de Babar-archipel, Zuidoost-Molukken
selamat heil en zegen
selamatan gemeenschappelijke heilsmaaltijd ter gelegenheid van een bijzondere gebeurtenis (Java; Madura)
semen cement
sesamuhan koekje van rijstdeeg, onderdeel van vele offers op Bali
sirih pepersoort (Piper betle)
slendang zie *sayut*
sopi plaatselijk gestookte, sterk alcoholische drank (Molukken)

stupa symbool van de heilige berg Meru, Boeddhisme
sunat 'aanbevelenswaardig' volgens de islamitische leer (Giman, Zuid-Halmahera)

T

aksu godheid die een *balian taksu*, een Balisch trance-medium bezielt
tambak modern 'familiegraf' van de Toba Batak, de stoffelijke resten van een aantal voorouders bevattend (Noord-Sumatra)
tamparyol 'nieuwjaar', uitroep tijdens het Nieuwjaarsfeest op Dawera (Babar-archipel, Zuidoost-Molukken)
tanah kosong 'leeg land', de omschrijving van stukken oerwoud die niet officieel door bewoners zijn geclaimed (Kubu, Sumatra)
tanah kopi 'koffieland', naam voor percelen waar in de Minahasa ooit koffie werd verbouwd (Noord-Sulawesi)
tau-tau houten pop die een dode Toraja voorstelt en bij diens graf wordt geplaatst (Sulawesi)
tedun 'neerdalen' van een Balische godheid in het lichaam van een in trance rakende gelovige tijdens een tempelfeest
tempel boot met platte bodem waarmee handelswaar over de rivieren van Kalimantan wordt vervoerd
to 'mens' of 'mensen' als woorddeel van *toraja*, een term die volgens de Toraja moet worden vertaald met 'volk van koningen' (Sulawesi)
tonaas traditionele priester in de Minahasa, Noord-Sulawesi
tongkonan *adat*-huis van de Toraja in Sulawesi, het statussymbool van een *rapu*, de familiegroep
toraja Buginese term voor 'bergbewoner' of 'binnenlander' (Sulawesi)
tortor rituele dans van de Toba Batak (Noord-Sumatra)
trah Javaans familieverband gebaseerd op verwantschap van zowel vaders als moeders zijde
tritik uitsparingstechniek ter versiering van textiel, waarbij de motieven worden ingeregen; de rijglijnen nemen na verving geen kleur aan
triwangsa adellijke toplaag op Bali, bestaande uit Brahmana, Satria en Wesya
tugu moderne, vaak hoge gedenknaald van de Toba Batak in Noord-Sumatra, veelal de stoffelijke resten van één zeer vroege voorouder bevattend
tukang banten vrouw die offers (*banten*) maakt (Bali)

U

los rituele doek van de Toba Batak in Noord-Sumatra
uma gemeenschappelijke paalwoning op de Mentawai-eilanden, bewoond door ongeveer tien gezinnen
umat simagere 'speelgoed voor de ziel', een uit hout gesneden vogel die de zielen moet lokken en gelukkig moet stemmen (Mentawai-eilanden)
umoara krijgsdans van de Tolaki in Zuidoost-Sulawesi

W

a'ilan 'gelukzalige', Minahasische eretitel die gevoerd mocht worden na het volbrengen van een serie van negen feesten van verdienste; *wa'ilan* werden begraven in een *waruga* (Noord-Sulawesi)
warawluol 'de heer van het eiland', eerste bewoner van een vestigingsplaats op Dawera (Babar-archipel, Zuidoost-Molukken)
waruga oud Minahasisch praalgraf; zie *wa'ilan*
watu tumotowa 'heilige stenen van het dorp', plaats waar vroeger door de Minahasers bij het stichten van een dorp gesnelde koppen werden begraven (Noord-Sulawesi)
wayang Javaans poppenspel of toneelstuk; de uitgebeelde verhalen zijn veelal geïnspireerd op de Javaanse versies van Indiase epen zoals de Ramayana of op islamitische verhalen
wedyol 'schouderblad' of 'roeispaan', term gebruikt op Dawera en Dawelor (Babar-archipel, Zuidoost-Molukken)
wong cilik 'kleine lieden'; zie *abangan*
wong kentol dorpsaristocratie in Tuban, de afstammelingen van de eerste ontginners van de grond (Noordoost-Java)
wopal traditionele tegengift, in Zuid-Halmahera in het dorp Pulilo overhandigd na het ontvangen van een bruidsprijs

De Baliërs vereren hun goden op vele manieren: met muziek, met dans, maar vooral met offers. Deze variëren van klein tot zeer groot en van eenvoudig tot uiterst gecompliceerd. Vaak vormen bloemen er een geurig en kleurrijk onderdeel van. ▶

Register

Naast geografische aanduidingen, persoonsnamen en de namen van bevolkingsgroepen zijn alle steekwoorden, de schuingeplaatste trefwoorden bovenaan de pagina's, opgenomen.

A
Aanzien 33
Aardappelteelt 149
Aceh 37
Adam, Tassilo 25
Adat 7, 112, 126
Aeta 4
Agastya 50
Agats 153
Agung de Grote 47, 52, 53, 54
Allah 63, 64
Amangkurat 50
Amangkurat I 52, 53, 54
Amangkurat IV 53
Amberita 33
Ambon 123, 124, 127, 137, 145
Ambon-Lease 123, 124, 127
Ambonese pasisir 123-131, 132, 137, 141
Ambonezen 123, 124, 125, 126, 127, 129
Anak Krakatau 39
Andamanen-eilanden 4
Angkoeki 138
Angkola Batak 30
Antaboga 84
Apoh-Kayan 91
Arabië 135
Arbeid 17
Archbold 148
Architectuur 107
Aru 137
Asmat 148, 153
Australië 137, 152
Azië 147

B
Babar-archipel 11, 123, 137-144
Babarezen 141, 143
Bacan 132, 145
Baduy 7, 8, 27, 39-45
BajoE 111
Bali 3, 6, 7, 9, 54, 71-87, 137, 151, 152
Balian taksu 81-85
Baliemvallei 147-153
Baliërs 9, 71-87, 151
Balige 8, 30
Banda Elat 145
Banda Neira 145
Banda-archipel 123, 124, 137, 145
Bandanezen 145
Bandazee 137
Bandung 43
Bangkalan 62
Bangko 27
Bangli 87
Banjarmasin 90
Banten 7, 8, 39
Bantik 116
Barang suci 82, 84
Barisan Selatan 37
Barito 97
Barong 86
Barusjahe 30
Basuki 84
Batak 3, 6, 10, 30-37
Batang Palupuh 37
Batara Tunggal 39
Batavia 53
Batik 56
Batululan 87
Batusangkar 6
Bedawang 84
Bentenan 116
Benua 115
Berbak 37
Bergpapoea 148, 149
Besakih 74, 87
Bescherming 44
Besnijdenis 133
Bestuur 27
Bevolking 62
Bezwering 18
Biak 147, 148
Bijzetting 103, 108
Binnen-Baduy 40, 43
Biomassa 90
Blahkiuh 73
Boeddha 49
Boeddhisme 6, 49
Bogor 69
Bohorok 37
Boli 132
Borneo 89-97
Borobudur 6, 48, 49, 50, 54, 69
Boven-Mahakam 90
Boven-Digul 148
Brahma 50
Brahmana 73, 86
Brantasrivier 49
Bromo 39, 69
Bruidsprijs 113
Brunei 89, 90, 92
Budi Utomo 54
Buginezen 90, 99, 100, 110, 111, 114, 121
Buiten-Baduy 8, 40, 43
Bukit Barisan 37
Bunian 37

C
Campa 49
Carok 64
Celuk 87
Centraal-Jambi 27
Centraal-Java 49
Centrale Bergland 147, 148, 149, 151, 152, 153
Ceremoniën 60
Charisma 47
China 4, 5, 49, 90, 95, 123
Chinese Zee 3
Chinezen 90, 110
Cibeo 40
Ciboleger 39
Cikartawana 40
Cikeusik 40
Ciujung 40, 43
Cirkelgang 58
Coen, Jan Pieterszoon 52, 145
Conflicten 128
Consult 84

D
Daendels 53
Dai 137
Dani 11, 147-153
Dans 114, 142
Darwin 3
Dawelor 137, 138, 139, 140
Dawera 11, 137, 138, 139, 140, 141
Dayak 89-97, 149
Deetje 116
Delin 53
Demak 52
Denpasar 87
Dewa Agung 73
Dewi Sri 45, 61
Diaspora 108
Diengplateau 49, 54
Diponegoro 54, 117, 118, 121
Dirapa'i 104
Dodendorp 106
Dominee 129
Dongson 5, 6, 7
Doop 128
Dorp 138, 139
Dorpshoofd 129
Douwes Dekker, Eduard 118
Drikus 116
Droogstoppel, Batavus 118
Duabelasgebergte 27
Dukun 66, 124
Durga 50

E
Ecologie 29
Economie 55, 100
Ekagi 148
Erp, van 49
Europa 53, 96, 137
Europeanen 6, 7, 117, 121, 124, 132
Evenwicht 114

F
Fauna 137, 152
Filippijnen 4
Fort Belgica 145
Fort Duurstede 145
Fort Rotterdam 121
Fort Victoria 145
Foya 132

G
Ganesa 50
Geelvinkbaai 152
Genealogie 53
Generaties 58
Giman 11, 123, 132-135
Gimanisering 135
Giri Bangun 47, 54
Giri Layu 47
Goe Fortuyn 13
Gondang 36
Gotta 16
Grafheuvel 32
Groenland 4, 89
Grondgebied 33
Gua Terus 61
Guinee 153
Gunung Agung 87
Gunung Api 145
Gunung Batukau 77
Gunung Leuser 37
Gunung Tunggal 44
Gunungan Kapur 55

H
Hagen 24
Hakim sara 134
Halmahera 11, 123, 132, 133
Hamengkubuwono 47
Hamengkubuwono I 53, 54
Hamengkubuwono II 53
Hamengkubuwono III 53, 54
Hamengkubuwono VIII 53
Hamengkubuwono IX 53, 54
Hanuman 50
Haruku 123
Havelaar, Max 118
Hayam Wuruk 49, 50, 54
Herbegraving 32, 34
Heupdoek 60
Highway 22
Hindoeïsme 6, 49
Hoamoal 124
Hoëvell, van 138
Hollanders 7, 124
Houtkap 26, 96
Huis 138, 139
Hulahula 34
Huwelijk 111, 127, 128

I
I Wayan Serdaka 82
I Kadek 81
Iban Dayak 90, 95, 97
Identiteit 152
Idrus bin Trees 27
Ikat 59
Imogiri 47, 52
India 6, 49, 90
Indische Oceaan 3, 13
Infrastructuur 55, 110, 137
Inwijding 109
Irian 147
Irian Barat 147
Irian Highway 151
Irian Jaya 11, 108, 110, 132, 137, 147-153
Irianezen 148
Islam 7, 52, 63
Islamisering 132

J
Jacatra 52, 53
Jacht 17, 92
Jailolo 132, 145
Jakarta 3, 27, 39, 43, 44, 52, 54, 62, 108, 111, 114, 126, 151
Jambi 27
Jans 116
Japan 96, 131
Jaro 43
Java 3, 6, 7, 8, 9, 39-69, 96, 118, 119, 121, 123, 124, 151, 152
Javanen 3, 7, 47, 49, 52, 62, 64, 69, 151
Javazee 55
Jawa Barat 39
Jawa Timur 62
Jayapura 151, 152
Jenang 25
Jockeys 65
Jogyakarta 47, 49, 50, 53, 54, 69, 118

K
Kaduketug 39, 43
Kai-eilanden 137, 138, 145
Kaibobo 126, 127
Kalimantan 3, 4, 6, 9, 89-97, 108, 121, 137, 149, 151, 152
Kalo 112, 113
Kamar Suci 85
Kamp 28
Kampioen 68
Kanekes 39, 40, 43, 44
Kangean-archipel 62
Kapuas 97
Kapuasgebergte 97
Karbouw 104

Karo Batak 30
Kasten 76
Kawitan 73, 74, 76, 77
Kayan Dayak 90
Kayanrivier 97
Kebun Raya 69
Kelabit Dayak 6, 90
Kendari 99, 110, 111, 112, 114
Kendeng 39
Kendenggebergte 39, 45
Kenya Dayak 89, 90
Kerinci 37
Kerinci Seblat 37
Kerkhof 116
Kesu' 102
Ke'te' Kesu' 102
Kleding 40
Kleine Sunda-eilanden 123, 137, 138
Koffie 118
Kolaka 110, 111
Kolonisatie 118
Konawe 111
Kosmologie 107
Kota Ambon 124, 125, 126, 127, 145
Kota Gede 69
Kracht 117
Krakatau 39
Kraton 52
Krisna 50
Kruidnagel 130,
Kubu 4, 8, 9, 13, 14, 22-29, 30, 44, 152
Kustpapoea 148, 153
Kutai 90, 96, 97

L
abio 112, 113, 114
Laguboti 32, 33
Lai' Ambun ri Kesu' 102
Landbezit 25
Landbouw 115
Lando Kollong 106
Langka 50
Larajonggrang 50
Lasok Rinding 104, 106, 108
Lebak 39
Lemo 103
Linow 121
Lokvogels 18
Lombok 6, 137
Luang 138

M
a'kale 104
Macht 78
Madagascar 6
Made Suti 82
Madura 8, 39, 49, 54, 62-68
Madurezen 8, 62-68
Magie 66
Mahabharata 6, 50
Mahakam 90, 97
Majapahit 49, 50, 52, 54
Makale 99
Makassar 110, 121
Makian 132
Malakka 49, 52

Malang 62
Malayu 6
Maleiers 90
Maleisië 4, 89
Malo Plim 132
Maluku 123, 124
Maluku Tengah 124
Maluku Tenggara 123, 137, 138, 140, 145
Maluku Utara 123, 132, 133
Manado 116, 117
Manadonezen 116
Mancapat 56
Mandailing Batak 30
Mandala 40
Mangkubumi 53
Mangkunegaran 47, 53
Mangkunegoro I 53, 54
Mangkunegoro III 47
Mangkunegoro V 53
Mangkunegoro VII 53, 54
Mangkunegoro VIII 47, 53
Mangkunegoro IX 53
Maninjau 37
Manokwari 152
Mantana 13
Marante 99
Marga 32
Marind Anim 148
Marsela 137
Mas 87
Matakau 130
Mataram 49, 52, 53, 54
Mateu 17
Mburi 112, 113, 114
Medan 30
Mekka 64
Mekongga 111
Menado 118
Menadonezen 110
Mengadeg 47
Mengkendek 104
Mentawai-eilanden 8, 13-21, 37
Mentawaiërs 4, 13-21, 152
Merapi 39, 50, 69
Merauke 151
Meru 7
Mesolithicum 4
Midden-Java 5, 6, 39, 47, 49, 50, 52, 54, 69
Midden-Molukken 124
Midden-Sulawesi 108
Midden-Sumatra 37, 108
Migratie 30
Minahasa 6, 10, 99, 116-120, 121
Minahasers 99, 116-120
Minangkabau 3, 37
Mintaon 13
Mobiliteit 95
Modernisering 44
Mohammed 6, 52, 133, 135
Molukken 3, 6, 7, 11, 110, 121, 123-147, 151, 152
Molukkers 110, 124
Monginsidi, Wolter 110
Moren 52

Morotai 132
Müller, George 97
Müllergebergte 97
Musi 37
Muyu 148

N
akiwin 44
Nandi 50
Napoleon 53
Nassau-eilanden 13
Nationalisme 54
Nederland 54, 97, 99, 126, 147
Nederlanders 52, 53, 54, 102, 116, 118
Nederlands-Oostindië 7
Nederlandsch Nieuw-Guinea 147
Neolithicum 4, 5
Neusaap 94
Neushoorn 90
Neushoornvogel 95
Ngaju Dayak 90
Niah 90
Nias 6, 37
Nieuw-Guinea 3, 4, 11, 89, 147-153
Nieuwjaarsfeest 140, 142
Nieuwkomers 151
Noah 94
Nomaden 22
Noord-Banten 43
Noord-Borneo 89
Noord-Molukken 11, 123
Noord-Pagai 13
Noord-Sulawesi 116
Noord-Sumatra 7, 8, 10, 13, 30, 36, 110, 116
Noordoost-Java 8, 9, 50, 54
Noordoost-Sulawesi 99
Nueva Guinea 153
Nunusaku 123
Nusa Laut 123

O
ceanië 4, 149
Offers 78
Omenvogels 92
Omgangsvormen 64
Onderwerping 124
Onheil 84
Ontdekking 148
Oorlog 150
Oost-Indonesië 137, 139
Oost-Java 6, 39, 49, 62
Oost-Kalimantan 90, 97
Oost-Sumatra 37
Oriëntatie 57, 73
Ortiz de Retes, Inigo 153
Ot Danum Dayak 90

P
a'rapuan 109
Padang 13, 37
Pagai 13
Pagaruyung 6
Pajajaran 40, 52
Pakpak Batak 30
Paku Alaman 47, 53, 54
Paku Alam I 53, 54
Paku Alam VII 54
Paku Alam VIII 53
Pakubuwono 47
Pakubuwono I 53
Pakubuwono II 53
Pakubuwono III 53, 54
Pakubuwono IV 53
Pakubuwono X 53, 54
Pakubuwono XI 53
Pakubuwono XII 53
Palembang 37
Palodang de Twaalfde 104, 108
Pamekasan 62, 67, 68
Papoea 3, 148, 153
Papua New Guinea 147
Parijs 54
Partijvorming 77
Pela 127
Pesisir Wetan 55
Politiek 100
Polo, Marco 7, 52, 54
Pong Lalondong 102
Pong Tulakpadang 102
Ponosakan 116
Portugal 7
Portugezen 124
Poteran 65
Prambanan 6, 49, 50, 54, 69
Prestige 63, 119
Pronkbed 134
Protestantisme 126
Puang Matua 102
Pulikin 132, 133, 134, 135
Pulilo 132, 133, 134, 135
Punan 3, 4, 9, 89-95, 152
Puncak Jaya 147, 153
Puncak Trikora 147, 153
Putihan 61
Pu-un 43

R
ama 50
Ramayana 6, 50
Ranau 37
Rangda 85
Rangkas Bitung 39
Rantepao 99, 100
Reïncarnatie 81
Religie 61, 102
Reservaat 28
Ridan Kubu 25
Rijstbouw 45
Ritueel 115
Ruilhandel 24, 94, 143

S
a'dan Toraja 99-109
Sa'danrivier 99
Sabah 89, 90
Sahala 36
Sahul-plat 152
Said, Mas 53
Sailendra 49, 54
Saka, Aji 49, 54
Saketa 132
Sakuddei 15, 17, 18, 19, 20
Samarinda 97
Samin 40
Samosir 30, 32, 33, 37
Sampang 62
Sangalla' 104, 106, 108
Sanjaja 49
Sannaha 49
Saparua 123, 145
Sapudi-archipel 62
Sarawak 89, 90, 92, 97
Sasaka Domas 40
Satria 73
Schouderdoek 59
Schouteneilanden 152
Schwarz, J. G. 118
Selamatan 64
Semang 4,
Semeru 69
Senapati, Panembahan 52
Sentani 148
Seram 123, 127
Sermata 138
Si Raja Batak 36
Siberut 13, 14, 16
Sibolga 37
Sibuea 32
Simalungun Batak 30
Singapore 97
Singkarak 37
Sipora 13
Sita 50
Siwa 49, 50, 73, 82
Siwaïsme 50
Sjaalman 118
Specialisten 141
Sopi 143
Sri Lanka 6, 50
Stamhuis 14
Stamland 30
Standen 111
Suaya 104, 108
Suharto 44, 47, 54, 77
Sulawesi 3, 6, 10, 49, 99-121, 123, 124, 137, 151
Sultanaten 90, 132
Sumatra 3, 4, 6, 8, 9, 13-37, 44, 49, 52, 54, 90, 108, 124, 151, 152
Sumatranen 36
Sumba 6
Sumenep 62, 63, 65
Sunda-eilanden 3, 152
Sunda-plat 152
Surabaya 49, 62, 69, 151
Surakarta 47, 49, 50, 52, 53, 54, 69
Symboliek 138, 139, 140
Syncretisme 133

Tabanan 85
Taiwan 4, 131
Tampaksiring 87
Tana Toraja 10, 99, 100, 102, 104, 107, 108
Tanah Lot 87
Tandenvijlen 135
Tangkoko-Dua Saudara 121
Tanimbar-eilanden 137, 138
Tarakan 97
Tatoeëren 19
Tau-tau 103, 106
Telukbetung 37
Tempels 74
Tenggarong 97
Tepa 138
Ternate 123, 132, 133, 137, 145
Tidore 132, 145
Timor 137
To Manurun 102
Toba Batak 8, 13, 30-37, 108, 116
Tobameer 3, 8, 30, 33, 37, 110
Toerisme 37, 69, 87, 97, 121, 145, 153
Tolaki 10, 99, 110-115, 127
Tombulu 116
Tomok 32
Tonaas 120
Tondano 116
Tongkonan 102
Tonsawang 116
Tonsea 116, 117
Tontemboan 116, 117
Toraja 3, 6, 10, 99-109, 121
Trah 47
Trance 85
Transmigratie 96
Transsumatra Highway 13, 22, 25, 26
Tuban 55-61

Ubud 87
Uhud 135
Uitstraling 54
Ujung Kulon 39, 40, 69
Ujung Pandang 108, 110, 111, 121
Ulos 35
Ulu Watu 87

Varkensbezit 149
Varkensfeest 150
Veemarkt 65
Veldwisselbouw 91
Verarming 26
Verbondenheid 108
Verfster 57
Verkiezingen 119
Versiering 21
Verwestersing 151
Vietnam 5, 49
Visvangst 131, 144

VOC 7, 13, 52, 53, 62, 117, 123, 124, 127, 137, 145
Voedsel 14, 24

Waai 127
Wallace, Alfred Russel 137
Wamena 147, 148, 151, 153
Waruga 116
Welora 139, 141
Welorezen 139
Wereldbeeld 14
West-Indonesië 3, 137
West-Irian 147
West-Java 8, 27, 39, 43, 44, 52, 69
West-Kalimantan 97
West-Seram 123, 126
West-Sumatra 3, 6, 37
Westerling 110
Wesya 73
Wetang 137, 138, 139, 140
Wetar 137
Wilhelmina 53
Wisnu 50, 71
Wisselmeren 148
Wos 132

Zending 118
Ziekte 20, 141
Zuid-Halmahera 133, 135
Zuid-Kalimantan 97
Zuid-Pagai 13
Zuid-Sulawesi 108, 121
Zuid-Sumatra 13, 25, 37
Zuidoost-Azië 4, 6, 89, 137
Zuidoost-Molukken 123, 137, 138
Zuidoost-Sulawesi 99, 110, 111, 127
Zwerflandbouw 96